中央编译局出版基金项目 | 前沿问题系列 |

以政府间分权看待政府间关系:
理论阐释与中国实践

刘承礼◎著

目　录

第一章　导论 ... 1
　　第一节　选题 ... 1
　　第二节　文献述评及其启示 ... 4
　　第三节　研究内容与方法 ... 33
　　第四节　主要贡献与不足 ... 37

第二章　政府间分权的比较制度分析 ... 40
　　第一节　引言 ... 40
　　第二节　单一制国家和联邦制国家的政府间分权 ... 41
　　第三节　基于各国宪法文本的政府间分权解析 ... 46
　　第四节　政府间分权的依据、结构与制衡 ... 56
　　第五节　评论性结语 ... 64

第三章　使政府间分权制度化与制度化的政府间分权 ... 66
　　第一节　引言 ... 66
　　第二节　政府间分权理论的比较研究 ... 69
　　第三节　政府间分权为什么需要制度化 ... 75
　　第四节　何谓制度化的政府间分权 ... 81
　　第五节　政府间分权何以制度化 ... 87
　　第六节　评论性结语 ... 92

第四章　当代中国条块结合的政府间关系 …… 93
第一节　引言 …… 93
第二节　纵向的政府间关系：集权与分权的动力学 …… 96
第三节　横向的政府间关系：内生和外生的因素 …… 106
第四节　条块关系上存在的问题及其原因 …… 112
第五节　评论性结语 …… 116

第五章　中央与省级政府间关系：政府间分权 I …… 118
第一节　引言 …… 118
第二节　建国以来中央与省级政府之间关系的演进 …… 119
第三节　政治集权与财政分权：两个分析维度 …… 131
第四节　中央与省级政府之间的关系：一个模式，四种解释 …… 148
第五节　评论性结语 …… 158

第六章　省以下政府间关系：政府间分权 II …… 160
第一节　引言 …… 160
第二节　市管县体制是否会走向终结 …… 163
第三节　正在进行的省直管县（市）体制改革 …… 175
第四节　省直管县（市）体制改革的悖论 …… 184
第五节　评论性结语 …… 187

第七章　政府间分权与政府行为 …… 189
第一节　引言 …… 189
第二节　建立在政治集权基础之上的中国式财政分权 …… 192
第三节　政治集权基础上的财政分权与中央政府行为 …… 204
第四节　政治集权基础上的财政分权与地方政府行为 …… 220
第五节　评论性结语 …… 240

中文参考文献 …… 243
英文参考文献 …… 257

图表索引

表 2.1	从财政收支集中度指标上看财政分权	45
表 3.1	联邦制和单一制的比较	73
表 3.2	不同情况下的不确定性和预期性	75
表 5.1	传统计划经济时期中央与省级政府之间关系的演进（1949—1978）	120
表 5.2	改革开放之后中央与省级政府之间关系的演进（1978—2014）	124
表 6.1	强地级市所辖强县的产业结构	166
表 6.2	强地级市所辖强县的财政结构（2011）	167
表 6.3	强地级市领导班子成员的来源	169
表 6.4	弱地级市所辖强县的产业结构	170
表 6.5	弱地级市对其所辖农村地区的支持（2011）	171
表 6.6	样本弱县的一般预算情况（2011）	173
表 6.7	安庆市流出人口结构（2000）	175
表 6.8	各省财政省直管县（市）体制改革	176
表 6.9	各省下放经济社会管理权	181
表 7.1	相关重要文件对税收立法权的表述	192
表 7.2	相关重要文件对税务机构设置的表述	195
表 7.3	相关重要文件对税收行政权（征管权）的表述	196
表 7.4	地方政府财政收支缺口	229

表7.5 改革开放以来地方政府主要支出项目排序的变化 …………… 239

图3.1 单一制条件下的地方政府竞争 ……………………………… 79
图3.2 制度化的政府间分权的特征 ………………………………… 82
图4.1 地方财政收支占全国的比重 ………………………………… 108
图7.1 中央财政支出与中央财政收入之比 ………………………… 214
图7.2 中央财政收入占全国财政收入的比重 ……………………… 215
图7.3 地方上解收入和补助地方支出占中央收支合计的比重 …… 216
图7.4 各项主要支出占中央财政支出的比重 ……………………… 217
图7.5 中央预算外资金收支占全国的比重 ………………………… 218
图7.6 中央对地方转移支付比重的变化 …………………………… 219
图7.7 经济建设费占地方财政支出的比重 ………………………… 228
图7.8 社会文教费占地方财政支出的比重 ………………………… 228
图7.9 地方预算外资金收支占全国预算收支的比重 ……………… 231
图7.10 各地支援不发达地区的支出总额 …………………………… 233
图7.11 地方财政收支结构 …………………………………………… 235

第一章 导论

第一节 选题

政府是一个结构性组织。在这个组织内部，根据管辖权和管辖范围的不同，可以分为不同层级的政府。由于分工与合作的需要，不同层级的政府之间有着千丝万缕的联系。这些联系有些是静态的，有些是动态的，它们共同编织了政府间关系的图景。解析这种带有静态和动态特质的图景，是理解当代中国政治经济体制的一个重要途径。反过来，当代中国的政治经济体制又影响和塑造了当代中国的政府间关系。粗略的观察发现，当代中国的政治经济体制是不同步地变化着的，尤其在体制转型过程中更是如此。回顾历史，存在这样一种判断，即改革开放以来的体制转型在经济方面的深度和广度大大超过了政治方面，由此形成了一种独特的政治经济体制：政治上依然保持着权力相对集中的格局，而经济上则通过以财税体制改革为突破口的分权化改革实现了经济权力的相对分散。在这种独特的政治经济体制下，自中央经省市县直至乡镇的各级政府之间静态或动态地建立了丰富多彩的联系。

如何研究各级政府之间的这些联系呢？政府间分权的理论似乎可以提供一些分析工具。对相关理论文献的检视表明，政府间分权的理论虽然起源于对联邦制的探讨，但它们越来越多地被借用来分析单一制国家的分权现象。这种理论移植的倾向给政府间分权的比较研究提供了学术基础，进而为研究当代中国的政府间关系提供了理论支撑。那么，如何进行政府间分权的比较研究呢？梳理政府间分权的相关文献自然是首要的工作。可以想象的是，这些理论文献大多是跨学科的，因而方法论基础也大不相同。在它们中间，有的立足理论推演，有的专攻模型构建，还有的强调数据分析，侧重点不一而足。但无论侧重点如何，这些文献大都把政府治理作为中心议题。于是，以政府治理为线索，政府间分权的相关文献可以得到系统的评述。尽管对这些学术文献的评述能够发现一些可供政府间关系研究的启示，但是对于全面把握政府间关系而言，实践理性仍然是缺乏的。为此，还需要从实践层面对单一制和联邦制国家的政府间分权进行比较制度分析。这一比较制度分析可以建立在各国宪法文本的基础之上。通过文献梳理和文本比较，政府间分权的制度化需求逐渐显现出来。于是，从理论上阐释使政府间分权制度化的必要性，以及构建制度化的政府间分权，将有助于在实践上理顺政府间关系。

具体到当代中国的政府间关系，展开分析之前应该有一个整体轮廓，而条块关系是描述这个轮廓的最好框架。在纵向维度上，中央政府及其下级政府大多存在一一对应的职能部门，这些职能部门被称为"条"；在横向维度上，各个职能部门又组成了一个一个的政府单元，这些政府单元被称为"块"。作为职能部门的"条"和作为政府单元的"块"之间相互结合，便形成了政府间关系的整体轮廓。如何解构当代中国政府间关系的这一轮廓呢？根据现有的理论储备和实践经验，中央与省级政府的关系和省以下政府之间的关系是最为突出，也是最需要得到解析的两类政府间关系。对于中央与省级政府的关系而言，可以从党和国家历年发布的重要文件上找到其自建国以来演进至今的路径。如何解释这一独特的演进路径呢？本书尝试着根据相关理论提炼出两个基本的分析维度，即政治集权和财政分权。政治集权是社会主义国家的传统。虽然历经30余年的改革，当代中国的政治体制依然是相对集权的，有的学者甚至把它看作是中国经济增长的先决条件。受政治集权的影响，改革开放以来中国所实行的财税体制（顺次为财政包干制、分税制和公共财政体系）并不是西方财政联邦制意义上的财政分权，但它又的确是财税权力在各级政府之间的分配。所以，尽管中西差异的客观存在，但以财政分权来界定改革开放以来的财税体制亦不为过。使用这两个分析维度，本书尝试着为当代中国中央与省级政府之间的关系提供不同的解释。至于省以下政府之间的关系，正在进行的省直管县（市）体制改革探索为政府间分权的理论分析提供了试验场。政治集权与财政分权的理论框架依然适用，在这两个分析维度下，我们首先检验市管县体制的历史功过，再对正在进行的省直管县（市）体制改革探索进行剖析。特别值得提到的是，这一部分的分析焦点在于比较这两种体制在解决城乡统筹发展问题上的优劣。作为理论框架的实践应用，本书最后将评估政府间分权对政府行为的影响。对这个命题的分析侧重于财税体制所内生的激励与约束机制对中央与地方政府行为的影响。尽管表现为财政分权对政府行为的影响，但财政分权是在政治集权的背景下形成的，所以政治集权与财政分权的分析框架在此部分继续适用。

至此，本书的选题大体上被描述了出来，即以政府间分权为理论基础，研究当代中国的政府间关系。本书的观点是，当代中国政府间关系的调整之所以始终未能取得理想的结果，这固然有许多现实的制约因素，但与相关本土理论的贫瘠和西方理论的滥用不无关系。政府间分权作为一种有效的政府治理途径，在维持政府间关系的均衡上发挥着不可忽视的作用。然而，现有的政府间分权理论是基于联邦制而开发的，它势必不能担负起解释当代中国政府间关系的重任，毕竟当代中国的分权改革具有独特性。因此，通过扬弃学术文献中现有的政府间分权理论，总结当代中国政府间关系变化的历史经验，本书拟建构的制度化分权规则将有助于解释和理顺当代中国的政府间关系。当然，理顺政府间关系是一项系统工程，它涉及政治、经济、社会体制等各方面的改革，无序的相机抉择必然会付出高昂的试错代价；同时，理顺政府间关系也断不可能依赖某一领域或某一制度改革的单兵突进。为此，使用政府间分权的比较研究所得出的启示，对当代中国的政府间关系，特别是中央与省级政府之间的关系和省以下政府之间的关系进行剖析，并透视政府间分权对政府行为的影响，都有一定的理论与现实意义。

第二节 文献述评及其启示

一、政府间关系研究的相关文献

（一）中文文献关于政府间关系的研究及其启示

自1956年4月25日毛泽东在政治局扩大会议上发表的《论十大关系》论及要发挥中央和地方两个积极性以来，人们对中央与地方关系进而政府间关系的关注从未停止过。然而，与实践探索的繁荣景象相反，对政府间关系的学术研究却长期滞后，国内可供参考的研究性文献一度乏善可陈。直到20世纪90年代之后，包括中央与地方关系在内的政府间关系才得到规范的学术探讨。幸运的是，这一选题一经受到学术界的重视，便立即带有交叉学科的取向，其中以政治学、经济学、法学、历史学领域的研究最为活跃，这些研究既有理论框架，又有经验事实，为推进我国的政治经济体制改革贡献了知识增量。大体来看，在这一时期，国内研究文献对当代中国政府间关系的研究思路可以概括为四种二分法：

一是政治/经济二分法。如"政治单一制与经济联邦主义"[1]、"政治集权下的地方经济分权制"[2]、"政治上的相对集中与经济上的相对自主相结合"[3]、"中央集权为辅、地方分权为主的经济管理体制，但仍保留政治上中央相对集权的政治管理体制"[4]等提法，都是使用政治/经济二分法来讨论政府间关系，特别是中央与地方关系，这些研究大多是从政治权力和经济权力互动组合的角度来梳理当代中国的政府间关系的。如果说这一组文

---

[1] 杨光斌：《中国经济转型时期的中央与地方关系新论——理论、现实与政策》，载《学海》，2007年第1期。
[2] 许成钢：《政治集权下的地方经济分权与中国改革》，见青木昌彦、吴敬琏主编：《从威权到民主：可持续发展的政治经济学》，北京：中信出版社2008年版。
[3] 张宇、刘承礼：《中国特色的中央地方关系模式》，见张宇主编：《中国模式：改革开放三十年以来的中国经济》，北京：中国经济出版社2008年版。
[4] 胡鞍钢：《论新时期的"十大关系"》，载《清华大学学报（哲学社会科学版）》，2010年第25卷第2期。

献只是泛泛地使用政治/经济二分法来概括当代中国政府间关系的结构特征,那么另一组文献则是使用政治/经济二分法来剖析官员行为,这组文献将结构意义上的政府间关系转换成了行为者意义上的政府间关系。这方面的领先研究是由周黎安作出的,他将地方官员看作是既关注经济利益的"经济参与人",又关注政治晋升的"政治参与人"①,这两种不同角色各自的内生激励为解释地方政府行为,进而为解释政府间关系提出了一个广为引用的理论框架②。不过,近年来有越来越多的学者开始质疑这一研究框架的完备性,因为经济与政治因素固然是理解政府间关系的两个重要层面,但是这种二分法存在以偏概全的弊端,特别是它们无法完全派生或替代其他形式的政府间关系。

二是集权/分权二分法。政府间关系的变化虽然没有形成有规则的周期性,但是实践上总是出现"一放就乱,一乱就收,一收就死,一死就放"的循环,因而有的学者将其归结为"集权与分权的动态平衡",但由于条块关系没有处理好,所以他们并不认为中央集权与地方分权已经实现了最佳组合。③ 与集权对应地,分权一度成为改革开放以来政府间关系调整的主要方向,最为著名的有两组分权,一是行政性分权与经济性分权;二是事权与财权的下放。行政性分权与经济性分权在20世纪80年代开始流行,但二者却是不同步的,即产品分配、物价调整、财政管理等行政方面的权力实现了大幅度的下放,而为各级政府提供激励与约束机制的经济

---

① 周黎安:《晋升博弈中政府官员的激励与合作——兼论我国地方保护主义和重复建设问题长期存在的原因》,载《经济研究》,2004年第6期;周黎安:《中国地方官员的晋升锦标赛模式研究》,载《经济研究》,2007年第7期。
② 郭庆旺、贾俊雪:《地方政府行为、投资冲动与宏观经济稳定》,载《管理世界》,2006年第5期;王永钦、张晏、章元、陈钊、陆铭:《中国的大国发展道路——论分权式改革的得失》,载《经济研究》,2007年第1期;王文剑、覃成林:《财政分权、地方政府行为与地区经济增长——一个基于经验的判断及检验》,载《经济理论与经济管理》,2007年第10期;王文剑、覃成林:《地方政府行为与财政分权增长效应的地区性差异——基于经验分析的判断、假说及检验》,载《管理世界》,2008年第1期。
③ 沈立人、戴园晨:《我国"诸侯经济"的形成及其弊端和根源》,载《经济研究》,1990年第3期。

性分权则滞后了①。同样地，事权与财权的下放也是不同步的，上级政府凭借行政权力优势和财政转移支付的决定权，可以将财政支出的责任推给下级政府，这就造成了下级政府特别是基层政府的事权与财力不对称②。正因如此，集权与分权过程其实是并存的。20世纪90年代以来，有关集权与分权的讨论大量出现在学术文献之中。有学者将既有观点综述为"中央主导型"、"地方主导型"和"中央地方混合型"③，前两种类型可能是基于不同侧重点所作的片面判断，而第三种类型即"中央集权与地方分权的混合体制"④也许更有解释力，因为纯粹的中央集权体制和纯粹的地方分权体制在现实世界中都不存在，改善政府间关系并不等同于简单地向中央集权，当然也不能简单地等同于向地方分权。有学者认为这种混合体制应该走向"选择性集权"，因为"选择性集权的另一面就是真正意义上的地方分权"⑤，或者说，"既要加强和改进中央集权，又要顺应人民民主和市场经济的发展要求"⑥。鉴于集权的同时还存在分权的现象，用集权/分权二分法来概括当代中国的政府间关系并不彻底。

三是博弈/均衡二分法。在20世纪80年代所推行的财政包干制改革中，中央与各省的收入分成比例或地方给中央的上缴额是由中央与各省之间进行"一对一"谈判决定的，于是用博弈论来研究政府间关系似乎顺理成章。例如，毛寿龙描述了中央与省级政府之间的博弈关系，认为"要克服地方保护主义，就必须在制度上确立和加强中央政府的权威"⑦。王绍光

---

① 楼继伟：《解决中央与地方矛盾的关键是实行经济性分权》，载《经济社会体制比较》，1991年第1期。
② 张永生：《政府间事权与财权如何划分？》，载《经济社会体制比较》，2008年第2期。
③ 钟开斌：《中国中央与地方关系基本判断：一项研究综述》，载《上海行政学院学报》，2009年第3期。
④ 胡鞍钢：《正确认识处理市场经济转型中中央与地方的关系》，见董辅礽等：《集权与分权——中央与地方关系的构建》，北京：经济科学出版社1996年版。
⑤ 郑永年、王旭：《论中央地方关系中的集权和民主问题》，载《战略与管理》，2001年第3期。
⑥ 林志远：《中央集权和地方分权——联邦主义的经验和教训》，载《战略与管理》，2003年第1期。
⑦ 毛寿龙：《"囚犯的难题"与"地方主义的泥淖"：中央与地方关系的再思考》，载《行政论坛》，1996年第3期。

也将中央与省级政府的关系总结为"一对三十（省区）的博弈格局"，而财政资源的分配取决于谈判双方博弈的结果。① 有些学者认为，这种"一对多"的博弈格局之所以能够形成，一方面是因为各级政府的利益目标进而决策目标不尽一致；② 另一方面是因为财政包干制的制度设计使得各级政府不同程度地拥有自由裁量权，彼此都可以通过机会主义行为减损对方的利益。既然中央与地方存在博弈关系，那么政府间关系在某种程度上可以达到均衡状态，尽管这样的均衡并不一定会让参与者和利益相关方满意。这种二分法得到了诸多响应。③ 然而，1994 年开始的分税制改革改变了分权规则，使得博弈/均衡二分法部分地失效了。

四是分工/合作二分法。 在这种方法看来，政府间关系在一定程度上是政府职能在各级政府之间的分工与合作。2002 年党的十六大报告对政府职能进行了概括，将其定位为宏观调控、市场监管、社会管理和公共服务。由于行政隶属关系和利益关系的存在，各级政府并非独立的行为主体，它们在履行这些职能时既有分工，也有合作。有些学者研究了政府之间彼此职责权限的划分④，有些学者研究了政府职能在政府之间的分工⑤。这些职权划分或职能分工不时成为人们诟病的对象，最受关注的批评莫过于学术界对职责同构及其弊病的探讨。⑥ 在各级政府之间，有分工必然有合作。因此，与政府职权划分或职能分工相关的政府之间的合作关系同样

---

① 王绍光，a：《中国政府汲取能力下降的体制根源》，载《战略与管理》，1997 年第 4 期。
② 胡鞍钢：《中国经济波动报告》，沈阳：辽宁人民出版社 1994 年版；张宇：《集权、分权与市场化改革》，见董辅礽等：《集权与分权——中央与地方关系的构建》，北京：经济科学出版社 1996 年版；杨瑞龙：《我国制度变迁方式转换的三阶段论——兼论地方政府的制度创新行为》，载《经济研究》，1998 年第 1 期。
③ 夏永祥、王常雄：《中央政府与地方政府的政策博弈及其治理》，载《当代经济科学》，2006 年第 2 期。
④ 金太军等：《中央与地方政府关系建构与调谐》，广州：广东人民出版社 2005 年版。
⑤ 周天勇、王安岭、谷成、吴旭东：《"十一五"及今后一个时期调整和理顺中央与地方关系的改革思路》，载《经济研究参考》，2007 年第 15 期。
⑥ 朱光磊、张志红：《"职责同构"批判》，载《北京大学学报（哲学社会科学版）》，2005 年第 1 期；周振超：《当代中国政府"条块关系"研究》，天津：天津人民出版社 2009 年版。

引起了学界的关注。① 此外，以宪法文本②、国家结构③、府际关系④、财政体制⑤、利益平衡⑥为主线，来刻画政府之间的分工与合作关系在中文文献中也比较常见。

应当承认，上述研究成果与当代中国的政治经济体制改革相辅相成、相互启发，为展现和解释当代中国的政府间关系提供了很好的理论视角。然而，面对纵横交错、条块结合的政府间关系，"政治/经济"、"集权/分权"、"博弈/均衡"、"分工/合作"等二分法还停留在对过去的经验事实进行解释的层面，这不利于发现并解决与理顺政府间关系相关的几个重要问题：决定或影响政府间关系变化的主要因素是什么？政府间关系调适的瓶颈是否在于政府间分权的错位？政府间分权的理论能够为政府间关系调整提供什么样的知识？基于国内文献的回顾给本书的选题以如下启示：第一，对当代中国政府间关系的研究大多涉及特定时期财政管理体制改革、权力结构变换和利益关系均衡等一系列问题，抓住了主要矛盾。这些研究体现了理论界从不同角度来寻求解释并预测当代中国政府间关系及其走向的尝试，但是，这些文献过多地将注意力集中在分析地方政府行为上，对中央政府行为的研究略显不足。第二，对政府间关系的研究取决于研究对象的界定，如果将市场、企业、政党、普通民众等主体考虑在内，则研究难度势必会大大增加；然而，如果忽视这些主体的存在，则不能完整地理解政府间关系的变化规律及其对政府行为的影响。第三，目前论及政府间关系的研究大多集中在财政关系领域，缺乏对政治因素的关注，特别是缺

---

① 王绍光，b：《健全的制度设计：正确处理中央与地方合作关系的关键》，载《国际经济评论》，1997 年第 1—2 期。
② 熊文钊：《大国地方：中国中央与地方关系宪政研究》，北京：北京大学出版社 2005 年版。
③ 杨小云：《论新中国建立以来中国共产党处理中央与地方关系的历史经验》，载《政治学研究》，2001 年第 2 期。
④ 林尚立：《国内政府间关系》，杭州：浙江人民出版社 1998 年版。
⑤ 胡鞍钢：《正确认识处理市场经济转型中中央与地方的关系》，见董辅礽等：《集权与分权——中央与地方关系的构建》，北京：经济科学出版社 1996 年版。
⑥ 刘海波：《我国中央与地方政制结构的分析与改进》，载《公共政策评论》，2008 年第 1 期。

乏将政治与财政因素结合起来的讨论，这就造成了认识的不全面，甚至会得出荒谬的结论来。

（二）英文文献关于政府间关系的研究及其启示

英文文献中涉及当代中国政府间关系研究的成果也十分丰富。有些研究，例如财政联邦制理论的开发与应用，是以联邦制为研究对象的，它们并不必然与解释当代中国的政府间财政关系联系起来。但是，经过一些政治经济学者的改造，它们俨然成为解释当代中国政府间财政关系及其动力机制的理想工具。还有些研究，从一开始就有意识地以当代中国政府间关系为研究对象，它们未必直接贡献了理论工具，但是其实证分析的思路和结论值得我们参考。对于英文文献中关于政府间关系的规范和实证研究，我们可以借助几个重要的概念来梳理。

一是财政联邦制。财政联邦制是联邦制国家的主要特征，借鉴其研究成果来分析当代中国的政府间财政关系难免有些牵强附会，但经过一些政治经济学者的改造，它们在阐释中国问题时似乎颇有说服力。到目前为止，财政联邦制文献已经经历了两代发展。第一代财政联邦制文献强调地方政府因对地方居民的需求情况更为了解，而比中央政府在提供地方公共物品时更有效率。① 与第一代财政联邦制文献强调地方公共物品的供给效率不同，第二代财政联邦制文献更加重视激励因素。例如，温加斯特认为，在市场保护型联邦制中，通过一种很难回收的方式将权力转移给地方当局，一方面，中央政府限制了自己的行动；另一方面，地方政府将得自中央政府的授权与经济机会联系在一起，积极地培育和保护市场，推动新兴企业的兴起，促进了地方繁荣。② 钱颖一和温加斯特进一步指出，（中央对地方的）信息分权、权威分权，以及管辖权竞争可以使政府承诺更加可

---

① Hayek, F. A. (ed.), *Capitalism and the Historians*, The University of Chicago Press, 1954; Tiebout, Charles M., "A Pure Theory of Local Expenditures", *Journal of Political Economy*, Vol. 64, No. 5, 1956; Musgrave, R. A., *The Theory of Public Finance*, New York: McGraw-Hill, 1959; Oates, Wallace E., *Fiscal Federalism*, New York et al.: Harcourt Brace Jovanovich, Inc., 1972.

② Weingast, Barry R., "The Economic Role of Political Institutions: Market-Preserving Federalism and Economic Development", *Journal of Law, Economics & Organization*, Vol. 11, No. 1, 1995.

置信,从而保护了经济权力,维护了市场运行,并为地方官员提供了动力去实现地方民众的利益。① 通过构建三级部门,即处于顶层的中央政府、居于中间的地方政府、位于底端的国有和非国有企业,钱颖一和罗兰认为,在中央集权条件下,中央政府对国有企业征税,并将税收用于公职人员供养、公共基础设施投资和国有企业援助;而在财政联邦制结构中,如果要素可以流动,地方政府之间的财政竞争便增加了地方政府救助无效项目的机会成本,从而硬化了地方政府的预算约束,地方政府行为随之而发生改变。② 尽管实行单一制的中国在理论上不满足西方财政联邦制成立所需的基本条件,但是政治改革却使当代中国在事实上具备了财政联邦制的基本特征,即在限制中央政府权力的同时,为地方政府提供了足够的经济裁量权,促进了地方政府之间的财政竞争,从而改变了地方官员的激励约束结构。③ 具体来说,在财政包干制时期,事前契约和事后执行之间的差异相对较小,这表明,财政契约是可置信的,省级政府预算收入与支出之间的相关性在20世纪80、90年代是70年代的四倍之多,这表明改革后省级政府面临着更大的事后财政激励。④ 这一理论看似完美,却忽视了一些重要的制度障碍。例如有些学者提出,不进行企业所有权、银行、税收、价格等方面的综合改革,财政体制不可能走向持久的联邦体制,而是继续维持一年一次、一年两次或一年三次的协商、长期试错的体制。⑤ 罗登和罗斯-阿克曼则提出,市场保护型联邦制对地方政府的激励作用没有想象中那么大,原因有三点:一是发展中国家不一定具备实现市场保护型联邦制的关键条件;二是这些条件不一定可持续;三是市场保护型联邦制未必

---

① Qian, Yingyi and Barry R. Weingast, "Federalism as a Commitment to Preserving Market Incentives", *The Journal of Economic Perspectives*, Vol. 11, No. 4, 1997.
② Qian, Yingyi and Gérard Roland, "Federalism and the Soft Budget Constraint", *American Economic Review*, Vol. 88, No. 5, 1998.
③ Montinola, Gabriella, Yingyi Qian and Barry R. Weingast, "Federalism, Chinese Style: The Political Basis for Economic Success in China", *World Politics*, Vol. 48, No. 1, 1995.
④ Jin, Hehui, Yingyi Qian and Barry R. Weingast, "Regional Decentralization and Fiscal Incentives: Federalism, Chinese Style", *Journal of Public Economics*, Vol. 89, 2005.
⑤ Oksenberg, Michel and James Tong, "The Evolution of Central-Provincial Fiscal Relations in China, 1971–1984: The Formal System", *The China Quarterly*, No. 125, 1991.

公平有效①，因此，保护市场或促使地方政府发展地方经济的作用会大打折扣。鲁宾菲尔德虽然也对第二代财政联邦制的观点提出了质疑，但他相信，有效的财政联邦制，如果它拥有一个积极的中央权威，可以促进地方效率和政治参与，并尊重个人的基本权利②，那么，促进长期的经济增长还是有可能的。对此，受批评的一方进行了辩护③。

二是财政分权。与研究财政联邦制的学者构建一个理论体系以研究当代中国的财政分权不同，不少学者是从实际问题出发，分阶段研究当代中国的财政体制，并以此为线索展开对政府间关系的分析。例如，黄佩华基于20世纪80年代预算在中央与省级政府之间的分配，认为财政分权改革并没有带来地方可支配预算资源的增加，地方财政自主权不但有限，而且承接了中央政府不断转移下来的支出任务。④ 她的进一步研究发现，受财政压力的驱动，地方政府一方面热衷于兴建有利可图的产业，以便弥补日益削弱的地方财政收入和日益增加的地方财政支出；另一方面却制造了持续的过度投资、重复建设和地方封锁。⑤ 同样地，有的学者对政府间的正式预算关系进行分析后认为，中央政府通过控制省级政府的财政收支，缓解了中央与省级官员的冲突，完成了对地方的宏观调控和资源转移任务⑥，中央财政并没有失控。还有学者从另一个角度论证了财政包干制时期"强中央—弱地方"的财政结构，认为在财政包干制时期，中央财政衰退较为明显的仅仅是预算收入，如果加上预算外收入，中央财政不是衰退而是膨

---

① Rodden, Jonathan and Susan Rose - Ackerman, "Does Federalism Preserve Markets?", *Virginia Law Review*, Vol. 83, No. 7, 1997.

② Rubinfeld, Daniel L., "On Federalism and Economic Development", *Virginia Law Review*, Vol. 83, No. 7, 1997.

③ McKinnon, Ronald I., "The Logic of Market-Preserving Federalism", *Virginia Law Review*, Vol. 83, No. 7, 1997.

④ Wong, Christine P. W., "Central-Local Relations in an Era of Fiscal Decline: The Paradox of Fiscal Decentralization in Post-Mao China", *The China Quarterly*, No. 128, 1991.

⑤ Wong, Christine P. W., "Fiscal Reform and Local Industrialization: The Problematic Sequencing of Reform in Post-Mao China", *Modern China*, Vol. 18, No. 2, 1992.

⑥ Oksenberg, Michel and James Tong, "The Evolution of Central - Provincial Fiscal Relations in China, 1971 - 1984: The Formal System", *The China Quarterly*, No. 125, 1991.

胀了。① 在对同一时期的财政改革进行研究的文献中，有些学者提出了截然不同的看法。例如王绍光、胡鞍钢通过研究 1980—1993 年的财政体制改革，提出了一个关于"弱中央—强地方"的判断，其根据是财政汲取能力（财政收入占国民收入比例、中央财政收入占国民收入比例）的下降。② 有一本美国华裔学者合著的文集也反映出类似的观点，即财政分权增加了地方政府的收入和支出水平，从而它们更愿意花费大量的资金去扩大地方工业化能力和基础设施，改善地方百姓的福利；但对中央政府而言，分权化使得中央权力走向了崩溃的边缘，它无力执行自己的政策和法律，也不能监督这些政策和法律在地方上的运行状况。③ 还有些学者也认为，在财政包干制下，地方政府通过控制税率和税基，将本该与中央分享的预算资金转变为不与中央分享的预算外资金，将财政支出推给预算外项目等手段，破坏了财经纪律，抵消了中央政府硬化地方预算约束的努力；④ 同时，由于缺少财政资源和政策工具，中央政府发现自己很难实现其宏观经济稳定和地区平衡的目标。⑤ 理论上的这类探讨在当时颇有影响，并与 1994 年国家启动的分税制改革遥相呼应。分税制改革在收入方面的改革力度比在支出方面大，这是相关英文文献争相指出的事实。例如，曾澍基和郑毓盛认为，分税制改革只是在中央与地方收入分成上采取了新的方式，而没有改变改革前所确定的中央与地方政府的职责。⑥ 对于分税制改革的效果则众说不一。例如，王绍光认为，1994 年的财政改革是一种以规则为基础的财

---

① Zhang, Le-Yin, "Chinese Central-Provincial Fiscal Relationships, Budgetary Decline and the Impact of the 1994 Fiscal Reform: An Evaluation", *The China Quarterly*, No. 157, 1999.

② 王绍光、胡鞍钢：《中国国家能力报告》，沈阳：辽宁人民出版社 1993 年版。

③ Jia, Hao and Zhimin Lin (eds.), *Changing Central-Local Relations in China: Reform and State Capacity*, Boulder: Westview Press, 1994.

④ Jin, Jing and Heng-fu Zou, "Soft Budget Constraint on Local Governments in China", in J. Rodden, G. Eskeland, and J. Litvak (eds.), *Fiscal Decentralization and the Challenge of Hard Budget Constraints*, MIT Press, 2003.

⑤ Ma, Jun, a, "Modelling Central-Local Fiscal Relations in China", *China Economic Review*, Vol. 6, No. 1, 1995; Ma, Jun, b, "The Reform of Intergovernmental Fiscal Relations in China", *Asian Economic Journal*, Vol. 9, No. 3, 1995.

⑥ Tsang, Shu-ki and Yuk-shing Cheng, "China's Tax Reforms of 1994: Breakthrough or Compromise?", *Asian Survey*, Vol. 34, No. 9, 1994.

政体制替代以裁量权为基础的财政体制，在新的财政体制下，博弈规则更为全面、明确、透明，规则的执行机制更为可靠①，因而大大限制了各级政府的机动空间。当然，中央与地方政府各自仍然保有一定的自由裁量权，因而还不敢确定这种制度是否长期有效。对此，不同的学者有不同的判断。例如，马骏认为，在分税制下，通过导入一种新的税收分享公式，中央政府将共享税的征集管理权重新集中，并获得了更大份额的财政资源。② 结果，中央政府大大提升了自身使用税收和支出政策进行宏观经济管理的能力。而林毅夫、陶然和刘明兴则认为，由于没有明确政府间的支出责任，也没有使转移支付公平化，1994年的再集权严重地损害了欠发达地区的地方政府提供适度公共物品和服务的能力，并由此带来了严峻的地方治理问题。③

三是政治集权。在研究当代中国政府间关系的英文文献中，有些学者认为当代中国的政治体制是集权的，他们的理由是，中央政府控制着地方人事任免权并可以对地方官员的行为给予奖惩，反过来，地方官员也会顺应并遵从中央政府的决策而获得晋升的机会。如黄亚生在检验行政性分权是否侵蚀了中央政府的权力，从而使之不能继续控制地方政府的忠诚度之后，发现中央的控制程度实际上是在增加而非减少；④ 再如，有学者将当代中国的政治体制判断为政治集权，并把这当作一个区别于俄罗斯的优点，因为这种制度安排可以减少地方领导干部被租金俘获的风险。⑤ 在政治集权的背景下，地方党政领导干部不是对其所在辖区的居民负责，而是对上级机构负责并受到上级机构的监督和评估，从而反映上级党政领导的

---

① Wang, Shaoguang, "China's 1994 Fiscal Reform: An Initial Assessment", *Asian Survey*, Vol. 37, No. 9, 1997.

② Ma, Jun, b, "The Reform of Intergovernmental Fiscal Relations in China", *Asian Economic Journal*, Vol. 9, No. 3, 1995.

③ Lin, Justin Yifu, Ran Tao and Mingxing Liu, "Decentralization and Local Governance in China's Economic Transition", FED Working Papers Series, No. FE20050095, 2005.

④ Huang, Yasheng, *Inflation and Investment Controls in China: The Political Economy of Central-Local Relations during the Reform Era*, Cambridge: Cambridge University Press, 1996.

⑤ Blanchard, Olivier and Andrei Shleifer, "Federalism with and without Political Centralization: China versus Russia", *IMF Staff Papers*, Vol. 48, 2001.

偏好。① 不过，也有学者对政治集权的判断表示怀疑，因为即使中央当局选择、指派和提升省级干部，但是，厅局级地方官员是由省级政府经由同级人民代表大会来选举和任命的，受寻求增长的共同经济利益和压力的驱动，厅局级地方官员更倾向于站在地方政府一方，而不是代表他们的中央管理者。② 还有学者认为，即便依据自上而下的干部任免和考核制度可以得出关于政治集权的判断，但是随着经济体制与政治体制改革的推进，地方政府与地方经济主体得以融合并出现了所谓的地方法团主义③或发展型政府，地方政府的权利得到了扩张。

如上所述，财政联邦制、财政分权、政治集权等概念部分地可以解释当代中国的政府间关系，这些研究话语的建构意识较强，但其理论模型主要源自西方的方法论体系，在分析当代中国的政府间关系时难免有隔靴搔痒之感，往往会得出似是而非的结论。更为重要的是，与中文研究成果一样，国外同行的研究在析出决定或影响政府间关系变迁的主要因素、制度化分权的匮乏，以及理顺政府间关系方面同样缺乏理论张力。基于国外文献的回顾给本书的选题以如下启示：第一，借鉴财政联邦制的分析框架来考察当代中国的政府间关系，将地方政府假设为地方公共物品或服务的供给主体，其行为目标是实现地方公共物品或服务数量的最大化和质量的最优化，从而满足地方居民的需求，同时，在信息分权和管辖权竞争的条件下，地方政府具备培育和保护市场运行的动力，从而推动了地方经济发展。这种理论改造部分地解释了当代中国的政府间关系，但是，对地方政府向下负责和政治分权的假设前提显然不符合实际情况。第二，将财政包干制和分税制都看作是财政分权，而财政分权的目的是为了增

---

① Whiting, Susan H., "Central-Local Fiscal Relations in China", A Report Based on the Proceedings of the International Conference on Intergovernmental Fiscal Relations in China, China Policy Series, No. XⅫ, April 2007.

② Jin, Jing and Heng-fu Zou, "Soft Budget Constraint on Local Governments in China", in J. Rodden, G. Eskeland, and J. Litvak (eds.), *Fiscal Decentralization and the Challenge of Hard Budget Constraints*, MIT Press, 2003.

③ Oi, Jean C., "Fiscal Reform and the Economic Foundations of Local State Corporatism in China", *World Politics*, Vol. 45, No. 1, 1992.

强地方政府的财政自治能力,从而带来促进地方经济发展的激励,对于这两个阶段的改革,相关文献给出了客观的利弊评价,不少观点值得参考。第三,仅仅依靠财政分权的理论不足以解释中国经济持续高速增长的奇迹,需要结合政治因素进行分析,因为政治集权使得中央政府可以约束地方政府以邻为壑的地方保护主义行为,以及防止地方政府为地方利益集团所俘获,这一结论突破了财政联邦制单纯地从财政分权的角度来讨论分权改革对地方政府的激励与约束作用,使理论分析更接近现实。第四,相关文献对财政分权与经济增长、财政分权与政府规模、集权与分权关系、分权与市场化改革之间关系的分析,使用了程式化的数学工具,但政府间关系体现了政治经济体制的某些特征,许多特征并不适宜于进行严格的抽象假设和精确的数学推导,或许加上基于经验事实的逻辑推演更为有解释力。

二、政府间分权研究的相关文献

(一) 以政府治理为中心的政府间分权

半个世纪以来,站在政府间关系的角度,以政府治理为中心议题的政府间分权得到了广泛的研究。因此,不对政府间分权进行深入的理论解析,对政府间关系的任何解读便是缺少理论支撑的。在对政府间分权进行理论梳理时,政府治理问题是中心议题,有关政府间分权的研究都以解决政府治理问题而展开。进一步地,政府治理的过程是具有不同管辖权和管辖范围的政府履行政府职能的过程,在单一制国家和联邦制国家莫不如是。在履行政府职能时,具有不同管辖权的政府究竟如何分工、如何合作;如何决策、如何执行;如何负责、如何问责,本部分旨在梳理学术界关于这些问题的讨论,以期得出可供政府间关系研究的启示。

承上所述,政府间分权研究的是政府职能的有效履行,它泛指高层级政府的权力、责任(或职责)、(人事、财政和物质)资源被不同步地下放、委托或分解给低层级的政府,或者非政府组织和个人。因而人们常常用下放、委托和转移等概念对权力、责任和资源在政府之间和政府与非政府主体之间的分权进行区分。① 不少学者对政府间分权进行过界定,在这些概念界定中,史黛丝·怀特(Stacey White)的定义具有代表性,她认为,权力下放"是指将中央政府提供某种公共服务的责任分派给其在地方上的各个分支机构,但不涉及权力的转移";委托"是指中央政府将决策和公共行政的职能委托给地方政府";转移"是指中央政府将决策、融资、行政管理等权力转交给半自治的地方政府"。② 显然,这里的三种分权形式讨论的是纵向的政府间分权。事实上,除了纵向的政府间分权之外,在政治、行政和财政上向非政府主体赋权也被看作是一种分权③,即横向的政府间分权。因此,分权治理的研究至少应该涵盖纵向的政府间分权,以及横向的政府间分权。

基于既有文献的集中度和本书的研究主题,本部分主要评述纵向的政府间分权对政府治理的影响,它涉及如下几个命题,即从纵向效应上看,在政府间分权的条件下,公共服务提供的效率和公平是否能够同向增加,财政分权是否必然带来经济增长;从横向效应上看,在政府间分权的条件下,辖区之间的竞争是否会产生合意的结果,地方发展动力是否有增强的可能,地方政府俘获和腐败是否有减少的趋势。在对这几个命题进行评述的基础上,本部分将归纳既有文献关于理想的分权治理的前提条件、分权治理的困境、超越途径及启示。

---

① Bird, Richard M., and François Vaillancourt, "Fiscal Decentralization in Developing Countries: An Overview", in Richard M. Bird and François Vaillancourt (eds.), *Fiscal Decentralization in Developing Countries*, Cambridge, New York, and Oakleigh: Cambridge University Press, 1998, p. 3. Cheema, G. Shabbir, and Dennis A. Rondinelli, "From Government Decentralization to Decentralized Governance", in G. ShabbirCheema, and Dennis A. Rondinelli (eds.), *Decentralizing Governance: Emerging Concepts and Practices*, Washington, DC: Brookings Institution Press, 2007, pp. 1 – 3.

② White, Stacey, "Government Decentralization in the 21st Century: A Literature Review", A Report on the CSIS Program on Crisis, Conflict, and Cooperation, Washington D. C.: Center for Strategic and International Studies, 2011; p. 2.

③ Bahl, Roy W., "Fiscal Decentralization 101", Atlanta: Andrew Young School of Policy Studies, Georgia State University, 2005. Boex, Jamie, and SerdarYilmaz, "An Analytical Framework for Assessing Decentralized Local Governance and the Local Public Sector", Urban Institute Center on International al Development Governance Working Paper, No. 2010 – 06, 2010.

(二) 政府间分权的纵向效应

纵向的政府间分权对公共服务提供、经济增长都会产生影响。在这两个方面，学术界分别进行了深入的规范研究和实证研究。之所以把这两个命题归类为政府间分权的纵向效应，是因为进行公共服务提供和推动经济增长既可以是中央政府的职能，又可以是地方政府的职能，而由何者承担则取决于治理的需要，因而它涉及纵向的政府间分权对政府治理的影响。

1. 公共服务提供的效率和公平

在一篇开创性的文章中，查尔斯·蒂伯特（Charles Tiebout）提出，地方政府在提供公共服务以满足地方居民的偏好方面比中央政府更有优势。他在这篇文章中指出，理解这一命题的窍门在于具有完全流动性的消费者（同时也是投票者）更倾向于定居在这样一些地方，即在那里，地方政府能够以最优的税收—服务比率满足其选民的偏好。[1] 蒂伯特的洞见随后被以第一代财政联邦制为代表的政府间分权理论发展为分权定理："对于一项公共产品来说，由地方政府在其辖区内进行个性化提供，会比中央政府在全国范围内进行统一提供更能达到帕累托最优状态。"[2] 或者说，与公共服务的集权化提供相比，分权化提供更能"根据各个辖区的环境和居民偏好来提供适当数量的公共产品"[3]。考虑到各个辖区的环境和居民偏好各不相同，公共服务的分权化提供比集权化提供更有利于提高地方居民的福利水平，因为分权化提供可以根据税收—服务比率来满足地方居民的偏好。[4] 进而言之，由于比中央政府在物理距离上更接近地方居民，地方政府更能

---

[1] Tiebout, Charles M., "A Pure Theory of Local Expenditures", *Journal of Political Economy*, Vol. 64, No. 5, 1956, p. 418.

[2] Oates, Wallace E., *Fiscal Federalism*, New York et al.: Harcourt Brace Jovanovich, Inc., 1972, p. 35. Oates, Wallace E., "Toward a Second-Generation Theory of Fiscal Federalism", *International Tax and Public Finance*, Vol. 12, No. 4, 2005, p. 351.

[3] Oates, Wallace E., "Decentralization of the Public Sector: An Overview", in Robert J. Bennett (ed.), *Decentralization, Local Governments, and Markets*, Oxford et al.: Oxford University Press, 1990, pp. 45 – 46.

[4] Wolman, Harold, "Decentralization: What It is and Why We should Care?" in Robert J. Bennett (ed.), *Decentralization, Local Governments, and Markets*, Oxford et al.: Oxford University Press, 1990, p. 31.

了解和满足地方居民的偏好（或需求、兴趣、口味），因此，如果采用分权化提供的方式，由地方居民采取用脚投票的方式来选择地方公共服务并对其进行融资决策，公共服务的生产和分配效率在行政、财政和政治上也就更容易实现①。

然而，如果不能在地方居民、被选举的政治家和官僚主义者的偏好和行为等方面满足分权定理所需的前提条件，公共服务分权化提供的效率通常不会太高；同时，公共服务分权化提供的规模经济较小，这也使得（公共服务的）生产效率得不到提高。② 当然，由于公共服务的供给和需求很难达到一致的状态，地方政府在提高（公共服务的）生产和分配效率上的失败并不必然意味着中央政府会做得更好。③

为了支持分权定理，提高公共服务分权化提供的效率，研究者们通常求助于如下假设：

（1）居民偏好在同一个辖区是同质的，且本辖区的公共服务没有溢出效应或外部性④；

（2）不同辖区之间的居民偏好和公共服务提供的成本各不相同⑤；

（3）居民享有完全的流动性，这种流动性可以被看作是一种筛选机

---

① Bennett, Robert J., a, "Decentralization, Intergovernmental Relations and Markets: Towards a Post-Welfare Agenda", in Robert J. Bennett (ed.), *Decentralization, Local Governments, and Markets*, Oxford et al.: Oxford University Press, 1990, p. 5. Lindaman, Kara and Kurt Thurmaier, "Beyond Efficiency and Economy: An Examination of Basic Needs and Fiscal Decentralization", *Economic Development and Cultural Change*, Vol. 50, No. 4, 2002, p. 915. Azfar, Omar, SatuKähkönen, Anthony Lanyi, Patrick Meagher, and Diana Rutherford, "Decentralization, Governance and Public Services: The Impact of Institutional Arrangement", in Mwangi S. Kimenyi and Patrick Meagher (eds.), *Devolution and Development: Governance Prospects in Decentralizing States*, Hants: Ashgate Publishing Limited, 2004, pp. 22 – 23.

② Prud'homme, Rémy, "The Dangers of Decentralization", *The World Bank Research Observer*, Vol. 10, No. 2, 1995, pp. 207 – 210.

③ Sewell, David O., "The Dangers of Decentralization According to Prud'homme: Some Further Aspects", *The World Bank Research Observer*, Vol. 11, No. 1, 1996, p. 147.

④ Oates, 1972, p. 37. Oates, Wallace E., "An Economist's Perspective on Fiscal Federalism", in Wallace E. Oates (ed.), *The Political Economy of Fiscal Federalism*, Lexington, Massachusetts, and Toronto: Lexington Books, 1977, pp. 5 – 6. Bardhan, Pranab, and DilipMookherjee, "Expenditure Decentralization and the Delivery of Public Services in Developing Countries", Manuscript, 1998.

⑤ Bennett, 1990a, p. 15. Oates, Wallace E., "An Essay on Fiscal Federalism", *Journal of Economic Literature*, Vol. 37, No. 3, 1999, pp. 1122 – 1123.

制,即通过用脚投票的手段回应地方政府的公共绩效①,反过来,这种机制可以揭示出这些居民的偏好,并激励公共部门致力于优化公共资源的配置效率②。

上述假设在支持分权定理,提高公共服务分权化提供效率的同时,却构建了一个辖区碎片化的情境,在这个情境中,一方面,公共服务的溢出效应和外部性受到抑制;另一方面,公共服务提供的规模经济得不到发挥③。同时,在这个情境中,公共服务的数量和质量在不同地区之间的差异会扩大④。在横向和纵向财政不平等的条件下,如果没有政府间补贴和再分配政策,不同地区的治理差距势必被拉大⑤,从而危及公共服务提供的公平性。原因在于如下机制,即"越富裕的地区越能征集到更多的税收,因而也会提供更多的公共服务,或者以更低的税率提供相同的公共服务"⑥。与前两个假设相比,分权定理的第三个假设似乎有利于解决公共服务提供的不公平问题。然而,正如有的学者所指出的那样,虽然居民具有完全流动性的假设强化了其传递机制,但是"作为一种有效的排序机制的用脚投票机制的应用空间极其有限"⑦。

---

① Bardhan, Pranab, "Decentralization of Governance and Development", *The Journal of Economic Perspectives*, Vol. 16, No. 4, 2002, p. 188.

② Oates, 1977, p. 6.

③ Boex, Jamie, "Fiscal Decentralization and Intergovernmental Finance Reform as an International Development Strategy", IDG (Urban Institute Center on International Development and Governance) Working Paper No. 2009 – 06, 2009.

④ Oates, 1977, pp. 12 – 14. Qian, Yingyi and Barry R. Weingast, "Federalism as a Commitment to Preserving Market Incentives", *The Journal of Economic Perspectives*, Vol. 11, No. 4, 1997, p. 89. Lin, Justin Yifu, Ran Tao and Mingxing Liu, "Decentralization and Local Governance in China's Economic Transition", FED Working Papers Series, No. FE20050095, 2005. Cheema & Rondinelli, 2007, p. 8.

⑤ Bardhan, Pranab, and DilipMookherjee, a, "Decentralization, Corruption and Government Accountability: An Overview", in Susan Rose-Ackerman (ed.), *Handbook of Economic Corruption*, Edward Elgar, 2006, p. 40.

⑥ Prud'homme, 1995, p. 203. Zhang, Xiaobo, "Fiscal Decentralization and Political Centralization in China: Implications for Growth and Inequality", *Journal of Comparative Economics*, Vol. 34, No. 4, 2006, p. 724.

⑦ Musgrave, Richard A., "Fiscal Federalism", in James M. Buchanan and Richard A. Musgrave, *Public Finance and Public Choice: Two Contrasting Visions of the State*, Cambridge and London: The MIT Press, 1999, p. 159.

2. 财政分权与经济增长

尽管有人认为财政分权可能是经济增长的结果而非原因①,但是这一研究视角却应者寥寥,这或许与其理论和应用价值不大不无关系。相反,财政分权对经济增长的影响一度是政府间分权研究的热门话题之一,世界银行等国际机构的学者在此领域的研究尤为活跃。一项针对OECD国家的经验研究表明,尽管财政分权与经济增长之间的直接联系很难找到证据,但是其他衡量政府间分权的手段却与经济增长之间具有直接的联系。②

对于财政分权与经济增长之间的关系,当前存在两种截然相反的观点。一种观点认为,财政分权所带来的财政激励(例如,使地方政府拥有更多的支出自由度③),以及改善资源配置的效率④为地方经济增长带来了积极的影响;另一种观点认为,中国的经验否定了政府(尤其是财政)分权对激发地方扩大税基和经济总量、硬化国有企业预算约束的经济效应。⑤一些经验主义研究验证了正方的观点,例如,林毅夫和刘志强认为,以省级政府所留存的边际预算收入所衡量的财政分权对地方经济增长有积极的贡献。⑥金和辉、钱颖一和温加斯特也认为,中国财政分权中的省级政府大大得益于促进地方发展后扩大的地方税收收入。⑦这一结论表明财政分权促进了经济增长,从而增加了地方税收。反方观点也有例证。例如,有学者认为,在财政包干制时期,从支出角度衡量的财政分权与省级经济增

---

① Bahl, Roy W., and Johannes F. Linn, *Urban Public Finance in Developing Countries*, Oxford: Oxford University Press, 1992, pp. 391 – 393.

② Bodman, Philip, "Fiscal Federalism and Economic Growth in the OECD", Manuscript, 2008, p. 42.

③ Roland, Gérard, *Transition and Economics: Politics, Markets, and Firms*, Cambridge: The MIT Press, 2000, p. 281.

④ Lin, Justin Yifu and Zhiqiang Liu, "Fiscal Decentralization and Economic Growth in China", *Economic Development and Cultural Change*, Vol. 49, No. 1, 2000, p. 18.

⑤ Cai and Treisman, 2006, p. 506.

⑥ Lin and Liu, 2000, p. 18.

⑦ Jin, Hehui, YingyiQian and Barry R. Weingast, "Regional Decentralization and Fiscal Incentives: Federalism, Chinese Style", *Journal of Public Economics*, Vol. 89, No. 9 – 10, 2005, p. 1721, p. 1740.

长之间呈负向关系；在分税制时期，在给定的支出分权水平下，更多的税收分权对经济增长具有积极的贡献。① 在发展中国家，如果以地方支出占全国总支出的比例来衡量财政分权，则它与该国的平均增长率之间呈负向关系。综观财政分权与经济增长之间关系的研究文献，之所以会出现截然相反的观点，其实与不同学者采用不同的财政分权定义和衡量方法有关。因此，毫不令人奇怪的是，一份来自43个发展中国家超过20年的数据所支持的实证研究表明，尽管现金支出比例具有正的增长效应，但以资本形式衡量的公共支出与每单位资本增长之间的关系却是负的。②

除了发展中国家之外，从OECD国家选取样本进行比较研究也日益得到了学者们的追捧。同样地，这些实证研究的结果也高度依赖于财政分权的度量方式，从收入角度度量和从支出角度度量财政分权有时会得出截然不同的结果。在现有的实证研究中，有三种不同的实证结果。通过使用高收入OECD国家的面板数据，有学者认为，以地方政府支出占政府总支出衡量的财政分权最终会抑制资本存量的增长和经济增长。③ 一项针对23个OECD国家在1975年至2008年的实证研究也表明，以地方税收自主权衡量的财政分权对经济增长的影响系数为负。④ 相反，有的学者运用工具变量技术对1997年至2001年的跨国数据进行实证研究表明，以地方支出占政府总支出所衡量的财政分权与人均增长率之间呈正向关系。⑤ 一项针对23个OECD国家在1972年至2005年的面板数据的实证研究也显示，"支出分权会带来低的经济增长，而税收分权则会

---

① Zhang, Tao, and Hengfu Zou, "Fiscal Decentralization, Public Spending, and Economic Growth in China", *Journal of Public Economics*, Vol. 67, No. 2, 1998, p. 236. Jin, Jing, and HengfuZou, "Fiscal Decentralization, Revenue and Expenditure Assignments, and Growth in China", *Journal of Asian Economics*, Vol. 16, No. 6, 2005, p. 1061.

② Devarajan, Shantayanan, VinayaSwaroop, and HengfuZou, "The Composition of Public Expenditure and Economic Growth", *Journal of Monetary Economics*, Vol. 37, No. 2, 1996, p. 313.

③ Thieβen, Ulrich, "Fiscal Decentralization and Economic Growth in High-income OECD Countries", ENEPRI Working Paper No. 1, 2001, p. 23.

④ Baskaran, Thushyanthan, and Lars P. Feld, "Fiscal Decentralization and Economic Growth in OECD Countries: Is There a Relationship?" *Public Finance Review*, Vol. 41, No. 4, 2013, p. 421.

⑤ Iimi, Atsushi, "Decentralization and Economic Growth Revisited: An Empirical Note", *Journal of Urban Economics*, Vol. 57, No. 3, 2005, p. 459.

带来高的经济增长"①。

文献梳理还发现，实证研究的结果不一定是单调的，例如，有一项针对美国在 1948 年至 1994 年的实证研究表明，地方和州政府的支出占全国总支出的份额与经济增长最大化是一致的，即财政分权一开始的确会促进经济增长，但分权度到达一定的数值以后，它可能会阻碍经济增长。② 类似地，一项针对 21 个 OECD 国家在 1970 年至 2000 年的面板数据的实证研究也揭示了这种倒 U 型关系，即"公共部门的效率随着财政分权度的上升而增加，到达某个点后，它会随之而下降"③。

如前所述，财政分权度的度量指标多种多样，不同的指标选取会得到不同的实证检验结果。与单一测量指标不同，财政分权的复合指标也常常应用于相关实证研究之中。通过分析美国州级截面数据，有学者发现，从收入、支出和财政自治度，以及收入和支出组合角度来衡量的财政分权有助于经济增长。④ 然而，当从支出和收入角度衡量 OECD 国家在 1990 年至 2005 年的财政分权时，有学者发现，"财政分权与经济绩效之间的关系为负值"⑤。

与确定的关系不同，如果考虑到各国不同的历史背景，财政分权促进或抑制经济增长的潜力可能更为复杂，更不清晰。⑥ 一份文献综述发现，"分权度和经济增长之间的关系是混合的"，"财政分权对经济增长的影响

---

① Gemmell, Norman, Richard Kneller, and Ismael Sanz, "Fiscal Decentralization and Economic Growth: Spending versus Revenue Decentralization", *Economic Inquiry*, Vol. 51, No. 4, 2013, p. 1915.

② Xie, Danyang, Hengfu Zou, and Hamid Davoodi, "Fiscal Decentralization and Economic Growth in the United States", *Journal of Urban Economics*, Vol. 45, No. 2, 1999, p. 238.

③ Adam, Antonis, Manthos D. Delis, and Pantelis Kammas, "Fiscal Decentralization and Public Sector Efficiency: Evidence from OECD Countries", MPRA Paper No. 36889, 2012.

④ Akai, Nobuo, and Masayo Sakata, "Fiscal Decentralization Countries to Economic Growth: Evidence from State-level Cross-section Data for the United States", *Journal of Urban Economics*, Vol. 52, No. 1, 2002.

⑤ Rodríguez-Pose, Andrés, and Roberto Ezcurra, "Is Fiscal Decentralization Harmful for Economic Growth? Evidence from the OECD Countries", *Journal of Economic Geography*, Vol. 11, No. 4, 2011, p. 637.

⑥ Oates, Wallace E., "Fiscal Decentralization and Economic Development", *National Tax Journal*, Vol. 46, No. 2, 1993, p. 240.

从理论上看是不确定的"。① 这一发现从一项针对 23 个欠发达国家在 1974 年至 1991 年的数据的实证研究可以得到证实。在这项研究中,财政分权与全国性的经济增长率之间没有系统性的联系。② 与欠发达国家的情况相似,使用 19 个 OECD 国家在 1980 年至 2000 年的数据,有一项实证研究发现,以税收自主权来衡量的财政分权对经济增长的影响在统计上也是不显著的。③ 有学者进一步指出,地方政府边际收入份额的增加减弱了中央政府的激励,它使得财政激励处于不确定的状态。④

(三) 政府间分权的横向效应

政府间分权对辖区间竞争、地方发展动力和地方官员行为都会产生影响。在这三个方面,学术界也进行了卓有成效的研究。之所以把这三个命题归类为政府间分权的横向效应,是因为政府间分权在一定程度上决定了同一层级上不同地域的地方政府及其官员的行为取向。

1. 辖区间竞争及其结果

政府间分权所带来的辖区间竞争是分权治理研究的重要内容之一。在分权治理的支持者看来,为了培育一个有效的市场经济,关键在于设计出一套制度,能够让政府做出保护市场的承诺。⑤ 作为最为重要的一项政治要素,政府所做出的保护市场的可置信承诺是第二代财政联邦制理论的核心。那么,第二代财政联邦制理论所指的可置信承诺究竟是什么呢?这个研究领域的代表性学者构想了一种一分为二的可置信承诺机制:一方面,它保证政府不至于剥夺市场经济主体创造的收入或财富,这是一

---

① Martinez-Vazquez, Jorge, and Robert M. Mcnab, "Fiscal Decentralization and Economic Growth", *World Development*, Vol. 31, No. 9, 2003, p. 8.
② Woller, Gary M., and Kerk Phillips, "Fiscal Decentralization and IDC Economic Growth: An Empirical Investigation", *The Journal of Development Studies*, Vol. 34, No. 4, 1998, p. 146.
③ Thornton, John, "Fiscal Decentralization and Economic Growth Reconsidered", *Journal of Urban Economics*, Vol. 61, No. 1, 2007, p. 69.
④ Treisman, Daniel, "Fiscal Decentralization, Governance, and Economic Performance: A Reconsideration", *Economics and Politics*, Vol. 18, No. 2, 2006, pp. 221–222, 231.
⑤ Weingast, Barry R., "The Economic Role of Political Institutions: Market-Preserving Federalism and Economic Development", *Journal of Law, Economics & Organization*, Vol. 11, No. 1, 1995, p. 2.

种奖励机制;另一方面,它会硬化地方政府或国有企业的预算约束,这是一种惩罚机制。这种两分的承诺机制的作用表现在,如果政府承诺不会无故征敛私人机构或个人所创造的收入或财富,市场经济主体创造收入和财富的热情就会被点燃;如果政府承诺不补贴无效的项目,浪费性的投资和低生产率就会得到遏制。① 问题是,如何确保政府的这些承诺是可置信的,以便有效的市场得以形成呢?分权治理的主张者相信,一种可取的办法是政府之间围绕具有完全流动性的要素而展开竞争。通过辖区之间围绕高素质的居民和经济实体而展开竞争,害怕失去当地发展动力的潜在威胁使得地方政府会倾向于保护当地的市场,而这种保护市场的行为对地方经济发展是有利的。② 同时,通过辖区之间针对生产要素而展开的竞争,对于地方政府而言,救助失败企业的机会成本将会上升,救助的激励动机将会下降,这使得这些企业有必要硬化其自身的预算约束。③

与合意的可置信承诺机制会奖励成功而惩罚失败相反,乔纳森·罗丹和苏珊·罗斯-阿克曼(Jonathan Rodden & Susan Rose-Ackerman)强烈质疑市场保护型联邦制(Market-preserving Federalism)通过辖区间竞争保护市场,从而提高地方经济福利的能力。④ 尽管他们的批评得到了第二代财政联邦制理论的支持者的辩护和发展⑤,但是这一理论的批评者蔡欣怡(Kellee S. Tsai)仍然认为,作为市场保护型联邦制的代表,中国的财政分权引致了一些意外的后果,例如,预算外资金的膨胀;非正式财政的兴起;诸如地方

---

① Montinola, Gabriella, YingyiQian and Barry R. Weingast, "Federalism, Chinese Style: The Political Basis for Economic Success in China", *World Politics*, Vol. 48, No. 1, 1995, p. 54. Qian and Weingast, 1997, p. 84.

② Oates, 1990, p. 51. Weingast, Barry R., "Second Generation Fiscal Federalism: Implications for Decentralized Democratic Governance and Economic Development", Discussion Draft, 2006.

③ Qian, Yingyi and Gérard Roland, "Federalism and the Soft Budget Constraint", *American Economic Review*, Vol. 88, No. 5, 1998, p. 1144.

④ Rodden, Jonathan and Susan Rose-Ackerman, "Does Federalism Preserve Markets?", *Virginia Law Review*, Vol. 83, No. 7, 1997.

⑤ McKinnon, Ronald I., "The Logic of Market-Preserving Federalism", *Virginia Law Review*, Vol. 83, No. 7, 1997. Rubinfeld, Daniel L., "On Federalism and Economic Development", *Virginia Law Review*, Vol. 83, No. 7, 1997.

保护主义等反市场行为。① 不仅如此,有人甚至认为,分权治理有助于滋生竞次的(race-to-the-bottom)政府间竞争,即地方政府争相"提供低税率而非高质量的服务,旨在吸引流动要素"②,这种做法使得高质量的公共服务在全国范围内供给不足,资本利用也缺乏效率③。这种辖区间竞争必然会干扰地方发展的秩序,扭曲资源配置。④ 尽管这种解释合情合理,但是竞次的政府间竞争是否会对公共产出带来消极的后果,目前尚不得而知。⑤

2. 政府间分权对地方发展动力的影响

第一个主题是政府间分权对地方试验或创新的影响。有研究发现,地方发展动力可以被地方试验或创新所驱动,而地方试验或创新则需要被地方政府、非政府组织或个人从内部和外部进行激发。⑥ 地方试验或创新的频度可能会受到政府间分权的影响,例如,科尔曼·斯托鲁莫夫(Koleman S. Strumpf)运用数理逻辑证明了地方政策试验会随着政府间分权的增加而增多。⑦ 普兰纳布·巴德汉(Pranab Bardhan)也认为,政府间分权与标尺竞争(Yardstick Competition,即地方干部为提供更好的公共服务,促进地方经济发展而展开的竞争)的结合引致了中国市场化改革早期的试验。⑧ 然而,政府间分权与政策试验的这种促进关系受到了一项来自中国案例的证伪。⑨

---

① Tsai, Kellee S., "Off Balance: The Unintended Consequences of Fiscal Federalism in China", *Journal of Chinese Political Science*, Vol. 9, No. 2, 2004, p. 9.

② Musgrave, Richard A., "Fiscal Federalism", in James M. Buchanan and Richard A. Musgrave, *Public Finance and Public Choice: Two Contrasting Visions of the State*, Cambridge and London: The MIT Press, 1999, p. 170.

③ Musgrave, Richard A. a, "Reconsidering the Fiscal Role of Government", *The American Economic Review*, Vol. 87, No. 2, 1997, p. 157. Musgrave, Richard A. b, "Devolution, Grants, and Fiscal Competition", *The Journal of Economic Perspectives*, Vol. 11, No. 4, p. 70.

④ Oates, 1990, p. 54. Musgrave, 1999, p. 157, p. 170.

⑤ Oates, 1999, pp. 1136 – 1137.

⑥ Bennett, Robert J., b, "Decentralization and Local Economic Development" in Robert J. Bennett (ed.), *Decentralization, Local Governments, and Markets*, Oxford et al.: Oxford University Press, 1990, p. 7.

⑦ Strumpf, Koleman S., "Does Government Decentralization Increase Policy Innovation?" *Journal of Public Economic Theory*, Vol. 4, No. 2, 2002.

⑧ Bardhan, 2002, p. 191.

⑨ Cai, Hongbin, and Daniel Treisman, "Did Government Decentralization Cause China's Economic Miracle?", *World Politics*, Vol. 58, No. 4, 2006, pp. 511 – 518.

开展这项证伪工作的两位学者进一步认为，由于信息外部性、冒险效应和风险规避效应，集权比分权会导致更多的地方政策试验而非相反。①

第二个主题是政府间分权对公民参与的影响。在政府间分权驱动的选举活动和政策制定过程中，公民参与（或参与式治理，即对地方干部充分了解的公众积极参与公共事务）有助于监督地方政府的行为，并使得官员对其自身行为负责。② 为了实现这些目标，需要做如下工作：首先是使受益群体参与项目的遴选、运作和融资过程；其次是使受影响的群体能够充分地了解地方决策的成本和收益；再次是确保决策者能够完全承担地方决策的成本。③ 能够做好这些工作的前提条件是进行适度的分权。惟其如此，公民才能真正践行其公民权。

第三个主题是政府间分权对地方自主性的影响。政府间分权的支持者假定，拥有更多信息、激励、自由、影响、政策创新动力、对其自身行为负责的地方政府应该对地方需求更加具有回应性，这会通过重构地方政府结构和向市场与社会赋权来得以强化。④ 然而，正如地方政府服务的质量会受到低层级政府有限能力的制约一样⑤，除非拥有充分的财政资源，否则地方自主性不可能自动实现。

3. 地方政府俘获与腐败

在地方政府俘获方面，《联邦党人文集》给出了一个著名的假说，即层级越低的政府越容易被既得利益者所俘获，从而也就越不能保护少数者和贫困者的利益。⑥ 这一假说表明，地方政府及其官员本质上对地方精英

---

① Cai, Hongbin, and Daniel Treisman, "Political Decentralization and Policy Experimentation", *Quarterly Journal of Political Science*, Vol. 4, No. 1, 2009, p. 53.

② Grindle, 2007, pp. 12, 18. Bardhan and Mookherjee, 2006b, p. 102. Cheema and Rondinelli, 2007, p. 7.

③ Bird and Vaillancourt, 1998, pp. 10 – 12.

④ Lundquist, Lennart, *Means and Goals of Political Decentralization*, Malmö: Studentlitteratur, 1972, p. 74. Bennett, 1990a, pp. 13 – 14. Wolman, 1990, pp. 32 – 33. Oates, 1990, pp. 52 – 53. Strumpf, 2002, p. 207. Bardhan, 2002, p. 185. Grindle, 2007, p. 11. Cheema and Rondinelli, 2007, p. 7.

⑤ Boex and Yilmaz, 2010, p. 21.

⑥ Bardhan, Pranab, and Dilip Mookherjee, "Capture and Governance at Local and National Levels", *American Economic Review*, Vol. 90, No. 2, 2000, p. 135.

的捕获是没有免疫力的。由于被地方精英或特定的选民所俘获,地方政府在提供公共服务方面通常偏向于一小撮利益群体。① 地方政府被俘获的程度越大,公共服务提供的无效率和不平等程度就越大。② 然而,关于地方政府在俘获问题上的脆弱性的假说与现实并不一定相符。这是因为,地方政府俘获还取决于一系列的前提条件,例如地区和选民的异质性③;利益群体的内聚力④;地方民主体制的紊乱程度,所有这些前提条件"使得分权对腐败和政府问责性的影响更加复杂"⑤。

受地方政府俘获假说的启发,许多研究者致力于探索政府间分权对地方官员腐败的影响。有学者提出,与中央官员相比,地方官员更容易屈服于地方利益集团的压力,因为他们比中央官员享有更多的自由裁量权,这使得他们更容易陷入腐败的陷阱。⑥ 此外,没有来自普通民众和非政府组织的制度化的参与和监督,地方官员滥用通过政府间分权取得的权力和资源可能会导致腐败、无效率、公共部门的膨胀、低回应性、宏观经济不稳定。⑦ 有意思的是,理论推测在实践中有时会得到截然相反的经验主义验证。例如,一项针对政府间分权与腐败之间关系的跨国研究表明,政府层级越多,地方官僚机构越庞大,地方官员获取收入的渠道越少,贿赂行为越严重。⑧ 而另一项跨国实证研究则发现,"在统计上,政府支出的财政分

---

① Wolman, 1990, p. 33. Bardhan, 2002, p. 192. Azfar et al., 2004, p. 24. Cheema and Rondinelli, 2007, p. 7.

② Bardhan, 2002, p. 193. Bardhan, Pranab, and Dilip Mookherjee, b, "Decentralization and Accountability in Infrastructure Delivery in Developing Countries", *The Economic Journal*, Vol. 116, No. 508, 2006, p. 104.

③ Bardhan, Pranab, and Dilip Mookherjee, "Relative Capture of Local and Central Governments: An Essay in the Political Economy of Decentralization", Manuscript, 1999, p. 33.

④ Bardhan and Mookherjee, 2000, p. 139.

⑤ Bardhan and Mookherjee, 2006a, pp. 37 – 40.

⑥ Prud'homme, 1995, p. 211.

⑦ Azfar et al., 2004, pp. 24 – 25. Grindle, Merilee S., *Going Local: Decentralization, Democratization, and the Promise of Good Governance*, Princeton and Oxford: Princeton University Press, 2007, p. 8.

⑧ Fan, C. Simon, Chen Lin, and Daniel Treisman, "Political Decentralization and Corruption: Evidence from around the World", *Journal of Public Economics*, Vol. 93, No. 1 – 2, 2009, pp. 32 – 33.

权度越大，腐败程度越小。"① 其他研究者还发现，不同维度的政府间分权对腐败有不同的影响，具体来说，财政分权度越大，腐败程度越低；而宪法分权与腐败程度呈正相关关系。② 更为一般地，根据一项综合经济学、政治学、社会人类学、法学的文献综述，学界认为政府间分权与腐败之间在理论和现实上不存在清晰的相关关系。

（四）政府间分权的条件、困境、解困与启示

政府间分权在很大程度上影响着政府治理的绩效。然而，政府间分权对政府治理绩效的影响效果却不完全取决于分权本身，它的有效施行有赖于适当的内外部条件。

1. 如何实现理想的分权治理

在国家体制和经济社会结构多样化的背景下，分权治理产生了一些有争议的结果。③ 正如前面零星提及的，除非满足一些必要的前提条件，分权治理的理想结果不可能自动实现。从既有文献来看，有些前提条件被经常提及并得到了深入的研究，它们包括：负责任的、回应性的政治或法律框架；理性的选举竞争；健全的财政分权或结构；透明的公共部门（与信息获取权相关，它可以通过放松新闻媒体管制等手段来实现）、有活力的政府企业家（或政府官员的能动性）、中央与地方政府之间健全的制衡机制；无障碍的人员流动（可以通过退出机制或用脚投票来实现）；积极的公民参与（如用口表达机制或用手投票来实现）；公正的中央政府；执行力较强的机构和地方政府；完备的生产要素市场。④ 显然，这是一个大杂烩式的条件束，很难想象一个国家及其社会可以同时满足上述所有的前提

---

① Fisman, Raymond, and Roberta Gatti, "Decentralization and Corruption: Evidence across Countries", *Journal of Public Economics*, Vol. 83, No. 3, 2002, p. 326.

② Freille, Sebastian, M. Haque, and Richard Kneller, "Federalism, Decentralization and Corruption", Manuscript, 2008.

③ Treisman, Daniel, "Decentralization and the Quality of Government", Manuscript, 2002.

④ Wolman, 1990, p. 32. Oates, 1993, p. 242. Kähkönen, Satu, and Anthony Lanyi, "Decentralization and Governance: Does Decentralization Improve Public Service Delivery?", PREMnote 55, June 2001. Bardhan, 2002, p. 186. Azfar et al., 2004, p. 27 – 54. Grindle, 2007, pp. 10 – 12. Boex and Yilmaz, 2010, p. 9.

条件。在不同的背景下，以及在不同时期，即使它们能够同时存在，也会出现这样一种情形，即某些条件可能会发挥更大的作用，而某些条件不能发挥其应有的作用。一旦上述条件不全部具备，或者不能同步发挥作用，分权治理的结果必定是复杂多样的。例如，有一份文献综述总结了政府间分权过程在后冲突时期、受灾害影响和不同发展背景下的不同结果①，印证了前提条件对分权治理绩效的重要性。特别地，为了限制中央与地方政府在经济活动中的行为，以第二代财政联邦制为代表的市场保护型联邦制理论给出了一系列前提条件，如层级制政府、地方经济自治、受中央政府监管的共同市场、硬预算约束、制度化的权力和责任配置。② 这些前提条件是苛刻的，可以看到，如果说哪个国家完全具备这些前提条件，那也是不切实际的理论假设。

在政府间分权对政府治理的影响方面，除了国内背景下的前提条件之外，国际因素（例如全球化）也不可忽视。③ 为了提高公共服务提供的效率和推动地方经济发展，国际开发组织，尤其是世界银行和联合国开发计划署，热衷于将分权措施作为结构化变迁的治理工具推荐给他们的客户国和非政府组织。这些国际性组织成为国际社会关于分权治理的积极倡导者。

与前面的观察一样，对政府间分权的分析表明，分权治理并不必然主导公共服务提供和地方发展的全过程。有时候，集权化程度越高，公共服务提供的数量和质量反而越高。与分权治理相反，集权在划分层级制政府的职能上通常占有一席之地。例如，无论是联邦制还是单一制，华莱士·奥茨（Wallace E. Oates）发现，从理论角度来看，由于伴随着经济发展而带来的知识、流动性和财富的增加，中央政府在提供公共服务时发挥着不可替代的作用④；从历史的角度来看，某些重大的历史事件如世界大战和

---

① White, 2011, p. 5.
② Weingast, 1995, p. 4. Montinola, Qian and Weingast, 1995, p. 55. Weingast, 2006.
③ Cheema and Rondinelli, 2007, pp. 4 – 6. Grindle, 2007, pp. 11 – 12. Boex and Yilmaz, 2010, p. 9.
④ Oates, 1972, pp. 222 – 237.

大萧条发生时，中央政府在公共物品的提供上也起着关键的作用；从经验主义的角度来看，有学者认为，集权化的政治制度（例如强的全国性政党）有助于塑造地方政治家的政治激励。[1] 事实上，在学术界，公共服务的集权化提供不乏支持者，例如，理查德·马斯格雷夫（Richard A. Musgrave）坚持认为，高层级政府在集权化的再分配、财政平衡和提供道德产品等方面具有十分重要的作用。[2] 丹尼尔·特瑞斯曼（Daniel Treisman）也支持相对集权或同质的中央政府在经济增长、税收增长和国家能力方面的积极作用。[3]

2. 分权治理的困境

如前所述，政府间分权的运行方式多种多样。例如，中国中央政府进行的是行政和财政分权而非政治分权，而印度政府则完全相反。[4] 分权治理的最为突出的特征是广泛存在着不对称的政府间分权，而不对称的政府间分权反过来制约着分权治理的绩效[5]，因为公共服务供给链上不同行为者的责任不相称可能会扭曲中央和地方决策者、服务提供者的问责机制和激励结构[6]。尽管不对称的政府间分权可能会带来不好的结果，但它却是一种全球性的普遍现象，这种现象有时甚至是合理的。国际经验表明，分权化的支出和集权化的收入之间的组合，或者集权化的支出和分权化的收入之间的组合，即使以一种均衡的方式存在，也会影响到公共服务的提供[7]。实际

---

[1] Enikolopov, Ruben, and Ekaterina Zhuravskaya, "Decentralization and Political Institutions", *Journal of Public Economics*, Vol. 91, No. 11 – 12, 2007, p. 2263.

[2] Musgrave, 1971, p. 10; 1997a, p. 157; 1997b, pp. 66 – 67.

[3] Treisman, Daniel, "Political Decentralization and Economic Reform: A Game-Theoretic Analysis", *American Journal of Political Science*, Vol. 43, No. 2, 1999, p. 488.

[4] Bardhan and Mookherjee, 2006a.

[5] Bahl, Roy, and Jorge Martinez-Vazquez, "Sequencing Fiscal Decentralization", World Bank Policy Research Working Paper No. 3914, 2006. Boex and Yilmaz, 2010, pp. 7 – 8.

[6] Ahmad, Junaid, ShantayananDevarajan, StutiKhemani, Shekhar Shah, "Decentralization and Service Delivery", World Bank Policy Research Working Paper 3603, 2005.

[7] Bird and Vaillancourt, 1998, p. 5.

上，地方政府的财政能力并不必然与其支出责任相一致。① 对于一些大税种，例如增值税和所得税，与一些小税种，例如财产税，集权化的征收比分权化的征收会享有更多的好处，例如课税的效率和公平、规模经济、再分配效应都因集权而得到改善。中央与地方之间理想的收入关系是寻求一种理想的税收体制②，这种体制有利于解决纵向和横向的财政不平衡问题③。与税收征管需要集权相反，支出责任的分配最好是分权的。1994年中国的分税制改革正是遵循这一学理逻辑。然而，1994年以来，分税制的推行使得中国地方政府的财政收支的缺口在不断拉大。在收支不平衡的情况下，人们越来越意识到，地方政府在财政上越来越依赖于上级政府而非当地经济发展状况，这就出现了这样一种情形，即地方政府宁愿服从上级政府的不当意志，也不注重回应地方百姓的实际需求。既然地方政府在收支上的差距主要通过上级补贴形式的转移支付来弥补，税收体制便变成了"补贴经济"④ 或者形成了"补贴依赖症"⑤。显然，过度依赖政府间转移支付将会"破坏分权化决策的自主性和活力"⑥。因此，高层级的政府可以通过专项补助的形式来控制低层级政府的行为，这是防治地方政府腐败的一种可行途径⑦，这种方法还可以限制"地方政府向地方精英提供过度的公共服务"⑧。然而，这样做却损坏了地方自主性或自由裁量权，因为中央政府通常会借此干预地方提供公共服务的决策。解决办法是增加地方政府的自由裁量权，同时限制中央控制的程度。

---

① Oates, 1972, p. 120. Porter, David O., and Teddie Wood Porter, "Social Equity and Fiscal Federalism", *Public Administration Review*, Vol. 34, No. 1, 1974, p. 37. Oates, 1977, p. 16. Bennett, 1990a, pp. 5, 21. Garman, Christopher, Stephan Haggard, Eliza Willis, "Fiscal Decentralization: A Political Theory with Latin American Cases", *World Politics*, Vol. 53, No. 2, 2001, p. 206. Bardhan, 2002, p. 189. Birrell, Derek, *Comparing Devolved Governance*, Palgrave Macmillan, 2012, p. 4.
② Oates, 1972, p. 126.
③ Bird and Vaillancourt, 1998, p. 11.
④ Bennett, 1990, p. 6.
⑤ Oates, 1972, p. 234. Wolman, 1990, p. 40.
⑥ Oates, 1990, p. 50.
⑦ Bardhan and Mookherjee, 2006a, p. 40.
⑧ Bardhan and Mookherjee, 2006b, p. 104.

3. 走向理想的分权治理

上述评述为探索分权治理提供了一个综合性的分析平台，在这个平台上，政府间分权也许可以带来政府治理绩效的改善。那么，如何实现理想的分权治理呢？既有文献开出了如下药方：一是在分权治理的理念下，通过契约和许可证、建设—经营—转让（BOT）、公私合营，以合作的方式建立政府、私人部门、社会组织之间的伙伴关系。① 二是为了改善政府治理的预期成果，要减少地方政府对上级政府的依赖性，同时改善地方问责机制，使变迁制度化，从而促进经济发展。② 尤其值得提到的是，尽管存在溢出效应或外部性，通过民主化的分权与政党集权相结合，可以使公共服务的提供更为有效和更加主动。③ 三是遵循"高度分权的地方政府依赖于流动税基和使用者付费"原则来重构税收体制④，同时，根据受益密度和空间，按照"谁受益，谁决策和谁付费"的原则来提供公共服务⑤。这是优化税收—服务比率的一个理想途径。四是运用政府间补贴，包括一般性的（或附加条件的）、有配套的财政补贴，旨在为地方项目融资，减少区域之间或个人之间的不平等。⑥ 需要引起重视的是，不同的补贴形式决定了地方支出的不同自主权，而地方支出的不同自主权会影响到地方发展动力。显然，分权治理的这些推荐措施需要综合配套使用。然而，尽管各种政府间分权的精密搭配在理论上是有吸引力的，但是最优的政府间关系在现实中却并不存在⑦，换句话说，"不同层级的政府之间关于公共服务提供的最优职责分配不能导致完美的结果"⑧。既然在分权治理问题上没有万

---

① Cheema and Rondinelli, 2007, p. 11.
② Grindle, 2007, pp. 178 – 183.
③ Ponce-Rodríguez, Raúl A., Charles R. Hankla, Jorge Martinez-Vazquez, and Eunice Heredia-Ortiz, "Rethinking the Political Economy of Decentralization: How Elections and Parties Shape the Provision of Local Public Goods," International Center for Public Policy Working Paper 12 – 27, the Andrew Young School of Policy Studies at Georgia State University, 2012.
④ Oates, 1990, p. 47.
⑤ Musgrave, 1999, p. 156.
⑥ Musgrave, 1999, pp. 166 – 168.
⑦ Musgrave, 1999, p. 171.
⑧ Oates, 1972, pp. 52 – 53.

能药方,每一个国家都应该探索适合自己的新路。

4. 启示

理想的设想是,政府间分权有助于理顺政府间关系,从而改善政府治理的状态。然而,文献梳理发现,理论和实证结果都不确切地支持这一设想。当政府间分权与政府治理联姻时,既有文献并没有令人信服地发现二者之间具有相互促进作用的确凿证据,答案似乎总是似是而非的。这一点可以从对上述各个命题的梳理上看出来。在纵向效应方面,政府间分权并不必然带来公共服务提供效率和公平的同向增加;财政分权对经济增长是否有促进作用也众说纷纭。在横向效应方面,政府间分权对辖区间竞争、地方发展动力和地方官员腐败的影响同样是不确定的。这可能是因为:第一,让高层级政府与低层级政府的目标保持一致的理想制度很难给定,因而各级政府都具有各自的利益取向;第二,不同层级政府(甚至同层级政府)的政府官员是不同质的,现有的正式制度和非正式制度很难将他们的步调统一起来。基于对层级制政府及其官员行为的这两点认识,在政府间关系的研究上,尽管现有的学术文献给出了理想的分权治理的前提条件、分权治理的困境及其超越措施,但是大可不必苛求一种固定的分权模式。

第三节 研究内容与方法

一、研究内容

根据选题的界定,本书首先对政府间关系和政府间分权进行文献梳理,进而以政府间分权的比较研究为基础,分析当代中国的政府间关系。研究内容如下:

第一章,导论。本章首先提出进行这项研究的设想,进而以"政治/经济"、"集权/分权"、"博弈/均衡"、"分工/合作"等四种二分法综述中文文献关于当代中国政府间关系的讨论,以财政联邦制、财政分权和政治集权等概念性框架综述英文文献关于当代中国政府间关系的讨论;接着以政府治理为中心议题，从政府间分权的纵向效应和横向效应、理想的分权治理的前提条件、困境及其超越等方面进行文献综述；最后提出本书的研究内容和方法，以及可能有的贡献和不足。

第二章，政府间分权的比较制度分析。单一制和联邦制国家都存在政府间分权。在横向维度上，单一制国家没有实行联邦制国家广泛实行的立法权、行政权和司法权三权分立的制度，但这并不代表单一制国家没有权力制衡机制；在纵向维度上，政治权、行政权、财政权和经济权等在层级政府之间进行较为明确的划分是单一制和联邦制国家的共同特征，尽管前者的政府间分权远不如后者那么制度化。近代以来，单一制和联邦制国家相互借鉴，在权力来源、依据、结构与制衡上既有显著的差异，又有明显的相同之处，这使得政府间分权的比较制度分析有了现实依据。本章以各国宪法文本和既有文献为基础，以中国、英国、法国为单一制国家的代表，以美国、德国、俄罗斯为联邦制国家的典型，比较研究了政府间分权在单一制国家和联邦制国家的异同，以期找出这两种政制的一般特征。

第三章，使政府间分权制度化与制度化的政府间分权。尽管流行于当今世界的政府间分权固然可以改善内生激励、政府效率、政府责任意识、社会福利和社会稳定，但是其负面结果如恶性循环和无效率分权、低层级政府的寻租及其短期行为、高层级政府的自利行为仍然存在。究其原因，政府间分权的这些负面结果大多是由不受约束的随机性分权引致的，因为随机性分权常常伴随着高不确定性和低预期。旨在降低不确定性和改善行为者预期的"使政府间分权制度化"被假定为解决上述问题的一种可行方法。为此，本章需要弄清楚的有如下问题：（1）政府间分权为什么需要制度化？（2）何谓制度化的政府间分权？（3）政府间分权何以制度化？在提炼出"使政府间分权制度化"和"制度化的政府间分权"等两个概念之前，本章将对政府间分权的相关理论进行比较。在此基础上，本章认为，使政府间分权制度化要求高层级的政府将诸如政治与行政权力等权力有规则地下放给低层级的地方政府；而制度化的政府间分权则旨在构建一种具有稳定性、可持续性、可信性、可预测性和不可逆性特征的分权形式。

第四章，当代中国条块结合的政府间关系。当代中国的政府职能是借助层级制政府中不同的职能部门来履行的。在单一制中国，除了外交、国防等少数部门外，中央政府中的大多数部门在低层级政府（"七站八所"撤并后，乡镇政府的部门设置相对简略）中均有各自的对口部门。在层级制政府结构中，"条"被用来指待纵向维度上具有相同职能的部门；而"块"则被用来描述横向维度上的单个政府，条块结合便形成了当代中国的政府间关系。本章认为，诸如集权和分权、内生和外生的因素等各种力量推动下的纵向和横向的政府间竞争引致了条块分割。在梳理当代中国政府间条块关系存在的问题及其原因的基础上，本章认为，到目前为止，尚不清楚大部制改革和省直管县（市）体制改革对于从条块分割走向条块融合的条块关系改善是否有显著的促进作用。

第五章，中央与省级政府间关系：政府间分权Ⅰ。本章首先以改革开放为分水岭，概述了当代中国在传统计划经济时期与向市场经济转型时期中央与省级政府之间关系的演进过程，指出前者囿于经济性分权（各级政府向微观主体分权）的滞后，中央与省级政府之间关系的演进只能是收权与放权的往复循环；而后者因为引入了市场化改革，特别是财政管理体制改革以及顺应市场化改革而进行的政府职能转变，中央与省级政府之间的关系得到了相应的调整。如何理解这一关系呢？从实践上来看，中央与省级政府之间关系的演进可以从党和国家相关重要文件的表述中找到线索。从理论上来看，政府间分权的相关理论可以为解释当代中国中央与省级政府之间的关系提供分析工具。本章在考证相对集权的理论与实践的基础上，以人事权和立法权为主线，将当代中国政治体制的特征概括为相对集权，并将其看作中国式财政分权形成的政治基础。在析出政治集权与财政分权这两个分析维度之后，本章将从"委托—代理"、"威权—民主"、"控制—自治"、"博弈—合作"等四种视角来解释当代中国中央与省级政府之间的关系。

第六章，省以下政府间关系：政府间分权Ⅱ。对于当前正在进行的省以下政府间关系改革而言，学术界存在两种角度不同但相互补充的研究路径，即以结构为中心的研究路径和以行动者为中心的研究路径。对现有文献的梳理表明，这两种研究路径的单独使用都不足以弄清这一富有争议的行政管理体制改革的动因之所在。因此，更好的办法是将这两种思路结合起来加以改造。通过采用一种兼顾以结构为中心和以行动者为中心的方法，本章试图在政府间分权的框架下检验地级市在统筹城乡发展中的作用，以此评价市管县体制的历史功过。在此基础上，本章将对省直管县（市）体制能否作为市管县体制的替代物进行预测。

第七章，政府间分权与政府行为。在单一制中国，政治集权与财政分权是理解政府间关系的两个重要维度。在政治集权的背景下，经过半个多世纪特别是改革开放以来的调适，作为财税体制基本元素的税政权与财政权的变化轨迹已清晰可辨，前者可概括为向上集中，后者可概括为集分结合，二者相互交织，形成了中国式财政分权。之所以有如此称谓，一是当代中国延续了政治单一制国家政治权力相对集中的传统，由税收立法权、税收行政权和税收司法权组成的税政权是向上集中的；二是改革开放之后顺次实行的财政包干制、分税制和公共财政体系虽然具备西方财政联邦制的某些特征，但它们在相当大程度上却不同于西方财政联邦制意义上的财政分权。受政治集权影响的财政分权对政府行为具有一定的反作用。为此，本章分别以财政包干制、分税制和公共财政体系为背景，分析建立在政治集权基础之上的财政分权是如何影响中央与地方政府行为的。

二、研究方法

本书根据研究内容的不同，分别以文献研究、比较研究、统计分析等方法逐次展开，写作过程力求历史与逻辑相统一、理论与实践相结合，换言之，既注重历史意识以便考虑到当代中国政府间关系变化的客观现实，又不能违背政府间关系演进的逻辑规律；既要在充分吸收国内外最新研究成果的基础上贡献自己的知识增量，又要以中国特色社会主义建设的实践为背景，探讨当代中国政府间关系变化的特征，兼及政府间分权对政府行为的激励与约束机理。

第四节 主要贡献与不足

一、本书可能有的贡献

与相关主题的其他研究相比，本书可能在如下方面贡献了知识增量：

第一，提出使政府间分权制度化的理论框架。为了解释当代中国的政府间关系，本书从基本概念入手，阐述既有的政府间分权理论在基本范畴、分析框架、理论基础和研究结论上的优缺点，并在比较研究单一制和联邦制国家政府间分权的异同点的基础上，建构制度化的分权规则，为政府间关系研究提供一种新的理论框架。本书认为，理顺政府间关系是政治经济体制改革的重要目标之一，而使政府间分权制度化的理论框架为传统的政府间关系跳出"一放就乱，一乱就收，一收就死，一死就放"的恶性循环开辟了一条可能的路径。

第二，重新理解当代中国的政治集权。居于政治权力的绝对集中和绝对分散之间的相对集权在现代国家具有合理性，相关文献特别是马克思主义经典作家的理论为此提供了有说服力的论据。在考证相对集权的理论与现实基础之后，以人事权和立法权为主线，本书将当代中国政治体制的特征概括为相对集权。前者表现为自中央到地方，上级党政机关对下级党政机关主要官员的任免（包括选任、委任和聘任）、考核（与升降和奖惩制度相结合）、交流（除官员异地任职和中央干部下派到地方挂职外，还包括地方干部借调到中央）和监督检查负责，从而实现了中央对地方官员的管理和激励；后者则是上级人民代表大会对下级人民代表大会及其政府的立法授权，从而保证了立法权的相对集中和地方自由裁量权的有限性。

第三，重新理解当代中国的财政分权。改革开放后中国所实行的财税体制（财政包干制、分税制和公共财政体系）并不是西方财政联邦制意义上的财政分权，但它们又的确是税政权和财政权在中央与地方政府之间的分配。所以，尽管含义不同，中西学界的称谓各有所指，但改革开放以来的财税体制可以被看作是一种财政分权。在财政联邦制文献中，财政分权的成功需要满足很多先决条件,而某些关键条件在中国并不完善,例如,地方居民是否可以"用手投票"(选举地方官员)或"用脚投票"(因税负轻重或公共服务质量等原因而自由地离开原籍);地方政府是否享有自主决定税种税率的财政自治权。为区别起见,中国的财政分权被称为中国式财政分权,它以税政权的向上集中和财政权的集分结合为特色。

第四,以政治集权与财政分权为基本分析维度来理解当代中国的政府间关系。以实践经验来检验理论假说可以看出,不加入政治因素的考量,仅从财政管理体制上来理解当代中国的政府间关系固然重要,但却不够全面。虽然布兰查德和施莱弗提出放弃政治集权是前苏联休克式疗法招致失败的主要原因,但是他们及其追随者只是泛泛地提到了政治集权作为财政分权的补充机制,在推动中国渐进式改革取得成功上的重要性,而没有真正构建起政治上权力相对集中与经济上权力相对分散的分析框架,这对正确地理解当代中国的政府间关系来说显然是有缺憾的,因此,有必要将二者结合起来分析当代中国的政府间关系。

第五,以政治集权与财政分权为基本分析维度来比较研究市管县体制与省直管县(市)体制。当前,省以下政府间关系的调整以省直管县(市)体制改革探索最为引人瞩目,而此项改革却一度陷入了胶着状态。为了推进这项改革,有必要寻找新的角度来论证市管县体制与省直管县(市)体制各自的优劣所在。本书站在统筹城乡发展的角度来检验市管县体制的历史功过,并预测省直管县(市)体制在统筹城乡发展中的潜在优势与缺点,这样才能从理论和实践上解决省直管县(市)体制改革所遇到的难题,从而顺利地推进这项改革。

第六,结合当代中国的制度和政策演进历史,提出以政治集权背景下的财政分权作为核心变量来理解中央与地方政府行为。一方面,中国的财税体制改革不满足西方财政联邦制文献所总结的关于财政分权的主要特征;另一方面,中国经济却维持了长达30年之久的持续高速增长。如何解释这一有趣的现象,仅从财政因素进行研究必然会有所偏颇。更值得提到的是,有诸多研究绕开财政分权影响经济增长的内生机理,直接从数据上检验财政分权对经济增长的贡献,但由于样本数量、数据质量、指标选取差异等原因，他们常常会得出截然相反的结论。忽视对政治集权基础上的财政分权影响经济增长的激励与约束机制的分析，仅凭数据检验难以得出令人信服的结果。重要的是，要弄清政治集权和财政分权是如何结合在一起，共同影响政府行为，从而产生有益于经济增长的效果的。

二、本书可能存在的不足

限于作者的学识和研究资料的可及性，本书存在如下不足：

第一，分析方法的不足。在分析方法上，本书是基于理论文献和制度、重要文件和政策的理论实证和规范分析，仅仅少量地使用了描述性统计，而没有采取经验实证的方法，因而存在如下方法论上的缺陷：（1）尽管现有的量化指标不能如实地刻画政府间分权，特别是在数据可及性、统计口径、指标选择等因素的制约下会得出似是而非的结论，但并不能排除经验主义实证方法的运用仍然是必要的；（2）本书从学理逻辑上探讨政治集权背景下的中国式财政分权所内生出的对中央与地方政府行为的激励与约束机制，这只是在前人研究基础上的初步尝试，将其模型化可能是未来研究的增长点。

第二，研究视野的不足。尽管尽可能多地消化和吸收了中外学界的理论知识，以用于分析政府间分权所内生的对中央与地方政府行为的激励与约束机理，但是本选题是跨学科的，限于笔者的学科背景和知识储备，在有些方面仍显薄弱。例如，在描述政党—国家体制时，要叙述清楚普通民众、全国人民代表大会、中国共产党、各级政府及其官员的权力来源及其配置，必须熟练地运用政治学理论（包括政党理论）、行政管理、法学等专门学科的知识，但由于笔者理论视野的局限，本书所构建的理论框架还值得进一步完善。

第二章 政府间分权的比较制度分析

第一节 引言

政府间分权是一种世界现象。在世界范围内，国家权力结构主要有单一制和复合制两种形式，而复合制又以联邦制最为有名。如果从国家权力纵向配置的角度来看待广义的政府间分权，则无论在单一制国家还是在联邦制国家，国家权力都是以各国特有的方式由全国性权力机构与地区性权力机构分享和共享的。在这个意义上，分权可以看作是单一制国家和联邦制国家的共同特征。尽管在分权现象上单一制国家和联邦制国家有相通之处，但是这两种国家权力结构之间的分权还是有根本的不同。这是因为，在单一制国家，不存在地区性宪法，全国性权力机构与地区性权力机构共同遵守唯一一套宪法体系（即全国性宪法），如无特别说明，地区性政府在行政上一般都隶属于全国性政府；而在联邦制国家，除了联邦宪法之外，各联邦成员都有自己的宪法（或宪章），联邦成员的政府独立于全国性政府而自治。

关键词检索发现，对单一制和联邦制分别进行研究的中外文献很多，它们要么是分析单个国家如中国、英国等典型单一制国家的单一制，或美国、德国等典型联邦制国家的联邦制的发生和发展历程，要么是对超越国家特性的单一制和联邦制进行分类研究。专门从政府间分权的角度来研究单一制或联邦制,特别是二者之间的比较研究尚不多见。有关政府间分权研究的文献综述还发现,这一领域的研究大多是问题导向的,国别研究占很大的比重。因此,要对单一制和联邦制条件下的政府间分权进行比较研究,需要寻找新的视角,建立新的框架。

在政府间分权这一研究主题上,对既有文献的梳理固然重要,但这种间接的理论研究在实践上不甚直观,而对各代表性国家的宪法进行文本解读也许更为直接和有效。粗略的观察发现,从立法、行政和司法角度来看,各国宪法都描述了国家权力的纵向配置状况,这为进行单一制国家和联邦制国家政府间分权的比较制度分析提供了文本基础。值得提到的是,限于本书的研究目的是理解纵向的政府间关系,因而立法权、行政权和司法权的横向结构不在研究范围之内。在纵向维度上,由立法权、行政权和司法权组成的国家权力在不同层级的权力机构之间进行较为原则性的划分是单一制国家和联邦制国家的共同特征。特别是近代以来,单一制国家和联邦制国家相互借鉴,在政府间分权的依据、结构与制衡上既有显著的差异,又有明显的趋同,这使得政府间分权的比较制度分析有了现实依据。对单一制国家和联邦制国家的政府间分权进行比较制度分析,有助于以彼此为参照系,更加深入地理解这两种国家权力结构下的政府间关系。为此,本章以各国宪法文本和相关研究文献为基础,以中国、英国、法国为单一制国家的代表,以美国、德国、俄罗斯为联邦制国家的典型,比较研究政府间分权在单一制国家和联邦制国家的异同,以期找出这两种国家政府间关系的一般特征。

第二节 单一制国家和联邦制国家的政府间分权

如果将政府间分权看作是国家权力纵向配置的一个谱系,则每个国家似乎都能够在这个谱系上找到其对应的坐标。从历史经验来看,在采用不同国家权力结构的国家,从分权走向集权,再从集权回到分权,乃至又从分权重归于集权;或者从集权走向分权,再从分权回到集权,乃至又从集权重归于分权,纵向的政府间关系非周期性地进行着权力调整的往复循环，单一制、以联邦制为代表的复合制国家莫不如是。对于这一非周期性的权力调整，内生动力和外生压力可能起着关键性的作用，因而不同的学者基于对各种力量的分析研判，提出了他们对国家权力结构变迁的预测。例如，托克维尔（Tocqueville）在19世纪前半叶曾预测道，"在我们正在推行的民主化时代，……集权将会成为一种常态"。布赖斯（Bryce，1901）也提出，离心力"可能是短暂的，……而向心力则是永恒的"；"随着国家政府权威和权力的增长，州政府的重要性将会降低"。① 这些预测在20世纪上半叶得到了一定程度的验证，因为各发达的工业化国家在萧条迭起和战火纷飞的年代大多选择了集权的结构，遵从凯恩斯主义的国家干预成为这一时期的一个重要特征，并在20世纪50年代初期将集权推向了顶峰状态。然而，自20世纪50年代末期开始，世界进入了以分权为特征的时代，尽管每次分权的动机和目标不尽相同。在20世纪50年代末、60年代初出现了第一次分权浪潮，它由新兴的独立国家通过本土的地方政府取代殖民政府而推动；70、80年代发生了第二次分权浪潮，因为大多数的国家认识到分权化的计划和参与在发展计划的执行过程中更为有效；80年代的第三次分权浪潮是受意识形态驱动的，它建立在市场化偏好的基础之上。② 在政府间分权的支持者看来，无论受哪种力量的推动，分权总是具有显而易见的好处：第一，通过赋予地方政府以自行征税、自行支出的权力，可以硬化地方财政预算，增强地方财政自治能力，实现地方决策民主化（分权理论假定，让更多的人参与决策会使更多的人受益）；第二，通过分权，中央政府可以取得地方政府对改革的支持，并减少中央政府的运行成本。③ 不过，分权在带来好处的同

---

① 转引自：Oates, Wallace E., "An Essay on Fiscal Federalism", *Journal of Economic Literature*, Vol. 37, No. 3, 1999, p. 1145。

② Lindaman, Kara and Kurt Thurmaier, "Beyond Efficiency and Economy: An Examination of Basic Needs and Fiscal Decentralization", *Economic Development and Cultural Change*, Vol. 50, No. 4, 2002, p. 916。

③ Jia, Hao and Zhimin Lin (eds.), *Changing Central-Local Relations in China: Reform and State Capacity*, Boulder: Westview Press, 1994.

时，还可能会造成重复建设、地方保护主义、低成本扩张引起的通货膨胀等弊病，这也正是当前世界各国在分权出现危机后重新走向集权的主要原因。

可见，分权与集权的往复循环是国家权力结构变迁的一种常态，观察这种常态，可以分别采用动态分析和静态分析的视角。一般地，政府间分权是国家权力运行的一种组织原则，它在广义上可以被解释为，"政治自主权、财政自主权和政策自主权有组织的、盘根错节的向下转移"[①]。国家权力的这种自上而下转移描述的是一种动态的国家权力结构。为了完整地理解政府间分权，也许补充一下单一制和联邦制条件下国家权力纵向配置的静态结构是有益的。作为两种性质不同但均旨在统一国家政权的国家治理结构，单一制是通过自上而下授权的方式实现国家权力在全国性权力机构和地区性权力机构之间的分配，而联邦制则是通过全国性宪法与地区性宪法列举的方式实现国家权力在全国性权力机构和地区性权力机构之间的分配，这就意味着前一种政府间分权是双向度的、可收回的，因而是随机性分权；而后一种政府间分权是单向度的、不可收回的，因而是制度性分权。需要指出的是，动态分析与静态分析只是从两种不同的角度来认识同一种政府间分权，或者说，单一制和联邦制条件下的政府间分权既是动态的，也是静态的。因此，单一制国家在某一时期的分权度较高，而在另一时期的分权度较低便是一种可以接受的常态，联邦制国家也同样如此。

诚然，分权度的高低不能成为褒贬单一制和联邦制之间任何一种的理由，但它并不妨碍近些年来这两种国家权力结构下政府间分权相互借鉴的趋势。[②]采用单一制的国家和采用联邦制的国家相互借鉴对方的政府间分权经验，这就使得单一制国家的政府间分权并非完全拘泥于各级权力机构自上而下的授权，而联邦制国家的政府间分权也不全然可以做到条分

[①] Rodden, Jonathan, "Comparative Federalism and Decentralization: On Meaning and Measurement", *Comparative Politics*, Vol. 36, No. 4, 2004, p. 481.

[②] [美]迈克尔·罗斯金等：《政治科学》，林震等译，北京：华夏出版社2001年版，第274页。

缕析。事实上，无论是单一制还是联邦制，政府间分权都是相对的而非绝对的，且政府间分权的程度与采用何种国家权力结构没有必然的联系。即使在同一种结构下，全国性权力机构与地区性权力机构（在单一制国家，地区性政府及其以下的政府统称为地方政府，无论自治与否，它们本质上都是全国性政府在地方上的代理机构；在联邦制国家，地区性政府是指中间层政府，它们同基层地方政府一道，通常都是自治的政府，与全国性政府不存在行政上的隶属关系）之间也面临着国家权力向高层集中还是向基层分散的角力。这种拉锯式的集权与分权行为势必会形成一种集散力，促使国家权力时而向全国性权力机构集中，时而向地区性权力机构分散，从而构成了全国性权力机构与地区性权力机构之间关系的动态结构。

然而，前已述及，国家权力在全国性权力机构和地区性权力机构之间的这种集中与分散状态并不能成为划分单一制和联邦制的理由，反过来，我们也不能以单一制或联邦制作为标准来判断某个特定国家的国家权力是集中还是分散。在实行单一制的国家，全国性权力机构与地区性权力机构之间的关系其实兼容了某些联邦制的因素，有时甚至超越了联邦制的特征，如中国中央政府与民族区域自治政府和特别行政区政府之间的关系，以及英国议会与地方议会之间的关系。同样地，虽然马来西亚和墨西哥实行的是联邦制，但是它们的集权程度却大于实行单一制的英国和日本[①]。进一步地，这一观点可以从财政收支集中度指标与单一制或联邦制不存在必然的联系上得到验证。如表2.1所示，从财政支出指标上看，集权度的排序依次是英国、俄罗斯、法国、美国、德国、中国，其中，英国是最集权的国家，中国是最分权的国家；从财政收入指标上看，集权度的排序依次是英国、俄罗斯、中国、法国、美国、德国，其中，英国是最集权的国家，而德国是最分权的国家。

---

① 童之伟：《单一制、联邦制的理论评价和实践选择》，载《法学研究》，1996年第4期，第106—107页。

表 2.1　从财政收支集中度指标上看财政分权

国别	中央财政收入占政府总收入的比重			中央财政支出占政府总支出的比重		
	2007	2008	2009	2007	2008	2009
中国	54.07%	53.29%	52.42%	22.98%	21.32%	20.11%
英国	91.06%	91.23%	90.13%	92.41%	92.72%	92.95%
法国	39.23%	37.84%	34.89%	42.38%	41.46%	41.40%
美国	36.75%	33.67%	29.60%	37.36%	38.46%	40.00%
德国	29.62%	29.98%	30.40%	31.35%	31.31%	31.68%
俄罗斯	57.26%	60.43%	59.00%	55.45%	52.74%	60.75%

资料来源：根据 IMF's Government Finance Statistics 相关数据计算。

注：a. 美国、法国、英国、德国无预算外收支，俄罗斯和中国存在预算外收支；
　　b. 中央收支均指中央本级收支。

既然政府间分权兼容于单一制和联邦制，那么它似乎存在一些为这两种国家权力结构各自拥有的某些共性特征。显然，单一制和联邦制条件下政府间分权各自拥有的这些共性特征需要分开地从国家权力纵向配置的角度来考察。正是因为不同国家权力结构的表现不同，单一制和联邦制又各自衍生出了各式各样的权力结构。在总结这些权力结构的基础上，童之伟将单一制划分为中央集权单一制、地方自治单一制、中央与地方均权单一制、民主集中单一制；将联邦制划分为中央集权联邦制、分权制衡联邦制、民主集中联邦制、民主自治联邦制。[①] 对于单一制而言，它一般具有如下几项重要的特征：（1）地方政府是中央政府在地方上的代理机构，前者的权力来自后者的让与；（2）地方政府对中央政府负责，在制度设计上没有对辖区居民负责的要求；（3）中央政府与地方政府在公共物品或服务的提供方面具有原则性的分工；（4）地方政府接受中央政府为平衡地区差异而进行的转移支付或财政补助；（5）地方政府不具有发行地方债的权力，且面临软的预算约束。而对于作为联邦制的特例的市场保护型联邦制，它具有如下几项重要的特征：（1）具有在各自管辖范围内能够自治的

---

① 童之伟：《单一制、联邦制的区别及其分类问题探讨》，载《法律科学》，1995 年第 1 期，第 33—36 页。

层级制政府；（2）任何一级政府的自治权都能够自我执行；（3）地方政府对经济活动负有主要的规制责任；（4）拥有一个不妨碍商品和服务流通的共同市场；（5）地方政府面临硬的预算约束。① 单一制国家和联邦制国家的这些特征构成了它们政府间分权的本质区别。正是因为这些区别的存在，单一制国家和联邦制国家的政府行为便各不相同。

第三节 基于各国宪法文本的政府间分权解析

如前所述，单一制和联邦制国家的政府间分权都涉及立法权、行政权和司法权在全国性权力机构与地区性权力机构之间的纵向配置。这一点在各国宪法文本中都有所体现，因而解读各代表性国家的宪法文本可以更为直观地探讨单一制和联邦制国家的政府间分权。

一、单一制国家的政府间分权

单一制国家只有唯一一部宪法（多数国家是成文宪法，少数国家是不成文宪法），即全国性宪法，全国性权力机构与地区性权力机构均须遵守这部宪法。在不同的单一制国家，以中国、英国和法国为例，权力主体的构成不尽相同，且国家权力结构也存在诸多差异。

（一）中国

当代中国属于单一制国家，其现行宪法是1982年版宪法。② 现行宪法在第三章《国家机构》中对当代中国的立法、行政和司法情况进行了原则性的描述。

从立法的角度来看，当代中国的立法权是集中的。宪法第57、58条将全国人民代表大会明确为最高国家权力机关，并规定全国人民代表大会及其常务委员会行使国家立法权。全国人民代表大会及其常务委员会行使国

---

① Weingast, Barry R., "The Economic Role of Political Institutions: Market – Preserving Federalism and Economic Development", *Journal of Law, Economics & Organization*, Vol. 11, No. 1, 1995, p. 4.

② 当代中国情况的编写参考了如下宪法版本：《中华人民共和国宪法》，北京：中国法制出版社2014年版。

家立法权时具有权力集中的特点，这在宪法相关条款中有较为明显的体现：全国人民代表大会有权"修改宪法；监督宪法的实施；制定和修改刑事、民事、国家机构的和其他的基本法律"（第62条第1、2、3款）；全国人民代表大会常务委员会有权"撤销国务院制定的同宪法、法律相抵触的行政法规、决定和命令；撤销省、自治区、直辖市国家权力机关制定的同宪法、法律和行政法规相抵触的地方性法规和决议"（第67条第7、8款）。进一步地，尽管省、直辖市的人民代表大会及其相应的常务委员会可以制定地方性法规，但这些法规均不得与宪法、法律和行政法规相抵触（第100条）。

从行政的角度来看，当代中国各级政府之间具有行政隶属关系。作为最高权力机关的执行机关的国务院（即中央人民政府）是最高国家行政机关（第85条），而省、直辖市、县、市、市辖区、乡、民族乡、镇设立的人民政府为地方国家行政机关（第95、96条）。最高国家行政机关与地方各级国家行政机关具有行政隶属关系，因而各级国家行政机关履行各自的行政职能时具有权力集中的特点，这一特点可以从两个角度来观察：自上而下看，"国务院可以统一领导各部和各委员会的工作，以及全国地方各级国家行政机关的工作"（第89条），"有权改变或撤销所属各工作部门和下级人民政府的不适当的决定"（第108条）；自下而上看，"地方各级人民政府对上一级国家行政机关负责并报告工作，且都服从国务院"（第110条）。

从司法的角度来看，作为审判机关的人民法院和作为法律监督机关的人民检察院在履行司法权时有权力集中的特点。人民法院系统的司法权集中体现在其系统内的监督体制上：宪法第127条将最高人民法院明确为最高审判机关，规定它可以监督地方各级人民法院和专门人民法院的审判工作，且上级人民法院监督下级人民法院的审判工作。人民检察院系统的司法权集中体现在其系统内的领导体制和责任体制上：（1）"最高人民检察院领导地方各级人民检察院和专门检察院的工作。上级人民检察院领导下级人民检察院的工作。"（第132条）；（2）"地方各级人民检察院对……上级人民检察院负责。"（第133条）

（二）英国

尽管在地理概念上英国是由英格兰、威尔士、苏格兰和北爱尔兰等四个地区组成的联合王国，但它属于单一制国家，且至今没有一部成文宪法。

从立法的角度来看，英国的立法权是集中的。在漫漫历史长河中，英国虽然没有形成一部成文宪法，但其宪法精神却丝毫不输颁布过成文宪法的国家，这集中体现在其议会主权（parliamentary sovereignty）或议会至上（parliamentary supremacy）原则上。根据这一原则，由君主、上院（贵族院）和下院（平民院）组成的议会享有最高立法权，所有法律具有同等地位，因而不存在一个高于其他法律的成文宪法。据英国议会的官方网站介绍，议会有三项职能，"一是审议政府工作；二是讨论和通过所有的法律；三是使政府有权征税"①。议会的这三项职能为它享有最高立法权奠定了基础。英国议会在立法上的这种至上地位一直维持到了20世纪90年代末期。自那以后，除了占英国总人口和GDP总量均超过80%的英格兰之外，苏格兰、威尔士和北爱尔兰根据相关法案先后建立了自己的议会机关。②尽管这三个地方性议会机关的立法权相对有限，且人口和GDP占比不高，但英国立法权集中的局面还是有了一定程度的稀释。

从行政的角度来看，英国的行政权是相对集中的。在英国，虽然君主是国家元首并在形式上有权任命首相和内阁成员，但首相的人选却是由在大选中获得下院多数议席的政党的领袖或执政联盟的首领自动生成，且内阁成员也是由首相从议员中挑选并推荐给君主来任命的。因此，国家的行政权力实际上掌握在首相领导的内阁政府手中。首相领导的内阁政府根据议会授权来管理国家事务，负责制定和执行各项政策，并起草供议会讨论和批准的法案。与其他单一制国家一样，英国的内阁政府并不承担所有的国家事务，而是将某些行政权力以如下两种方式委托给地方政府去执行：一种方式是建立受托政府（Devolved Government）；另一种方式是建立自治

---

① 参见：http://www.parliament.uk/about/how/role/。
② 参见：http://en.wikipedia.org/wiki/Constitution_of_the_United_Kingdom。

政府。例如，"医疗卫生、教育、文化、环境和交通等方面的事务被下放给了被称之为受托政府的苏格兰、威尔士和北爱尔兰政府；而英格兰则成立了两级委员会或一级委员会，由这些委员会履行地方政府的职能，为地方服务的提供负责"①。

从司法的角度来看，英国的司法权是集中的。英国没有一个单一的司法体系，它分设英格兰和威尔士法院、北爱尔兰法院、苏格兰法院等三个独立的地方性司法系统。尽管设立了独立的地方性司法系统，但是历史上英国的司法权却是集中的，上院是最高司法机关，因为最高上诉法院是上院的上诉委员会。② 近些年来，这种体制日益受到了挑战，有趣的是，受到挑战的原因不是因为司法权的集中，而是因为由上院拥有最高司法权存在将立法权、行政权和司法权混于一体的嫌疑。为此，英国通过了《2005年宪法改革法案》，于 2009 年 10 月启用了最高法院，将司法体系从上院中独立出来，接管了上院的司法职能和枢密院司法委员会移交的案件；此后，除苏格兰的刑事案件之外，所有案件上诉的终审法院都是新成立的英国最高法院。③ 可见，英国司法体制的这次改革只是解决了司法系统的独立性问题，而没有改变司法权集中的历史传统。

（三）法国

法国是兼具议会制和总统制的单一制国家。④ 法国现行宪法是 1958 年版的《第五共和国宪法》。⑤

从立法的角度来看，法国立法权的集中与否不够清晰。法国宪法在论述议会组织及其运行方式时并没有把由国民议会和参议院组成的议会明确为最高立法机关，只是在第 24 条泛泛地提到"法律由议会来通过"。不过，由议会通过的法律极其广泛，宪法第 34 条对此进行了非常详细的列

---

① 参见：https：//www.gov.uk/government/how-government-works。
② 参见：http：//www.answers.com/topic/judiciary-of-the-united-kingdom。
③ 参见：http：//www.answers.com/topic/courts-of-the-united-kingdom。
④ 参见：http：//www.gouvernement.fr/en/how-government-works。
⑤ 法国情况的编写参考了如下宪法版本：http：//www.conseil-constitutionnel.fr/conseil-constitutionnel/english/constitution/constitution-of-4-october-1958.25742.html。

举。值得一提的是，与其他国家不同，法国政府在议会立法中扮演着十分重要的角色，例如，宪法第 39 条提出，"总理和议员都有立法动议权"；第 44 条规定，"议员和政府成员有权提出法律修正案"。

从行政的角度来看，法国的行政权在高度集中于总统手中的同时，地方也根据分权原则而享有相应的自治权。这一点可以从宪法关于"总统"和"政府"的相关条款上观察得到。宪法赋予了总统很大的权力，他有权任免总理，以及根据总理的建议任免政府其他成员（第 8 条）；主持内阁（第 9 条）；要求议会就某项法律或该法律的某些条文在提交给政府的 15 日内重新审议，议会不得拒绝总统的这一要求（第 10 条）；签署经内阁审议的法令和命令（第 13 条），任免外交使节（第 14 条）。此外，总统还是三军统帅，由他主持最高国防会议和国防委员会（第 15 条）；有赦免权（第 17 条）。总统甚至还可以在征求总理和议会两院议长的意见后解散国民议会（第 12 条），相比之下，总理却要受到国民议会的制约，例如，"当国民议会通过不信任案，或者不批准政府的施政纲领或一般性政策时，总理必须向总统提出辞呈"（第 50 条）。尽管在国家层面上法国的行政权力高度集中，但这并不妨碍其地方治理采取的是分权的体制，这在宪法相关条款中有明确的规定：宪法第 1 条提出，"法国是以分权的原则来组织的"；第 72 条补充道，"共和国的地方单位包括市镇、省、大区、特殊地位行政区和海外领地。这些地方单位通过各自选举的议会在其辖区内实行自治，并有权为治理辖区内的事务而制定各种规章制度"。地方治理的分权体制并没有改变法国的单一制国家属性，因为宪法在第 72 条提出，"在各个地方单位上，国家代表为国家利益、行政监督和法律遵守负责"。宪法的这一条款显示出法国作为单一制国家在国家权力结构上与联邦制国家存在很大的差异。

从司法的角度来看，总统在司法权的履行中也发挥着重要的作用。第 64 条规定，"总统是司法权独立的担保人。总统由最高司法委员会协助"。最高司法委员会有义务尊重总统的意见，"对于总统提出的意见，最高司法委员会必须召开全会予以回应"（宪法第 65 条）。为了确保总统维护司法权独立，宪法规定总统享有一些特权，例如，宪法第 68 条规定，"总统在履行公职权力时的行为不受追究。在总统任期内，他不必到任何法院去作证；不可以作为任何民事诉讼程序的对象。……所有这些只有在总统任期结束一个月后才能进行"。

二、联邦制国家的政府间分权

在联邦制国家，除了一部联邦宪法之外，联邦成员也有自己的宪法（或宪章），全国性权力机构和地区性权力机构均拥有自成体系的立法权、行政权和司法权。不过，在不同的联邦制国家，以美国、德国和俄罗斯为例，权力主体各不相同并决定了各自独特的分权结构。

（一）美国

美国是典型的联邦制国家。美国现行宪法是1787年通过、1789年生效的《美国联邦宪法》[①]，联邦宪法的前三章分别介绍了美国的立法、行政和司法情况。

从立法的角度来看，联邦和联邦州之间是分开立法的。联邦宪法第一章第1条规定，"本宪法所能包含的全部立法权均属于由参议院和众议院组成的联邦国会"。第一章第7条指出，参议院或众议院通过的法案要想成为法律，需要得到总统的批准，但是，总统的批准不是必要条件，如果两院均有三分之二以上议员同意通过的话，则该项议案可以自动成为法律；参议院和众议院共同通过的命令、决议或表决的生效程序也同样如此。第一章第8条对国会的权力进行了列举，例如，国会享有征收全国统一的普通税、关税、进口税和货物税的权力；以国家的信用借款的权力；……铸造货币的权力；……对外宣战的权力。第一章第10条则对联邦州禁止使用的权力进行了限定，例如，任何联邦州都不得对外缔结条约、结盟或加入邦联；不得颁发缉拿敌船的许可证和报复性拒捕证；不得铸造货币。第四章第3条规定国会有权接纳新州，但未经某州或某几个州立法机关同意，不得在州管辖权范围内设立新州。第六章规定，"本宪法及依照本宪法所制定的联邦法律，以及联邦当局所缔结或即将缔结的一切条约，

[①] 美国情况的编写参考了如下宪法版本：http://www.usconstitution.net/const.html。

均为全国的最高法律；即使与任何一州的宪法或法律相抵触，各州法官仍应遵守。任何一州宪法或法律中的任何内容与之抵触时，均不得违反本宪法"。宪法第十条修正案规定，"本宪法未授予联邦也未禁止各州行使的权力，分别由各州或其公民保留"。也就是说，联邦州的立法空间是由联邦立法剩余的。这只是故事的一个方面，而故事的另一个方面是，美国建国历史表明，美国是先有州后有联邦，所以早在联邦立法机关建立之前，一些州就已经设立了自己的立法机关，颁布了自己的宪法，并对本州立法机关的权力进行了列举。建立联邦时，联邦的立法空间实际上是由联邦州让予的。

从行政的角度来看，联邦政府的行政权高度集中于总统手中，而联邦州政府的行政权则集中在州长手中。宪法第二章第1条规定，"行政权属于美国联邦总统"。第二章第2条和第3条列举了宪法赋予总统的权力。按宪法规定，他除了是三军统帅之外，还有权根据参议院三分之二以上议员的意见或同意对外缔约；有权在征求参议院的意见或同意后提名和任命大使、公使及领事、最高法院的法官，以及联邦政府的其他官员。根据各州宪法，州政府在遵守联邦宪法的前提下，在本州行使州宪法所赋予的权力，即联邦宪法未授予联邦也未禁止各联邦州行使的权力，因而美国在行政上实行的是一种分权的体制。

从司法的角度来看，美国的司法权是分治的。这既体现在联邦法院内部，也体现在联邦法院和州法院之间。宪法第三章第1条规定，"联邦司法权属于最高法院和国会根据需要设立的次级法院"。第三章第2条规定，"司法权应该覆盖本宪法、联邦法律和条约所包含的所有案例。……所有涉及大使、其他公使和领事，以及州作为诉讼一方当事人的案件，最高法院享有初审权；对于其他所有案件，除了特例和国会另有规定外，最高法院均享有上诉司法权"。这表明，尽管司法权是在最高法院和次级法院之间分享的，但最高法院在特殊案件审理和上诉案件审理方面的地位最高。同时，国会还赋予了联邦最高法院为联邦次级法院设置程序规则的权力。[①]

[①] 参见：http://www.supremecourt.gov/about/briefoverview.aspx。

从联邦法院和州法院的关系来看，州法院是依各州宪法而设立的，与联邦法院不存在隶属关系，它对非联邦案件享有终审权。以伊利诺伊州为例，州法院包括州最高法院、上诉法院和巡回法庭，其中，州最高法院对州内所有法院拥有行政管理权和监督权；上诉法院接受本州巡回法庭的上诉；巡回法庭负责案件审判。① 受到州法院拥有司法审查权即可以推翻与州宪法相违背的法案或行政行为的启示，亚历山大·汉密尔顿和詹姆斯·麦迪森在《联邦党人文集》中强调并敦促联邦宪法也采用司法审查权。② 尽管这一权力至今都没有被写入联邦宪法，但联邦最高法院实际上却承担着联邦宪法守护人和解释人的角色。

（二）德国

德国的联邦制与其他联邦制国家有很大的不同。根据1949年生效的现行宪法《德国基本法》③，其国家权力是"通过立法机关、行政机关和司法机关来行使的"（第20条第2款）。

从立法的角度来看，联邦和联邦州之间是在遵守基本法的前提下分开立法的。根据基本法的相关条款，在基本法所列举的一些事项上联邦享有专有立法权（第73条），而在基本法所列举的另一些事项上联邦和联邦州享有共有立法权（第74条）。对于联邦专有立法权而言，如果涉及联邦州的利益，联邦立法应该考虑联邦参议院的意见（第23条第5款）。对于共有立法权而言，联邦立法优先并高于联邦州立法（第31条、第70条第1款）。联邦立法机关包括联邦议院和联邦参议院。④ 根据基本法第76—78条的表述，联邦立法的程序是，先由联邦政府、联邦参议院或联邦议院议员将议案提交给联邦议院，联邦议院通过后再由联邦议院议长在第一时间

---

① 参见：http://www.state.il.us/court/General/CourtsInIL.asp。
② 参见：http://www.supremecourt.gov/about/constitutional.aspx。
③ 德国情况的编写参考了如下基本法版本：https://www.btg-bestellservice.de/pdf/80201000.pdf。
④ 在德国，联邦参议院是由各联邦州通过行政方式任命的，其议员只能是各联邦州的州长或部长，负责维护各州政治上的利益，主要参与立法，拥有立法咨议权、立法动议权和立法否决权。参见：伊诺斯·赫尔特：《德国联邦制的历史、基础和发展》，任雪丽译，载《中德法学论坛》，2008年第6辑，第20页。

提交给联邦参议院，联邦参议院同意后即可成为联邦法律。

从行政的角度来看，德国的行政权是在联邦和联邦州之间分治的。尽管基本法规定联邦总统对外代表联邦，可以向联邦议院提名总理人选，并根据联邦议院的选举结果任命联邦总理，但是德国联邦的行政权实际上掌握在联邦总理及其主持的内阁手中，因为联邦政府的政策方针是由联邦总理决定并由联邦部长负责执行的（第 65 条）。德国行政权的行使还有一个非常重要的特点，就是联邦州不但要执行本州的法律法规（第 30 条），而且要执行联邦法律。从基本法第 83—85 条来看，联邦州在本辖区内应建立自己的行政程序来执行联邦法律，而联邦政府可以派驻专员监督联邦州执行联邦法律的行为。除了联邦和联邦州在各自的权限范围内执行联邦法律外，它们还一起执行联合任务（包括共同参与欧盟事务），例如，基本法第八章第 91 条第 1 款列举了联邦需要为联邦州提供支持的事项。此外，联邦与联邦州分权治理的特征还表现在财政自治上，除非联邦州承担联邦委托的事务时由联邦负担相应的支出，联邦和联邦州应各自负担执行自身任务时发生的支出（第 104 条第 1、2 款）。

从司法的角度来看，德国的司法权也是在联邦和联邦州之间分治的。基本法第 92 条和第 97 条第 1 款将司法权赋予了独立行使职权并且只服从法律的法官。根据基本法的相关条款，司法权由如下法院来行使：一是联邦宪法法院；二是联邦各专业法院，如联邦公正法院、联邦行政法院、联邦财政法院、联邦劳工法院、联邦社会法院、联邦产权法院、联邦军事法院；三是联邦州的相关法院。在司法权的行使过程中，地方上有关宪法争议的裁决，根据其违反宪法的种类而决定上诉到联邦州宪法法院还是联邦宪法法院（第 100 条）。

（三）俄罗斯

俄罗斯实行联邦制，其现行宪法是 1993 年版宪法。[①] 联邦宪法第 5 条第 1 款、第 65 条规定，俄罗斯联邦由具有平等地位的共和国、边疆区、州、联邦直辖市、自治州和自治区等联邦成员组成。联邦宪法第 10 条规

---

① 俄罗斯情况的编写参考了如下宪法版本：http：//www.constitution.ru/en/10003000-01.htm。

定,"俄罗斯的国家权力被划分为立法权、行政权和司法权。立法机关、行政机关和司法机关相互独立"。第 11 条规定,"俄罗斯联邦的国家权力由联邦总统、联邦议会(联邦委员会和国家杜马)、联邦政府、联邦法院来行使"。

从立法的角度来看,联邦和联邦成员之间是在遵守联邦宪法的前提下分开立法的。联邦议会作为俄罗斯联邦的代议机关和立法机关而负责制定联邦宪法和联邦法律(第 94 条);同时,联邦成员也有自己的宪法(或宪章)和法律(第 5 条第 2 款)。与联邦的其他法律和联邦成员的宪法(或宪章)和法律相比,联邦宪法具有最高的法律效力,它可以指导和约束俄罗斯全境的其他所有立法行为(第 15 条第 1 款)。相应地,"国家权力机关、地方自治机关、公职人员、公民及其团体都必须遵守联邦宪法和联邦法律"(第 15 条第 2 款、第 66 条、第 76 条第 1 款)。

从行政的角度来看,俄罗斯的行政权是在联邦政府和联邦成员政府之间分治的。联邦政府和联邦成员政府之间关于行政权的分治有四种格局:(1)联邦有自己的管辖权范围(第 71 条),且联邦总统和联邦政府可以在俄罗斯全境行使联邦职权(第 78 条第 4 款);(2)联邦和联邦成员有共有的管辖权范围(第 72 条);(3)联邦成员的自治权应该得到认可和保证,且在其管辖权范围内是独立行使的,地方自治政府不属于联邦国家权力机关(第 12 条、第 77 条第 1 款);(4)联邦行政机关与联邦成员行政机关的部分权力在满足一定要求的情况下可以相互转让行使(第 78 条第 2、3 款)。值得指出的是,与德国联邦制不同,俄罗斯联邦总统的职权比总理大得多,尽管联邦宪法规定由联邦政府来行使联邦行政权力(第 110 条第 1 款),但联邦总统除了可以经国家杜马的同意任免联邦政府成员之外,还"可以利用协商程序解决联邦国家机关与联邦成员国家机关之间、联邦成员国家机关之间的分歧"(第 85 条第 1 款);可以中止联邦成员国家权力机关违背联邦宪法、联邦法律和俄罗斯国际承诺的行为(第 85 条第 2 款);可以在不与联邦宪法和联邦法律相抵触的前提下发布在全境必须执行的命令和指示(第 90 条第 1、2、3 款)。尽管联邦总统高度集权,但这并不妨碍联邦成员地方自治权的独立行使。在俄罗斯,联邦成员的地方自治权可以通过全民公决、选举和直接表达等形式来实现（第 130 条），其拥有财政自治权的同时也接受因履行受托的联邦权力而得到必要的（转移自联邦的）物资和财政资金（第 132 条第 1、2 款）。

从司法的角度来看，俄罗斯的司法权在联邦与联邦成员之间是分治的。联邦司法系统内的司法具有权力集中的特点。联邦宪法规定，联邦司法权是通过宪法诉讼、民事诉讼、行政诉讼和刑事诉讼等程序来实现的（第 118 条第 2 款）。在联邦法院系统中，联邦宪法法院的司法权限由联邦宪法列举（第 125 条第 3 款），联邦最高法院是其他联邦法院的最高司法机关（第 126 条），而联邦最高仲裁法院是解决纠纷的最高司法机关（第 127 条）。在联邦检察院系统中，宪法第 129 条强调，"联邦检察院是单一的集权结构"，表现在：一方面，下级检察官服从上级检察官和联邦总检察长（第 129 条第 1 款）；另一方面，联邦成员的检察长由联邦总检察长征得联邦成员的同意后任命（第 129 条第 3 款）。除了联邦司法系统之外，联邦成员也有依各自宪法而设置的司法系统，承担各自的司法审判和法律监督任务。

第四节 政府间分权的依据、结构与制衡

如前所述，单一制和联邦制国家的宪法文本关于政府间分权的刻画详略不一，站在比较研究的角度，似乎有一些共同的原则可以抽象出来进行探讨。为此，本节试图从政府间分权的依据、结构与制衡等三个方面来归纳单一制和联邦制国家权力纵向配置模式的异同。

一、依据

从上一节对代表性单一制国家和联邦制国家的宪法文本进行梳理可以看出，并非所有的国家权力（包括立法权、行政权和司法权）都集中于全国性权力机构，也并非全部的国家权力都分散在地区性权力机构。从一般现象上看，在单一制国家，立法权、行政权和司法权相对集中，而在联邦制国家，这三种国家权力在全国性权力机构与地区性权力机构之间是分而

治之的。然而，个案分析表明，这一判断并不绝对，也不尽准确，例如，作为单一制国家的法国，它在立法权和司法权的集中与否上就不甚明确；而作为联邦制国家的俄罗斯，它的行政权尽管是分治的，但其偏向于联邦的程度比一般的单一制国家可能还要大。因此，使用国家权力结构这个单一标准来判别政府间分权与否并不科学。换句话说，为了归纳政府间分权的依据，需要突破单一制和联邦制的界限，找到更为一般的划分标准。

从文献梳理的情况来看，寻找政府间分权的依据可以从多个方面入手，而最为便捷的途径莫过于从管辖范围的划分谈起，即那些必须通过统一的国家形象来行使的权力或关系到全体国民利益的国家职能，如外交和国防，应该集中；而对于只与某一部分国民利益有关的公共事务，如地方治安和社区垃圾处理，则不必置于同一权力机构的管理之下。根据这种划分方法，全国性的国家权力应该归属全国性权力机构，由全国性政府来提供全国性公共物品或服务；而地区性的国家权力则应该被授予地区性权力机构，由地区性政府来提供本辖区范围内的公共物品或服务。显然，这种二分法超越了单一制和联邦制的界限，在前述两种国家权力结构中都是适用的。无论在何种国家权力结构中，如果将国家权力产生、行使与监督的终极目标设定为提供公共物品或服务，则政府间分权的依据便可以简化为判断公共物品或服务的空间属性。从这个角度来看，在不同的国家，之所以国家权力倾向于集中，是因为它关于全国性公共物品或服务的理解相对宽泛。

上述观点一度为学界所广泛接受。在这一观点的支持者看来，为了提高公共服务提供的经济效率，中央政府应该被赋予提供纯公共物品和控制辖区外部性的职责，承担那些具有显著外部性的公共服务的提供任务，而地方政府是分权化的，它们承担那些空间溢出效应有限或不足的公共服务的提供任务。[①] 之所以将外部性显著的公共物品或服务交由全国性政府来提供，是综合考虑全国性政府比地区性政府更具统一性、公正性、规模

---

① Rubinfeld, Daniel L., "On Federalism and Economic Development", *Virginia Law Review*, Vol. 83, No. 7, 1997, p. 1587.

性、权威性、平衡性、协调性的结果。当然,全国性政府也可以将公共物品或服务提供的任务转交给更低层级的政府去完成,并为这种转移任务的完成向后者提供补助。① 之所以将空间溢出效应有限或不足的公共物品或服务的任务交由地区性政府来履行,是因为"地方最了解实情"(the locals know best)②。这一观点看似可靠,其实是有缺陷的,其缺陷在于它过分倚重全国性政府在提供纯公共物品或服务和纠正辖区外部性中所能发挥的作用。为此,学者们设想,要想克服上述缺陷,要求全国性政府的所有决策都需要得到地区性政府选派的代表的一致同意。这一点在德国联邦制中联邦和联邦州执行联合任务时有所体现。除非像德国这样由地区性权力机构向全国性权力机构派驻代表,否则二者之间要想取得一致同意的意见,这个苛刻的条件在一般条件下很难得到满足。于是,有的学者提出,必须放弃关于全国性政府必须提供纯公共物品并解决辖区外部性的假定,也必须放弃关于一致同意的假定,而是"在考虑经济效率的同时,注重政治参与、个人权利和自由保护等目标的均衡"③。这一理论探讨表明,政府间分权的依据有一个隐含的前提,就是公共物品或服务的空间界定问题是有国家属性的。在单一制国家,公共物品或服务是作为一个整体进入国家权力视野的,地区性政府只是履行全国性政府的委托职能,因而国家权力相对集中;而在联邦制国家,公共物品或服务是分类进入国家权力视野的,地区性权力机构可以制定自己的宪法来决定本辖区内公共物品或服务的提供,不能由地区性政府提供的公共物品或服务由全国性政府来补足。

二、结构

尽管政府间分权涉及立法权、行政权和司法权在全国性权力机构和地区性权力机构之间的分配,但受比较政治学者关注较多的却主要在行政方

---

① Dabla – Norris, Era, "The Challenge of Fiscal Decentralization in Transition Countries", *Comparative Economic Studies*, Vol. 48, 2006, p. 101.

② Musgrave, Richard A., "Reconsidering the Fiscal Role of Government", *The American Economic Review*, Vol. 87, No. 2, 1997a, p. 157.

③ Inman, Robert P. and Daniel L. Rubinfeld, "Rethinking Federalism", *The Journal of Economic Perspectives*, Vol. 11, No. 4, 1997, pp. 48 – 61.

面。出现这一现象的原因可能在于立法行为与司法行为在单一制和联邦制条件下的差异比行政方面更为明显相关。从行政方面来看,无论是单一制国家,还是联邦制国家,行政权力的配置大致有两种结构:一种是横向结构或横向关系,即由一个权力中心分支出若干种政府职能,每一种政府职能交由一个职能部门去履行,从而形成诸如经济部门、社会部门、文化部门、外交部门、国防部门等职能部门,由这些职能部门根据宪法或法律关于政府职能的规划开展各项政府活动;另一种是纵向结构或纵向关系,即根据管辖范围的不同形成不同层级的政府,各个层级的政府之间在单一制国家具有行政隶属关系,而在联邦制国家则不具有行政隶属关系,每个层级的政府履行不同层次的公共事务,如全国性、地区性和地方性公共事务。值得提到的是,在每一个层级的政府中,上述横向的行政权力结构在不同体制中有所不同,在单一制条件下,除外交、国防等全国性公共事务外,低层级政府的横向结构与高层级政府有很大的雷同,如当代中国形成了有名的"条块"结构;在联邦制国家则不存在上下级政府之间的部门同构问题,因而不存在如单一制国家那样的"条块"关系。不过,由职能部门组成的横向的行政权力结构和由层级政府组成的纵向的行政权力结构在任何一种体制下都会形成一个庞大的行政权力运行体系。这个体系由三类主要的权力组成:第一类是政治(管理)权力,主要是指人事任免权;第二类是狭义的行政(管理)权力,它与政府政策的执行相关;① 第三类是经济(管理)权力,即政府与企业之间的权责利关系。② 这三类权力在单一制国家和联邦制国家均有所体现。

在单一制条件下,国家权力是集中的。在不同体制的国家,国家权力的集中方式是不一样的,例如,在传统的社会主义国家,国家权力的集中是通过干部的自上而下选拔任用来实现的。匈牙利经济学家科尔奈描述过社会主义体制下的国家权力结构,认为国家权力是在党员干部、政府官

---

① [美]弗兰克·J.古德诺:《政治与行政》,王元、杨百朋译,北京:华夏出版社 1987 年版。
② 中国社会科学院经济研究所宏观经济管理课题组:《坚持适度分权方向 重塑国家管理格局》,载《经济研究》,1987 年第 6 期,第 19 页。

员、群众组织领导,以及国有企业经理之间进行非平等分配的,其中居于支配地位的党委拥有三项权力:(1)所有重要岗位人员的任命、晋升以及解除职务;(2)在国家行政机构进行决策之前,党组织已经对所有重要的国家事务做出了决定;(3)党委直接参与政府管理。① 从 2002 年发布、2014 年修订的《党政领导干部选拔任用工作条例》的相关条款中,我们并不能一一对应地在当代中国找到科尔奈所描述的这种情况。然而,科尔奈的观点却与一些海外中国研究者不谋而合。例如,一些学者认为,当代中国国家权力的集中是通过中央对地方干部的人事任免和激励来实现的②,具体来说,是通过对省级政府主要领导干部任免权的控制来实现的③;此外,干部交流(包括省区之间干部交流、地方干部上挂中央、中央干部下挂地方)也是中央控制地方的有效的制度手段。④ 诸如此类的观点在另一份关于建国以来中国政治改革的研究中得到了呼应:"自 1949 年以来,中国共产党一直有权选择所有战略性组织(立法、司法、军队、企业、媒体、集体组织)的领导干部。"⑤ "经济改革没有削弱中央政府的政治权力,中央当局通过其高度发达的政治与官僚控制系统加强了政治权力,例如,中央政府可以调换省级政府的主要领导干部,以此培养他们对中央政府的忠诚度。这使得省级政府会在重要的政策上与中央政府保持一致。"⑥ 在这种制度设计中,地区性政府成为了全国性政府在地方上的代理机构。当然,即便政治(管理)权力存在集中的倾向,行政(管理)权力和经济

---

① [匈牙利]雅诺什·科尔奈:《社会主义体制:共产主义政治经济学》,张安译,北京:中央编译出版社 2007 年版,第 31—40 页。

② 许成钢:《政治集权下的地方经济分权与中国改革》,见青木昌彦、吴敬琏主编:《从威权到民主:可持续发展的政治经济学》,北京:中信出版社 2008 年版,第 186—187 页。

③ Huang, Yasheng, *Inflation and Investment Controls in China: The Political Economy of Central-Local Relations during the Reform Era*, Cambridge: Cambridge University Press, 1996.

④ 郑永年:《政治渐进主义及其局限性:中国的经验》,见胡鞍钢主编:《中国走向》,杭州:浙江人民出版社 2000 年版,第 261 页。

⑤ Burns, John P., "The People's Republic of China at 50: National Political Reform", *The China Quarterly*, No. 159, 1999, p. 581.

⑥ Wong, John, "Review on Inflation and Investment Controls in China: The Political Economy of Central-Local Relations during the Reforming Era by Yasheng Huang", *Pacific Affairs*, Vol. 70, No. 3, 1997, p. 427.

（管理）权力在单一制国家却存在下放的实践。这种行政性分权和经济性分权的实践在不同国家表现不同，有的是分离开来进行分权的，例如受到分权潮流的影响，行政性分权和经济性分权成为发展中国家，特别是转型的发展中国家的发展战略。① 行政性权力和经济性权力可以各自单独向地方转移，前者指的是政府职能的自上而下转移，而后者是指经济资源的自上而下转移，在单一制条件下，这种非制度化转移的权力可以随时收回；② 有的是交织在一起向下转移的，且通常是经济性分权带动行政性分权。

在联邦制条件下，立法权、行政权和司法权大多是在联邦和联邦成员之间分治的。从前文对代表性联邦制国家宪法文本的梳理来看，不同类型的联邦制国家的立法权在纵向的权力机构之间的划分至少有两种模式：一种是宪法列举全国性权力机构的权力，对地区性权力机构的保留权力只做原则性的规定，因为任何一部宪法都无法把各类权力机构的所有权力都罗列殆尽；另一种是宪法列举全国性权力机构和地区性权力机构的权力，未能列举的或未禁止的剩余权力在有的国家归地区性权力机构和人民享有（如美国），而在有的国家则归全国性权力机构所有。就行政权的执行来说，大体上也有两种情形：一种是联邦层级的法律由联邦政府执行，地方层级的法律由地区性政府执行，二者互不干扰（如美国、俄罗斯）；另一种是联邦层级的法律一部分由联邦政府自己执行，另一部分由地区性政府来执行，在执行这类联邦法律时二者存在合作关系，而地方法律则一律由地区性政府自己执行（如德国）。当然，这种划分不是绝对的，因为大多数联邦制国家也存在联邦政府的职能需要州政府一起来参与履行的情况，不过这种参与式的合作通常需要安排专项转移支付。就司法权的划分来说，联邦制国家一般建有两套司法体系，一套是联邦法院系统，根据联邦宪法和联邦法律行使司法权，另一套是州法院系统，受理州司法管辖内的

---

① Lindaman, Kara and Kurt Thurmaier, "Beyond Efficiency and Economy: An Examination of Basic Needs and Fiscal Decentralization", *Economic Development and Cultural Change*, Vol. 50, No. 4, 2002, p. 915.

② 周黎安：《中国地方官员的晋升锦标赛模式研究》，载《经济研究》，2007年第7期，第37页。

案件，二者相互尊重、独立运作。尽管联邦宪法清晰地划分了联邦制国家的立法权、行政权和司法权，但各级权力机构之间的互动使得国家权力实际上有相互流动的可能性，由于这些国家权力以协商和互惠的方式流动，这使得它们之间相互转移①，因而国家权力的分配处于相对静止的均衡状态。

三、制衡

尽管在单一制条件下，由于地方没有宪法，地区性权力机构是由全国性权力机构派生的，地区性政府受到全国性政府的监督自不待言，而地区性政府监督全国性政府也有一定的可能性。从英国和法国的情况来看，地区性权力机构监督全国性权力机构的制度设计并没有在不成文宪法和成文宪法中反映出来。对改革开放之前的单一制中国来说，"中共的权力结构是党政不分，权力集中在党手中，而党的权力集中在党的高层，高层又集中在党的少数领袖手中"②。下级政府监督和制衡上级政府很难办到。改革开放之后，国家权力结构在一定程度上采用的是"双向负责"模式，一方面，中央高层领导由中央委员会选举产生，并对中央委员会负责；另一方面，中央高层领导又对中央委员会人选的构成有很大的影响力。③ 即使是"双向负责"的制度设计，也难以真正做到下级监督上级。不过，通过政府间分权，中央政府自觉地限制了自己的权力，特别是企业经营管理权交给企业后，将中央政府直接控制微观经济活动的权力自觉地让渡出来。同时，通过政府间分权，地方政府之间的竞争逐渐形成并有加剧的趋势，通过竞争，对地方政府的行为也形成了一种内生的制约机制。

与单一制不同，联邦制的制度设计则十分鲜明地强调了国家权力的纵向制衡问题，即当分权从全国性权力机构与地区性权力机构之间的分工走

---

① Rodden, Jonathan and Susan Rose-Ackerman, "Does Federalism Preserve Markets?", *Virginia Law Review*, Vol. 83, No. 7, 1997, p. 1527.

② 邓小平:《党和国家领导制度的改革》，见《邓小平文选》（第二卷），北京：人民出版社1983年版，第283页。

③ Shirk, Susan L., *The Political Logic of Economic Reform in China*, University of California Press, 1993.

向合作时，联邦政府的某些决策或活动需要得到州政府的同意或积极合作；同时，联邦政府也不能肆意侵犯州政府和地方政府的权力，这有强有力的、独立的法院系统作为保证。① 例如，在德国联邦议会中，大选获胜者为多数派，他们往往是联合政党，由他们组建政府，而议会中的少数派和司法机关负责监督议会；同时，联邦议会中的少数派往往是参议院中的多数派，所以联邦议会的（不当）政策很难在参议院通过。② 这一权力制衡机制的巧妙之处在于，联邦参议院的代表是由联邦州选派的，因而代表联邦州利益的联邦参议院可以在一定程度上制约联邦议会和联邦政府对联邦州利益的损害。在欧盟一体化的过程中，德国联邦政府和联邦州的权力都不同程度地受到了削弱，如果说前者还能通过参与欧盟决策来弥补部分失去的权力，那么联邦州政府的权力则是净损失。不过，联邦州政府也可以采取"让我们参与"和"别管我们"的策略挽回部分失去的权力。③ 此外，联邦州政府还可以通过与联邦政府签订协议来制约联邦政府。反过来，联邦对联邦州也拥有一定的监督权，这种监督权可以通过多种途径来实现，要么是通过附加条件的补贴，要么是对地方征税进行规制，要么是限制地方政府的借贷行为。④ 比相互制衡更为重要的一个问题是，政府需要自我限权，或者说对政府行为的限制措施能够自我执行，联邦制国家的制度设计考虑到了这一点，转型中国的分权改革也形成了自我限权的措施，从而形成了能够自我执行的有限的和有效的中央政府。⑤

与单一制国家的地区性政府类似，联邦制国家的联邦原则也只限于联邦政府和联邦州政府层级，对于联邦州政府与地方政府而言，则是另外一

---

① Rodden, Jonathan, "Comparative Federalism and Decentralization: On Meaning and Measurement", *Comparative Politics*, Vol. 36, No. 4, 2004, p. 490.

② ［德］伊诺斯·赫尔特：《德国联邦制的历史、基础和发展》，任雪丽译，载《中德法学论坛》，2008年第6辑，第21页。

③ 童建挺：《德国联邦制的欧洲化——欧洲一体化对德国联邦制的影响》，载《欧洲研究》，2009年第6期，第37、41页。

④ Rodden, Jonathan, "Comparative Federalism and Decentralization: On Meaning and Measurement", *Comparative Politics*, Vol. 36, No. 4, 2004, p. 486.

⑤ Weingast, Barry R., "The Economic Role of Political Institutions: Market-Preserving Federalism and Economic Development", *Journal of Law, Economics & Organization*, Vol. 11, No. 1, 1995, p. 27.

番图景。从正式权力的分配上看,地方政府是州政府的代表,它的权力来自州政府的授予或让渡,因此,通过可以随时收回的威胁,地方政府的权力行使会受到州政府的监督。但事实并非如此,地方政府因具有执行权力、消极抵制、信息控制、选举权力、地方控制话语①等优势而从州政府的监督中自然逃逸。

第五节 评论性结语

政府间分权是国家权力结构的一种动态的、相对的状态,有时集权多一些,有时分权多一些;有的国家集权多一些,有的国家集权少一些,这取决于多方面的因素。历史上,社会主义国家的集权程度要大于资本主义国家,因为政治与经济没有分离②,也就是说,除了政治(管理)权力和行政(管理)权力集中在政府手中之外,企业的经济(管理)权力也集中在政府手中,尤其是集中在高层政府手中。随着经济全球化浪潮的推进,市场化改革成为社会主义国家转型的选择,纵向的政府间关于经济管理权的收放转换为政府将微观经济管理权转移给市场,政府集权有很大程度的稀释。同样地,"在美国,中央政府(也)将相当一部分的联邦权力返还给了州政府;在英国,苏格兰和威尔士建立了自己的地区性国会;在意大利,分权运动已经相当深入;在发展中国家,以突破中央计划为目标的财政分权运动正如火如荼"③。不过,在分权的同时,也有集权的例子,例如,罗斯福"新政"后,联邦权力中增加了联邦补助和联邦优先立法,通过联邦补助,使得各州自动服从附加补助条件;通过联邦优先立法,使得联邦在联邦与州共存的领域中掌握主动权。④ 可以说,单一制国家和联邦

---

① [美]布莱恩·E.亚当斯:《美国联邦制下的地方政府自治》,王娟娟、荣霞译,载《南京大学学报(哲学·人文科学·社会科学版)》,2012年第2期,第19—22页。
② 孙立平:《集权·民主·政治现代化》,载《政治学研究》,1989年第3期,第12页。
③ Oates, Wallace E., "An Essay on Fiscal Federalism", *Journal of Economic Literature*, Vol. 37, No. 3, 1999, p. 1120.
④ 曾尔恕、黄宇昕:《二十世纪美国联邦制的发展——以联邦与州的分权为视角》,载《广东商学院学报》,2006年第1期,第82—83页。

制国家的集权与分权都处在动态调整之中,即使在政权没有更替的情况下,集权与分权的往复循环也是一种常态。

  留给学界讨论的问题是,在何种情况下应该集权,在何种情况下应该分权,集权与分权的目的究竟何在。诚然,反对集权的学者有很多诟病集权的理由,认为集权不能提供激励,即使能够提供激励,集权条件下政府做出的承诺也是不可信的。① 反对分权的学者也不在少数,他们有足够的例证维护集权的权威,例如在缺乏政治集权的情况下,联邦制会濒临破产的危险,如20世纪90年代的俄罗斯便是如此。②

  本章的目的在于提供一个基于宪法文本和既有文献的比较分析框架,以中国、英国、法国为单一制国家的代表,以美国、德国、俄罗斯为联邦制国家的典型,力图能够找出单一制和联邦制条件下政府间分权的异同特征,特别是这两种国家权力结构相互借鉴的动向,旨在为政府间分权的制度化研究提供一个宏观铺垫。通过梳理、归纳单一制国家和联邦制国家宪法文本关于政府间分权的相关规定,以及学术界对政府间分权的依据、结构和制衡的相关讨论,本章的确发现这两种国家权力结构(即广义上的政府间分权)有相互借鉴的迹象。

---

① 钱颖一:《激励与约束》,载《经济社会体制比较》,1999年第5期,第7—12页。
② Blanchard, Olivier and Andrei Shleifer, "Federalism with and without Political Centralization: China versus Russia", *IMF Staff Papers*, Vol. 48, 2001, p. 178.

第三章　使政府间分权制度化与制度化的政府间分权

第一节　引言

20世纪90年代以来，政府间分权在转型经济体中已经成为一种新的潮流。① 与立法权、行政权和司法权在全国性权力机构与地区性权力机构之间的分享与共享不尽相同，本章所研究的政府间分权是指一种狭义的分权，即它仅指由政治（管理）权力、行政（管理）权力和经济（管理）权力组成的权力束在各级政府之间的分享与共享。在这个意义上，市场经济体制改革背景下中国正在逐渐加大力度的"简政放权"便是一种狭义的政府间分权。这种狭义的政府间分权不仅在当代中国悄然兴起，而且也广泛地流行于转型经济体之中。然而，与实务界对政府间分权的偏爱不同，在政治学、政治经济学、公共行政领域，并非所有的学者都毫不质疑地接受政府间关系的这种流行模式。正如既有文献所显示的那样，即使是那些赞成政府间分权在地方治理中可以发挥积极作用（如避免地方政府的不良

---

① Lindaman, Kara and Kurt Thurmaier, "Beyond Efficiency and Economy: An Examination of Basic Needs and Fiscal Decentralization", *Economic Development and Culture Change*, Vol. 50, No. 4, 2002, p. 915.

行为①，促进地方繁荣②）的学者，也无法拒绝这样一些可能性，即政府间分权可能会引入恶性的、无效率的、横向的政府间竞争③，导致行政效率低下④，招致（地区不稳定的）危险⑤，跌入分权的陷阱（如规制手段滥用、国内市场分割、地方政府腐败、地方政府对转移支付的习惯性依赖、税收改革障碍、地方债务增加、财政透明度降低、地区差异扩大、政府机构膨胀）⑥，扩大不同地区之间的发展差距⑦。令人好奇的是，政府间分权在改善地方治理的同时，为什么会产生如此之多的消极结果呢？如何解释并解决政府间分权的这种双刃剑般的作用呢？从制度解构和制度结构的角度来看，解决这一难题大概可以从两个方面做出尝试：一是内生因素方面，即寻找并规避政府间分权自身存在的某些制度缺陷；二是外生因素方面，即设计并完善政府间分权赖以发挥作用的相关制度，在联邦制和单一制国家概莫如是。

无论是内生的制度缺陷，还是外生的制度缺位，这两个方面的努力都是在制度化建设上为规避政府间分权的消极结果"寻医问药"。阅读既有的理论文献发现，政府间分权的制度化问题在联邦制和单一制的相关研究中曾经得到过广泛的关注。例如，第一代联邦制理论的代表人物威廉·赖克（William Riker）认为，"各级政府自主权的制度化"是联邦制最为显著

---

① Qian, Yingyi and Gérard Roland, "Federalism and the Soft Budget Constraint", *American Economic Review*, Vol. 88, No. 5, 1998, p. 1144.

② Montinola, Gabriella, Yingyi Qian and Barry R. Weingast, "Federalism, Chinese Style: The Political Basis for Economic Success in China", *World Politics*, Vol. 48, No. 1, 1995, p. 58.

③ Rodden, Jonathan and Susan Rose-Ackerman, "Does Federalism Preserve Markets?", *Virginia Law Review*, Vol. 83, No. 7, 1997, p. 1549.

④ Boex, Jamie, "Fiscal Decentralization and Intergovernmental Finance Reform as an International Development Strategy", IDG (Urban Institute Center on International Development and Goverance) Working Paper, No. 2009 – 06, 2009.

⑤ Prud'homme, Rémy, "The Dangers of Decentralization", *The World Bank Research Observer*, Vol. 10, No. 2, 1995, pp. 201 – 220.

⑥ Tanzi, Vito, "Pitfalls on the Road to Fiscal Decentralization", Working Paper, No. 19, Washington, DC.: Carnegie Endowment for International Peace, 2001.

⑦ Bahl, Roy and Johannes Linn, "Fiscal Decentralization and Intergovernmental Transfers in Less Developed Countries", *Publius*, Vol. 24, No. 1, 1994, p. 3.

的两个特征之一。① 进一步地,"权力和责任的分配需要有制度化的考量"② 或者"制度化的权力"③ 被认为是第二代联邦制理论的代表——市场保护型联邦制理论得以成立的五个必要条件之一。在单一制条件下,政府间分权的制度化也有具体的例子。例如,在当代中国的财税体制改革中,制度化是一个前进的方向,1994年分税制改革的出台和1994年《预算法》的颁布(2014年重新修订并被提升为新一轮财税体制改革的三大标志性措施之一)便是最有代表性的两个制度化举措。在一份以中国1994年分税制改革为研究对象的评估报告中,王绍光指出,与财政包干制相比,分税制改革在制度化建设上作出了一种积极的尝试,那就是用以规则为基础的体制来替代以裁量权为基础的体制。④ 这里的规则即为制度,以规则为基础表明分税制含有将分权措施制度化的考量。然而,分税制替代财政包干制只是财政分权在制度化建设上迈出的第一步。正如蔡欣怡所指出的那样,"中国式财政联邦制还远远谈不上制度化,因为中央政府可以重新议定并收回业已下放的财政权"⑤。在单一制条件下,当把分析范围扩展到政府间分权的其他领域时,我们会得到同财政领域一样的画面。显然,与联邦制相比,单一制条件下的政府间分权在制度化建设方面还有很大的发展空间。从既有文献来看,强调政府间分权的制度化只是散落在相关主题之中,它没有系统化地形成一种共识,从而避免不受约束的随机性分权所产生的消极结果。因此,为了克服随机性分权所带来的消极结果,有必要发展出一套分析框架来促进政府间分权的制度化,这对处理好联邦制和单一制国家纵向的政府间关系来说都是如此。

---

① Riker, William H., *Federalism: Origin, Operation, and Significance*, Boston: Little Brown, 1964, p. 11.

② Montinola, Gabriella, Yingyi Qian and Barry R. Weingast, "Federalism, Chinese Style: The Political Basis for Economic Success in China", *World Politics*, Vol. 48, No. 1, 1995, p. 55.

③ Weingast, Barry R., "Second Generation Fiscal Federalism: Implications for Decentralized Democratic Governance and Economic Development", Discussion Draft, 2006.

④ Wang, Shaoguang, "China's 1994 Fiscal Reform: An Initial Assessment", *Asian Survey*, Vol. 37, No. 9, 1997, p. 815.

⑤ Tsai, Kellee S., "Off Balance: The Unintended Consequences of Fiscal Federalism in China", *Journal of Chinese Political Science*, Vol. 9, No. 2, 2004, p. 16.

既然政府间分权的制度化是本章研究的主题，那么发现和分析各种影响政府间分权的制度因素便是本章首先要进行的基础性工作。基于既有文献和现象观察，本章假定，制度缺陷与制度缺位是导致政府间分权产生消极结果的重要原因。这一假定的理论启示是，如果政府间分权的消极结果是由制度缺陷和制度缺位造成的，则可以从制度建设与完善的角度来改进政府间分权，以此限制高层级政府单方面改变分权规则的权力，赋予低层级政府以稳定的预期，从而消除或减轻不受约束的、随机性的政府间分权所造成的消极结果。当然，这并不是说，所有的政府间分权都应该被制度化。因为如果考虑到信息不对称、操作弹性和动态的内外部环境，使所有的政府间分权措施都制度化是不切实际且不必要的。在对地方政府缺乏制度化的限权与监督措施时，的确还需要强有力的高层级政府来督促低层级政府为当地提供公共物品或服务，并保留在必要的时候修改分权规则的权力和便利。否则，制度化的政府间分权会纵容低层级政府的不当行为，这一点在联邦制国家和单一制国家地方自治权过大造成了地区割据的例子中曾经有过深刻的教训。只有做出这种说明，进一步的研究才能得以进行。

本章的结构安排如下：在对联邦制和单一制条件下的政府间分权理论做出比较研究之后，将从随机性政府间分权会带来高不确定性和低预期性的角度探讨"政府间分权为什么需要制度化"。在对这一问题进行尝试性剖析的基础上，本章将描述什么是制度化的政府间分权。在总结性评论之前，本章将构思政府间分权如何才能制度化。

第二节 政府间分权理论的比较研究

根据前面章节的相关阐述，广义的政府间分权没有得到广泛的研究，而狭义的政府间分权却日益受到了学者们的青睐，它指的是由政治（管理）权力、行政（管理）权力和经济（管理）权力组成的权力束在纵向的政府层级之间进行的静态和动态的分配和再分配。在这里，权力束对不同的学者而言含义有所不同，这种不同通常起因于他们的研究重点和研究目的不尽相同。例如，卡拉·林德曼和科特·塞缪尔（Kara Lindaman & Kurt Thurmaier）分析了世界近代历史上的三次分权浪潮，即从 20 世纪 50 年代末、60 年代初的行政分权，经由 20 世纪 70 年代中期至 80 年代的中央政府职责的下放，演进到如今的市场分权。① 即在近代历史上，世界各国的分权重心依次经历了行政分权、职责分权和市场分权三个阶段。再比如，普兰纳布·巴德汉（Pranab Bardhan）认为，政治决策权下放意义上的分权不同于仅仅将中央政府的行政职责委托给其在地方上的分支机构；② 乔纳森·罗登（Jonathan Rodden）则认为，分权是一种权力转移，它主要强调财政权力，而很少是政策和政治权力，从中央向地方政府的转移。③ 可见，在研究政府间分权的文献中，行政分权、职责分权、市场分权、政治分权或财政分权是涉及较多的几个关键词。然而，评估究竟有多少研究关注某一特定的分权形式是没有意义的，而且是困难的。一个显而易见的趋势是，有关狭义的政府间分权的大量研究与联邦制相关，尽管单一制国家的政府间分权越来越成为一个既成事实。

半个世纪以来，建立在联邦制基础之上的政府间分权理论已经相当丰富。在赖克的经典著作《联邦制：起源、运作和重要性》中，他提出联邦制由层级制政府组成，各级政府拥有制度化的自主权。④ 这是第一代联邦制理论的起源之一。第一代联邦制理论经过多年的发展，形成了关于政府间分权的独特的理论体系。后来，温加斯特通过增加三个条件，引入了第二代联邦制理论，即市场保护型联邦制理论。这三个条件如下：（1）次国家级政府对经济活动拥有主要的规制权；（2）拥有一个共同的市场；（3）低层级

---

① Lindaman, Kara and Kurt Thurmaier, "Beyond Efficiency and Economy: An Examination of Basic Needs and Fiscal Decentralization", *Economic Development and Culture Change*, Vol. 50, No. 4, 2002, pp. 916 – 918.

② Bardhan, Pranab, "Decentralization of Governance and Development", *The Journal of Economic Perspectives*, Vol. 16, No. 4, 2002, p. 186.

③ Rodden, Jonathan, "Comparative Federalism and Decentralization: On Meaning and Measurement", *Comparative Politics*, Vol. 36, No. 4, 2004, p. 482.

④ Riker, William H., *Federalism: Origin, Operation, and Significance*, Boston: Little Brown, 1964, p. 11.

的政府面临硬预算约束。① 根据这三个条件,一方面,市场保护型联邦制得以形成,它对中央政府干预微观经济活动的规制权力进行了制度化的约束;另一方面,它不可避免地导致了地方政府之间的横向竞争,这种竞争在提高经济效率的同时,却潜在地造成了区域之间的不平等。温加斯特及其合作者在20世纪90年代中期关于市场保护型联邦制的上述思想在学术界引起了强烈的反响与争论。

几乎从市场保护型联邦制产生的那时起,它就面临着同行们的挑战。例如,与市场保护型联邦制理论的拥护者相反,罗登和罗斯-阿克曼对这种联邦制保护市场的能力表示怀疑。他们批评道,市场保护型联邦制模型缺少一种有说服力的理论,来解释附着在其之上的五个必要条件可以在真实的政治体制中存在并存留下去。② 他们的批评受到了罗纳德·麦金农(Ronald I. McKinnon)的辩护性回应。③ 与罗登和罗斯-阿克曼的颠覆性批评不同,另一位有影响力的批评者鲁宾菲尔德没有完全拒绝温加斯特及其合作者提出的观点。在对南非的联邦制与市场保护型联邦制的必要条件进行比较后,鲁宾菲尔德提出了三种形式的联邦制,即经济联邦制、合作联邦制和民主(多数规则)联邦制,这些联邦制依次演进,有助于形成一种良好的经济和政治体制,以便改进受到挑战的市场保护型联邦制模型。④

显然,政府间分权的一些理论主要是从联邦制国家的实践中提炼出来的,它们并不必然适用于对单一制国家政府间分权现象的分析。从理论来源于实践的唯物主义观点来看,既然政府间分权也存在于单一制国家之中,那么单一制国家也应该有刻画自身特性的政府间分权理论。在作为单一制国家代表的中国,独特的政府间关系似乎对单一制条件下政府间分权

---

① Weingast, Barry R., "The Economic Role of Political Institutions: Market - Preserving Federalism and Economic Development", *Journal of Law, Economics, & Organization*, Vol. 11, No. 1, 1995, p. 4.

② Rodden, Jonathan and Susan Rose-Ackerman, "Does Federalism Preserve Markets?", *Virginia Law Review*, Vol. 83, No. 7, 1997, p. 1523.

③ McKinnon, Ronald I., "The Logic of Market-Preserving Federalism", *Virginia Law Review*, Vol. 83, No. 7, 1997, pp. 1573 - 1580.

④ Rubinfeld, Daniel L., "On Federalism and Economic Development", *Virginia Law Review*, Vol. 83, No. 7, 1997, pp. 1581 - 1592.

理论的形成会有所贡献。事实上，当代中国嵌入在层级制结构中的政府间关系在理论上已经被称为中国式联邦制并得到了广泛的研究。① 特别地，这一研究预测，中国式联邦制将会在实践过程中通过一定的方式而得到强化。类似的情况存在于几乎所有的转型经济体之中。② 即使在英国和法国等属于发达国家行列的单一制国家，政府间分权也有相近的特点。比较研究发现，联邦制条件下政府间分权的各项特征在单一制条件下并不出现，因为在单一制国家，各级政府之间具有行政隶属关系，下级政府不能独立于上级政府而自治，而且在一般情况下，地方居民也不能根据其偏好的税率而选择自由流动。相反，单一制国家的中央政府对财政决策、预算、财政转移支付和行政管理拥有占支配地位的权力，例如1949年以后的中国。③ 不过，如前所述，从较长的时间跨度来看，集权与分权的往复循环是一种常态，随着各种因素的叠加，集权在一定的时期走向分权有其合理性和必要性。

事实上，在分权现象流行的当代，单一制国家的中央政府也在将各种不同的权力（或职责、资源）转移给地方政府，这与联邦制国家的做法不乏相近之处。然而，在这两种国家权力结构中，政府间分权的最大不同在于联邦制国家的分权结构是给定的，而在单一制国家中，某一时段或某一领域的分权是变动的，也就是说，"单一制国家的分权常常因为中央政府掌握自由裁量权而妥协"④。这一差异的形成可以追溯到联邦制与单一制之

---

① Montinola, Gabriella, Yingyi Qian and Barry R. Weingast, "Federalism, Chinese Style: The Political Basis for Economic Success in China", *World Politics*, Vol. 48, No. 1, 1995, pp. 50 – 81; Jin, Hehui, Yingyi Qian and Barry R. Weingast, "Regional Decentralization and Fiscal Incentives: Federalism, Chinese Style", *Journal of Public Economics*, Vol. 89, 2005, pp. 1719 – 1742.

② Wetzel, Deborah, "Decentralization in the Transition Economies: Challenges and the Road Ahead", Poverty Reduction and Economic Management Unit, Europe and Central Asia, The World Bank, 2001.

③ Oksenberg, Michel and James Tong, "The Evolution of Central-Provincial Fiscal Relations in China, 1971 – 1984: The Formal System", *The China Quarterly*, No. 125, 1991, p. 3. Tsai, Kellee S., "Off Balance: The Unintended Consequences of Fiscal Federalism in China", *Journal of Chinese Political Science*, Vol. 9, No. 2, 2004, p. 4.

④ Weingast, Barry R., "Second Generation Fiscal Federalism: Implications for Decentralized Democratic Governance and Economic Development", Discussion Draft, 2006.

间分权机制的不同。如表 3.1 所示，与联邦制相比，在单一制条件下：第一，地方主要官员是由上级政府任命的，而上级政府任命的官员在理论上没有压力和动力去满足地方居民的需求，因为他们只是充当上级政府在地方上征税和进行经济社会管理的代理人；第二，地方政府的税率决定权和税收豁免权有限①，在这两项权力高度集中的前提下，各地的税率和公共服务提供水平大致相同，地方居民（包括自然人和法人）运用"用脚投票"机制影响地方政府行为的作用不大。从时间维度来看，单一制国家的这两项集权特征不断地受到了分权浪潮的影响，表现为：一方面，不断增加的行政成本、日益扩大的地区多样化、全球化和市场化改革的压力、增强地方干部积极性的努力引致了政府间分权，甚至地方自治；②另一方面，旨在解决上述问题的政府间分权反过来又导致了区域间差异，地方政府的软预算约束，以及无效率的、缺位的公共物品或服务供给。

表 3.1 联邦制和单一制的比较

		联邦制	单一制
第二代	第一代	• 层级制政府 • 各级政府拥有制度化的自主权	• 地方主要官员由上级政府任命 • 地方的税率决定权和税收豁免权有限
		• 次国家级政府对经济活动具有主要的规制权 • 拥有一个共同的市场 • 地方政府面临硬预算约束	

为什么在为地方治理带来好处的同时，还会出现诸如此类的消极结果呢？正如本章引言所指出的那样，单一制条件下各级政府之间是行政隶属

---

① 布坎南指出，"如果只有一种财政体制，例如单一制政府中的财政体制，公共服务标准和（或）税收负担的地区差异将是不存在的。"参见：Buchanan, James M., "Federalism and Fiscal Equity", *The American Economic Review*, Vol. 40, No. 4, 1950, p. 585。Whiting 进一步认为，"中国依然是一个单一制国家，在中国，只有中央政府有权调整税率。"参见：Whiting, Susan H., "Central-Local Fiscal Relations in China", A Report Based on the Proceedings of the International Conference on Intergovernmental Fiscal Relations in China, China Policy Series, No. XⅫ, April 2007。

② 根据黄佩华的观察，尽管中国是单一制国家，它仍然具有财政联邦制的某些特征，地方政府的自主权也越来越大。参见：Wong, Christine P. W., "Central – Local Relations Revisited: The 1994 Tax Sharing Reform and Public Expenditure Management in China", Paper for the International Conference on "Central-Periphery Relations in China: Integration, Disintegration or Reshaping of an Empire?", Chinese University of Hong Kong, March 24 – 25, 2000。

关系，上级政府向下级政府的分权在没有制度化的情况下容易带有随机性，而随机性的政府间分权可能是导致上述消极结果的一个决定性因素。之所以说它是一个决定性的因素，是因为在随机性政府间分权的情况下，各级政府所受的各种约束要比制度性政府间分权情况下宽松得多。总结既有的理论和实践，在随机性政府间分权的情况下，至少有五种主要的约束可能会出现制度缺陷或制度缺位，即不完备的干预约束、预算约束、权力约束、资源约束和公众约束。具体来说：（1）中央政府通常缺乏干预约束。单一制条件下，行政权力是自上而下分级授予的，中央政府的分权行为往往缺乏一个外生的约束力。由于干预约束的缺乏，中央政府很容易从地方政府那里收回已经下放的权力。（2）地方政府通常面临着软预算约束。软预算约束这一概念是由匈牙利学者亚诺什·科尔奈（János Kornai）[①]提出来的，它泛指国有企业或低层级的政府面临破产或无效率的困境时，高层级的政府会动用行政力量和资源去援助它们。地方政府软预算约束的存在会导致它们滋生忽视财经纪律的行为。（3）地方政府面临较软的权力约束。在单一制条件下，地方主要官员的晋升主要取决于上级政府的评价，且一般是刚性的，他们被提拔或维持原职的可能性要大于降级或免职的可能性，这就纵容了他们的不作为行为。（4）地方政府面临的资源约束也是松散的。在随机性政府间分权的条件下，财政转移支付和上级拨付的资源可以以免费或较低的价格来调用，这就助长了转移支付和资源使用方的浪费行为。（5）地方政府面临的公众约束也是不完备的。在单一制条件下，由于行政权力的来源是上级政府，公众不能通过制度化的渠道监督他们的代理人，这就会阻碍公众表达意见和收集这些意见的渠道。正是由于这五种约束的缺乏，单一制条件下的政府间分权将带有不同程度的随机性。由于随机性的存在，政府间分权面临的这些不完备的约束对于强化行为者行为的不确定性，降低行为者行为的预期便发挥着十分重要的作用。

以上从理论逻辑的角度对单一制条件下政府间分权的随机性的分析并

[①] Kornai, János, "Resource-Constrained versus Demand-Constrained Systems", *Econometrica*, Vol. 47, No. 4, 1979, pp. 801-819; Kornai, János, *Economics of Shortage*, Amsterdam: North Holland, 1980.

不意味着上述约束的缺乏不存在于联邦制之中。尽管与单一制的表现形式不同，联邦制内生的随机性政府间分权也十分普遍。如巴里·温加斯特（Weingast，1995；2006）指出的那样，只有当层级制、地方政府自主权、拥有一个共同的市场、地方政府面临硬预算约束和制度化的权力同时得到满足时，市场保护型联邦制的功能才能够顺利地实现。一旦维持政府间分权稳定运行的这些前提条件不存在或者不健全①，联邦制条件下的政府间分权便带有这样那样的随机性，从而也会在一定程度上造成消极的结果。因此，为了避免政府间分权对经济社会发展造成消极的结果，需要从修补制度缺陷和弥补制度缺位上找到可行的对策。

第三节　政府间分权为什么需要制度化

根据联邦制和单一制条件下政府间分权理论的比较研究，我们可以做出如下假设：与不受约束的随机性政府间分权相比，政府间分权的制度化可以降低行为者行为的不确定性和改善行为者行为的预期（如表3.2所示）。这个假设意味着，没有适度的制度化，参与政府间分权的任何层级的政府都可能不会主动遵守既定的分权规则，从而产生难以预料的消极结果，因为不受约束的政府行为会放大制度缺陷和制度缺位的弊端。由于缺少制度化，在单一制国家可能会产生一种集权与分权的恶性循环，表现为"一放就乱，一乱就收，一收就死，一死就放"；在联邦制国家也会陷入分权规则的混乱。

表3.2　不同情况下的不确定性和预期性

种类＼结果	不确定性	预期性
随机性的政府间分权	↑	↓
制度化的政府间分权	↓	↑

根据前面的理论假设，不受约束的随机性政府间分权之所以会产生消

---

① Weingast, Barry R., "The Economic Role of Political Institutions: Market – Preserving Federalism and Economic Development", *Journal of Law*, *Economics & Organization*, Vol. 11, No. 1, 1995, p. 2.

极的结果,其原因在于这种分权形式的制度化程度不高。在制度化程度不高的情况下,各行为主体便无力应对不确定性,也不能形成对未来发展的正确预期。为此,我们应该回顾一下联邦制和单一制条件下政府权力的划分过程。与联邦制中联邦政府与联邦成员政府独立地分享政府职能不同,在单一制国家,大多数的行政权力最初都来源于中央政府的授予。上级政府向下级政府授权是单一制国家的一大特色,甚至是一种制度优势。然而,在面临纷繁复杂的挑战时,中央政府的这些行政权力总是基于各种理由并经由各种渠道而下放。各种行政权力附着一些物质利益和非物质利益。因此,政府间分权必然会在地方政府之间产生激烈的政府间竞争。

地方政府之间相互竞争的标的如下:(1) 政策优惠[①]。政策优惠可以被看作是上级政府的一种非平衡发展战略,这种战略有利于在发展不平衡的情况下处于发展初期的地方集聚相关资源,例如获得成立享受特殊政策的试点区或试验区,以及高层级政府尤其是中央政府许可的行政审批、税收豁免。(2) 来自国内外或辖区内外的资源和投资。资源和资金稀缺通常被认为是欠发达国家或地区的发展瓶颈,因而为稀缺资源和资金的流入而展开的竞争是地方政府面临的一个重要命题。例如,投资饥渴症被认为是中国改革开放以来地方发展普遍存在的综合性症状。(3) 增长指标或民生指标。在单一制条件下,下级政府在行政上隶属于上级政府,因而干部的晋升需要通过干部绩效管理与竞赛来实现。干部绩效管理与竞赛容易采取指标化的方式,比如设置晋升竞争的标的,这些标的通常是一些可以量化的指标。例如,在以经济建设为中心的发展战略中,GDP 增速曾经一度是当代中国地方政府竞争的一个重要指标。(4) 上级领导视察。在单一制条件下,资金和资源通常是向上集中的,上级政府掌握着资金和资源的调配权力,因而上级领导视察被认为是低层级政府从高层级政府那里获取资金或资源的一个重要机会。这种视察可以通过"印象管理"的概念加以解释[②],在联邦制和单一制国家都是如此。无论是哪种竞争标的,政府间竞

[①] "给政策不给钱"是当代中国高层级政府经常使用的政策措施。
[②] Snyder, Mark, "Impression Management. The Self in Social Interaction", in Lawrence S. Wrightsman and Kay Deaux (eds.), *Social Psychology in the Eighties*, Monterey, Brooks Cole, 1981.

争所产生的四种典型的结果都有可能出现,因为地方政府在协商能力和资源禀赋上存在很大的不同。①这四种结果分别是:(1)不损人但利己;(2)不损人不利己;(3)损人利己;(4)损人不利己。

  第一种结果代表一种良性的竞争,它可以提高政府效率、促进反腐败和提供退出机制。这种良性的政府间竞争可能会给地方政府带来更多、更好的公共物品或服务,因为竞争的优胜者可以证明它在稀缺资源和资金的使用上更有效率,而上级政府也愿意将更多的资金和资源投入到使用效率更高的地方。为了成功地成为某种改革的试点区或试验区,从辖区之外甚至是国外获取大笔资金和大型项目,地方政府通常会通过改善基础设施等硬件环境,营造税收优惠和资源使用便利等软件环境,树立清廉形象等方式来进行良性竞争。第三种和最后一种结果都是恶性的政府间竞争所带来的,它们既破坏了社会秩序,又浪费了社会资源。在缺乏上级政府监督的情况下,这些恶性的政府间竞争需要通过民主参与的办法予以监督。与第一种结果不同,一些地方政府通常会通过非法游说的手段从高层级政府那里获取一些好处,例如政策优惠、行政许可、财政资源、投资机会。第二种结果是最没有效率的一种政府间竞争,这种竞争会无谓地浪费社会资源。不受约束的中央政府和带有机会主义倾向的地方政府之间的合谋可能会产生这种意料之外的结果。为什么恶性的政府间竞争会存在呢?或者说,造成政府间竞争失序的原因何在呢?根据前面的理论假设,随机性政府间分权一般是主观的、机动的、碎片化的,因此会导致参与者不能树立正确的预期,从而也就造成了不可预期的结果。此外,随机性政府间分权可能会鼓励政府的投机行为,而不是引导相关参与者做出理性行为选择。将政府间竞争从一种恶性的状态转化为一种良性的状态便需要对政府间分权进行制度化处理。后续的研究将会表明,使政府间分权制度化是增强理性预期的一种有效方式,它可以激发相关参与者的激情。

  在不受约束的随机性政府间分权中,地方政府之间激烈的竞争所产生

---

① Qian, Yingyi and Gérard Roland, "Federalism and the Soft Budget Constraint", *American Economic Review*, Vol. 88, No. 5, 1998, p. 1144.

的消极结果具有高度不确定性。正如前面提到的，为了追求政策优惠、财政资源和投资机会、高质量的公共物品和服务、上级领导视察，地方政府可能会寻求一种"损人利己"的策略，这就使得其竞争对手产生高度的不确定性和低预期性。这种"损人利己"的策略如果相互使用，势必会造成地方政府之间竞争秩序的紊乱。

除了恶性的政府间竞争导致秩序紊乱之外，行政裁量权的不当使用所产生的混淆也不可忽视。众所周知，区域差异和不同的资源禀赋会扩大地方收支不相匹配的状况，这会导致地区之间不平衡的发展。这种地区之间不平衡的发展可以由落后地区地方政府的自身努力和中央政府的各种援助来解决。对于中央政府来说，可以采用财政转移支付、优惠政策和优先项目等手段来避免政府间分权所造成的地区不平衡发展。如果所有这些援助工具都没有被制度化，中央政府或高层级政府便可以利用裁量权来保持地方政府对上级政府的忠诚度。在信息不对称的情况下，为了获取财政转移支付、优惠政策和优先项目，地方政府的主要领导干部必须迎合上级领导干部的偏好，因为后者掌握着行政审批的自由裁量权，即使后者的行政级别没有前者高也是如此。这种非正式过程的扭曲结果会以寻租、官员腐败[1]、效率损失、财政不平衡、宏观经济不稳定[2]等形式出现，且在地方各级政府之间逐级传递和扩大。

如图 3.1 所示，单一制国家的高层政府和中层政府掌握着大量的裁量权，为了争取高层级政府手中的权力和资源，低层级政府之间会展开激烈的竞争。为了获得这些便利，一方面，低层级政府可能会通过正式的渠道去争取；另一方面，低层级政府、大型国有企业和高校在首都或中间层级政府的首府设立办事处，这些办事处在争取大型项目或政策优惠方面发挥着十分重要的作用。例如，高层级政府作出某项重大的决策，但它得由高层级政府的相关部门去落实，为了获取这些部门的资金或资源，除了正式

---

[1] Rodden, Jonathan, "Comparative Federalism and Decentralization: On Meaning and Measurement", *Comparative Politics*, Vol. 36, No. 4, 2004, p. 494.

[2] Dabla-Norris, Era, "The Challenge of Fiscal Decentralization in Transition Countries", *Comparative Economic Studies*, Vol. 48, 2006, p. 100.

的申请渠道之外，中层政府的干部需要通过非正式的渠道去开展游说活动，包括收集决策信息、保持工作联系和接近拥有决策权的官员。在制度缺陷和制度缺位并存时，这种游说活动的结果仅仅是第一层扭曲。相似的扭曲自上而下分散在政府的各个层级之间。当然，跳级游说不但是可能的，而且通常情况下更为普遍，也更为有效。这种游说现象的存在，很好地说明了在单一制国家中，政府间分权是随机的、不透明的、不连续的，因此，低层级的政府将不得不非法却是合理地提高自己的游说水平，以便达到自己的目标。当然，这并不是说，所有的游说活动都是非法的，游说其实是资金或资源需求方获取稀缺资金或资源的一种国际通行方式，此处只是强调，在规则不明确和程序不透明的情况下，游说活动会滋生出不能为公众接受的不当行为。

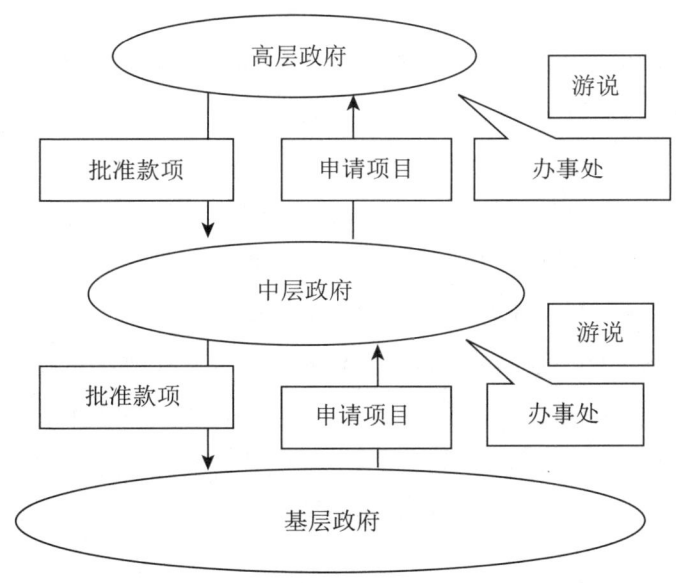

图 3.1　单一制条件下的地方政府竞争

在政府间竞争失序的情况下，低激励、不信任、失望情绪、腐败可能会大量地存在于各级政府之中。在单一制条件下，由于政府间分权缺乏制度化，地方政府之间为税收优惠、财政资源等标的而展开的竞争将十分激烈，中央政府或高层级政府拥有大量的"租金"，其裁量权有被滥用的可能。在这种情况下，上下级政府之间的激励机制和基本信任机制很难被有效地建立起来，这就使得地方政府在培育税基和预算约束方面产生不正确的预期。如果地方政府预期到他们的行为不能实现增加地方财力的初衷，他们将会变得消极、短视、投机取巧，这些行为均会产生消极的结果。例如，20 世纪 80 年代为弥补预算资金的不足，中国的地方政府开发了预算外财政渠道，预算外财政在地方财政支出中逐渐占有较大的份额，而预算外财政的存在破坏了财经纪律①，扭曲了税收收入征集的模式②，因为这种类型的财政不受正式规则的约束。不过，废除预算外财政，财经纪律和财政透明度也未必会得到改善，因为预算财政和预算外财政遵循的是两种不同的运行规则。为了改变这种状况，应该提倡将预算外财政纳入到正式的预算渠道，再通过规范正式预算的方式来改善财经纪律和提高财政透明度。

以单一制中国为例，新中国建立以来，在制度建设方面，财税体制改革至少顺次采用了三种体制：第一种体制是统收统支体制（1953—1979）；第二种体制是财政包干制（1980—1993）；第三种体制是分税制（1994 年至今）。对于第一种体制来说，中央政府征集所有的财政收入，地方政府只是代表中央政府在地方上征集税收收入，而地方政府的支出则是由中央预算统一安排的。③ 由于信息不对称和地方政府的有限预期，这种再分配体制是没有效率的、随机的，因为它依赖于地方政府与中央政府谈判的能力。就财政包干制而言，中央政府可能会轻易地修改税收留成比例或与下级政府事先商定的税收上缴量，因为政府间协商在这种体制中很难被制度化。财政包干制的推行不断削弱了中央政府的财政能力，进而引致了 1994

---

① Wong, Christine P. W., "Central-Local Relations in an Era of Fiscal Decline: The Paradox of Fiscal Decentralization in Post-Mao China", *The China Quarterly*, No. 128, 1991, p. 693.

② Zhang, Le-Yin, "Chinese Central-Provincial Fiscal Relationships, Budgetary Decline and the Impact of the 1994 Fiscal Reform: An Evaluation", *The China Quarterly*, No. 157, 1999, p. 115.

③ Wong, Christine P. W., "Central-Local Relations Revisited: The 1994 Tax Sharing Reform and Public Expenditure Management in China", Paper for the International Conference on Central-Periphery Relations in China: Integration, Disintegration or Reshaping of an Empire? Chinese University of Hongkong, March 24 – 25, 2000.

年的分税制改革。这次改革引入了一种以规则为基础的税收分享体制,通过设置中央税、地方税和中央与地方共享税,分税制改革重构了中央与地方政府的收入关系,但是各级政府之间的支出关系却没有明显的改变。其结果是,地方政府的收支差距不断扩大,因为这一体制使得高层级政府有更多的便利将它们的支出责任转移给低层级的政府。这次分税制改革的制度设计体现了中央政府解决自身财力不足和维护中央调控能力的初衷,即它通过不成比例地征集发达地区的财力,将这些地区通过推动地方发展而增加的财政收入集中到中央政府,由中央政府利用这笔资金来平衡省区财政收支差距。然而,与在收入方面的制度性变革不同,这次分税制改革并没有改变政府之间的支出关系。因此,这项改革在增强中央财力的同时,却为各级政府之间的财政支出结构注入了非制度化的因素,从而为中央与地方政府之间的财政支出关系注入了不确定性的因素。为了改变这种状况,需要在制度建设上做两个方面的工作:一是修补分税制的制度缺陷,保证地方政府可以更大份额地保留因其努力发展当地经济而增加的税收;二是弥补分税制的制度缺位,以制度建设的形式明确中央与地方政府之间的支出结构。

相似的问题存在于单一制国家中央与地方关系的其他方面。中央政府似乎有更多的激励保有裁量权,包括修改中央与地方之间的契约。不受约束的随机性政府间分权可能会导致更高的不确定性和低预期。一个更加可行的办法是推进政府间分权的制度化进程,以便优化横向的政府间竞争和限制高层级政府的裁量权。

第四节 何谓制度化的政府间分权

我们可以把何种政府间关系认定为制度化的政府间分权呢?或者说,制度化的政府间分权具有哪些特征呢?此处我们借用道格拉斯·C.诺思(Douglass C. North)关于制度的定义。他认为,制度包括非正式约束(如惩戒、禁忌、习俗、传统、行为准则)和正式规则(如宪法、法律和财产权)。① 在某一个特定的国家或社会中,非正式约束和正式规则相互结合,形成了一个完整的制度体系。我们使用制度这一概念来描述制度化的政府间分权的主要特征,如稳定性、可持续性、可信性、可预测性和不可逆性(如图3.2所示)。

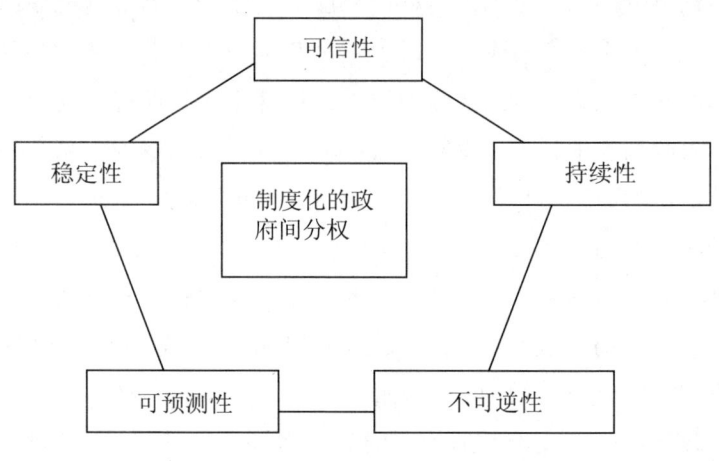

图 3.2　制度化的政府间分权的特征

一、稳定性

稳定性指的是制度化的政府间分权的比较静态属性。制度化的政府间分权的形成必然要经历相当长时间的砥砺,因为尽管正式规则的制定可能在短期内能够办到,但是非正式约束的形成却是个漫长的历史过程。在形成制度化的政府间分权的过程中,全国性权力机构与地区性权力机构在各种内生和外生力量的相互作用下,逐渐达到一种比较静态的均衡状态,这种均衡状态具有确定、稳定和规范的特征。具体来说,如果各级政府的权力和责任在正式规则和非正式约束中能够达到均衡状态,那么全国性权力机构与地区性权力机构之间的分权似乎可以避免被随意地更改的宿命。根据稳定性原理,制度化的政府间分权并不排斥集权与分权的往复循环,而

---

① North, Douglass C., "Institutions", *Journal of Economic Perspectives*, Vol. 5, No. 1, 1991, p. 97.

是在各种力量达到均衡状态时，它可以在经过若干次权力结构的调整后回到静止的状态。这种静止状态反映的是一种规律，这种规律可以被利益相关方理性预期得到。反映在实际的分权过程中，则表现为：在遵守正式规则和非正式约束的条件下，各级政府之间关于权力和责任的划分可以反映决策者和执行者的共识，这种共识是在历史上各种力量进行一系列协商后达成的一种均衡。在均衡的状态下，高层级的政府已经将它们的政治（管理）权力、行政（管理）权力和经济（管理）权力以一种稳定的方式委托给低层级的政府，这种做法有利于改善后者的预期。假定各个相关群体参与的既定的分权契约可以稳定的执行下去而不能被随意废弃，它们的执行便可以得到利益相关方的支持。只有这种关于政府间分权的稳定预期在整个国家流行开来，分权才能够改善政府绩效。否则，政府间分权可能会半途而废。

二、可持续性

可持续性指的是制度化的政府间分权的动态属性。在正式规则和非正式约束两种维度下，至少有两种典型的制度化的政府间分权是可以持续的。如果正式的分权规则可以通过宪法和法律法规的形式得以确立，那么全国性权力机构与地区性权力机构都会按照既定的规则享有相应的权力和责任。如果非正式约束可以通过约定俗成的方式得以存在和得到全社会的遵从，那么全国性权力机构与地区性权力机构经由正式的分权规则所享有的权力和责任的履行便拥有了坚强的社会基础。正式规则和非正式约束确保了政府间分权的可持续性。从广义的角度来看，在正式规则和非正式约束的担保下，立法权、行政权和司法权可以在全国性权力机构与地区性权力机构之间得到不间断的分享与共享。从狭义的角度来看，在正式规则和非正式约束的担保下，政治（管理）权力、行政（管理）权力和经济（管理）权力可以在全国性政府与地区性政府之间得到不间断的分享与共享。在单一制和联邦制条件下，高层级政府和低层级政府之间的分权行为都会受到正式规则和非正式约束的限制。不过，在单一制条件下，由于各级政府之间具有行政隶属关系，在正式规则和非正式约束作用于政府间分权的同时，通过人事和财政方面的手段，上级政府对下级政府也有一定的规制。而在联邦制条件下，由于不存在行政隶属关系，单一制国家那种上级政府规制下级政府的行为便不复存在。

三、可信性

前已述及，制度以正式规则和非正式约束的形式而存在。虽然制度本身并无可信与不可信的含义，但制度所蕴含的激励与约束机制对制度执行者而言是可信的。在激励与约束机制发挥作用时，制度化的政府间分权便具有可信性。在制度化的政府间分权中，激励与约束机制对利益相关者来说是一种承诺，这种承诺通常以奖惩的形式兑现。正如黄佩华所指出的那样，"政府对契约性协议的承诺会增加可信度"[1]。因此，兑现政府承诺的办法是使政府间分权制度化。只有在制度化的前提下，高层级的政府才可以为低层级的政府提供内生的激励与约束。因为在制度化的情况下，相关参与者可以准确地计算出他们做出某项行动的成本和收益。在计算出某项行动的成本与收益后，制度化的政府间分权的参与者之间将建立起彼此的信任关系。如果全国性政府或地区性政府彼此之间建立起了信任关系，那么他们将理性行事，并可以消除各自的不确定性行为，以及预期到自身和对方行为所带来的结果。如果全国性政府或地区性政府可以随机地废除事先制定的契约性协议，他们的同僚也会以同样的理由和逻辑践踏现行协议，从而破坏彼此之间的信任关系，这就会引发新一轮的道德风险行为。例如，在20世纪80年代，财政包干制的几轮改革都没有为中央与地方财政关系确立稳定性和可信性[2]，因为财政包干制所蕴含的分权行为是随机性的。作为限制各级政府不可信性行为的一个有效办法，使政府间分权制度化可以减少决策所需的信息量和参与者的自由裁量权，这有助于增强承

---

[1] Wong, Christine P. W., "Fiscal Reform and Local Industrialization: The Problematic Sequencing of Reform in Post – Mao China", *Modern China*, Vol. 18, No. 2, 1992, p. 220.

[2] Lee, Pak K., "Into the Trap of Strengthening State Capacity: China's Tax-Assignment Reform", *The China Quarterly*, No. 164, 2000, p. 1021.

诺的可信性。①

四、可预期性

可预期性与制度化的政府间分权的结果有关。制度化的政府间分权的结果可以被决策者、实践者和外部观察者正确地预期到，因为正式规则和非正式约束的存在，这些群体对政府间分权的结构具有充分的了解。也就是说，在一定程度上，政府间分权的结果是可以由正式规则和非正式约束来塑造的。如果能够得到有效的执行，那么正式规则在被设计的同时便可以预见到自己的未来。同样地，长期形成的非正式约束也会减少参与者的不确定性预期。既然制度化的政府间分权的结果可以被提前预期得到，一方面，参与者便无需投入过多的时间和精力去搜索决策所需的信息，社会资源可以被节省下来；另一方面，扭曲政府间分权的交易成本也许太高而不能付诸实践。建立在制度化基础之上的政府间分权所具有的这些品质有助于帮助政府间分权的参与者形成正确的预期。相应地，非制度化的政府间分权的结果则是不可以预期的。例如，在支出压力下，财政包干制时期当代中国的中央政府多次修改税收分成体制，尽管它事先做出过"一定几年不变"的承诺②。由于不能正确地预期到努力结果的归属，无力修改分权规则的一方将会选择消极怠工或其他不当行为。类似地，由于预期到政府间分权会经常变动，投机者将会通过控制资源的方式保护他们自己的利益，以至在某一方发动新一轮改革时，他们总是能够找到有利的位置，从而耗散政府间分权本应带来的好处。因此，可预期性是制度化的政府间分权的一个必要而非充分条件。要使政府间分权能够带来可预期的结果，正式规则的制定和非正式约束的形成至关重要。根据制度化的政府间分权，相关的参与者将会修正他们的预期，以便达到一种理性的状态。

---

① Qian, Yingyi and Barry R. Weingast, "Federalism as a Commitment to Preserving Market Incentives", *The Journal of Economic Perspectives*, Vol. 11, No. 4, 1997, p. 85.

② Wong, Christine P. W., "Fiscal Reform and Local Industrialization: The Problematic Sequencing of Reform in Post-Mao China", *Modern China*, Vol. 18, No. 2, 1992, p. 220.

五、不可逆性

政府间分权的不可逆性是指除非经历了一些重大的变革，否则分权的基本原则无需进行改变的一种特征。那么，哪种形式的政府间分权具备不可逆性呢？显然，如果正式规则和非正式约束健全，政府间分权的逆向行动必然会付出高昂的成本。也就是说，制度化的政府间分权具备不可逆性，因为高昂的违约成本使得政府间分权不可能轻易地回到原初状态。在不可逆的情况下，政府间分权一旦给定，便如同一种契约形成一样，它便受到宪法和法律法规的保护①，任何一方不得借故否定既定的分权契约。如果任何一方违背分权契约，它将会受到对方以相同的方式违约所带来的惩罚。这种不可逆性反映的是权力在各级政府之间的一种理性回归，只是这种理性回归的行为受到正式规则和非正式约束的固化。如果政府间分权被正式规则和非正式约束相对固定下来，参与分权的任何一方便没有激励去违背分权契约，而是寻求在既定的分权契约下认真履行自己的权力和职责。诚然，由于正式规则和非正式约束的缺位，单一制和联邦制条件下的政府间分权都不完全具备不可逆性，单一制条件下权力在全国性政府与地区性政府之间的经常性收放；联邦制条件下权力在联邦政府与州政府之间的相互让渡，这两种情形在现实中都能找到具体的例子。从短期看，国家权力在全国性政府与地区性政府之间的收放或转让是政府间分权的一种自我调适；而在长期，当正式规则和非正式约束健全后，政府间分权将会达到一种理想的状态，在那时，分权行为将是不可逆的。

总之，制度化的政府间分权的上述特征可以降低行动者的不确定性，改善他们的预期。稳定性和可持续性各自用来描述政府间分权的静态和动态特征。可信性旨在为地方提供内生的激励与约束。可预期性表达的是制度化的政府间分权的结果可以为相关参与者提前预期得到。不可逆性则确保政府间分权不能被收回，除非随着时间的推移而需要作出重大变革。

---

① Bahl, Roy, "Implementation Rules for Fiscal Decentralization", Paper Presented at the International Seminar on Land Policy and Economic Development, Land Reform Training Institute, Taiwan, November 17, 1998.

第五节　政府间分权何以制度化

根据制度化的政府间分权的五项特征,我们可以提出一个尝试性的制度框架,这个制度框架反映在一些提纲性的措施之中。所有这些措施都是从正式规则的构建和非正式约束的形成出发,共同塑造政府间分权的稳定性、可持续性、可信性、可预期性和不可逆性。通过综合推进这些措施,政府间分权的制度化目标便有可能得到实现。

一、加强制度建设

加强制度建设是使政府间分权制度化的题中之义。通过制度建设,一些重要的分权原则将融入到正式规则和非正式约束之中,从而成为政府间分权的制度基础。在单一制条件下,颇受诟病的是上级政府对下级政府权力行使的不当干预。如果分权行为遵循成文的正式规则或不成文的非正式约束,上级政府与下级政府之间的权责就会更加明确,前者对后者的不当干预就会大大减少。在单一制条件下,上级政府任免下级政府的主要官员的制度设计有利于确保下级政府更好地服从上级政府的命令;[1] 上级政府通过占优的税收分成规则,可以集中必要的财力平衡其辖区范围内的不平衡发展。这两种制度安排是单一制的制度优势,但其中有一个度的问题,超过了一个适当的度,人事权的集中和财政权的集中都会挫伤地方政府的积极性。人事权的集中在理论上使得地方政府不可能真正对地方居民负责,从而使其提供的公共物品或服务的数量和质量都会大打折扣;财政权的集中在理论上有助于上级政府以某种借口如借贷的形式摄取地方留存收入[2],从而打消地方推动当地经济发展的积极性。在联邦制条件下,广受

---

[1] Wong, John, "Review on Inflation and Investment Controls in China: The Political Economy of Central-Local Relations during the Reforming Era by Yasheng Huang", *Pacific Affairs*, Vol. 70, No. 3, 1997, p. 427.

[2] Wong, Christine P. W., "Fiscal Reform and Local Industrialization: The Problematic Sequencing of Reform in Post-Mao China", *Modern China*, Vol. 18, No. 2, 1992, p. 220.

批评的是地方自治政府的权力滥用行为。在联邦制条件下,选民通过选举的方式向权力机构赋权,选举产生的地方政府的行为不同于作为中央政府代理机构的地方政府的行为①,因为它们缺少外在的监督而存在权力被滥用的可能性,这与单一制条件下权力滥用的可能性并无二致。因此,在单一制条件下,通过制度建设,属于上级政府的某些权力可以适度地通过制度化的方式交由地方政府自行行使;而在联邦制条件下,通过制度建设,联邦政府与联邦成员政府可以完善地方自治权行使的监督体系,使其承担起各自应该承担的责任。

二、使分权过程标准化

尽管制度建设在使政府间分权制度化的过程中扮演着重要的角色,但是制度毕竟是抽象的。作为一项综合性的战略,仅仅进行制度建设还不足以使政府间分权发挥制度化所能发挥的效力。为了以一种统一、简化和协调的方式来实施分权策略,分权的规则需要通过分权过程的标准化来得以执行。作为正式规则和非正式约束的运用,正式的、清晰的、透明的、稳定的分权标准应该被设计出来,以便能够在限制全国性政府随意性地收放权力的同时,促使地区性政府承担起该承担的责任。分权过程既是抽象的,又是具体的,如何来设计标准化的分权规则呢?这就要求对不同领域、不同地域的分权实践进行总结和提炼,广泛地动员各利益相关者的力量,多次推敲标准化的分权策略,形成正式的原则性的分权规则。标准化的分权规则形成后,将像分类的技术标准一样,在处理纵向的政府间分权过程中得到应用与推广。在单一制条件下,分权过程标准化的程度不高,全国性政府与地区性政府的权力划分不是很明确,需要加强对权力清单的梳理,并设计出相应的标准来优化政府间分权。在联邦制条件下,分权过程标准化的起步较早,但也面临着诸多难题,例如遵循地方政府更了解地

---

① Bird, Richard M. and Michael Smart, "Intergovernmental Fiscal Transfers: Some Lessons from International Experience", Paper Prepared for the Symposium on Intergovernmental Transfers in Asian Countries: Issues and Practices, Asian Tax and Public Program, Hitotsubashi University, Tokyo, Japan, Febuary 2001.

方居民需求的假设①，地方公共物品和服务完全依靠地方政府来提供，这一理论逻辑在实践上有很大的漏洞，毕竟它没有考虑到地区差异等因素。为了使分权过程标准化，联邦政府有责任根据补助原则为联邦成员政府提供可选择的、匹配的、需求导向的补贴②，当然这些补贴的使用应该受到联邦政府的监督。总之，使分权过程标准化是制度执行的有效措施。

三、划分各级政府的责任

一般而言，收入安排和支出安排在任何一种财政体制中都是两条线，遵循两种不同的划分规则。然而，收入安排往往比支出安排更容易受到重视。在立法权集中的情况下，收入安排容易偏向于高层级政府，而支出安排则容易偏向于低层级政府，表现出一种不对称的收支结构。这是单一制条件下常见的情形：在收支划分方面，获得立法优先权的一方可能会制定有利于自身的税收分享计划，而将自身应该承担的支出责任通过其主导的制度设计转移出去。在联邦制条件下，由于立法权在全国性权力机构与地区性权力机构之间分享与共享，收支结构可能会出现不同于单一制条件下的不对称。也就是说，无论在单一制还是在联邦制条件下，各级政府的收支结构都有可能因制度设计的不当而被扭曲。如何防止收支结构的扭曲呢？理清各级政府的责任并以制度化的形式确定下来，再根据理清的政府责任划分各级政府的收支范围，这似乎可以防止各级政府在收入安排上相互争夺，而在支出安排上相互推诿。为了理清各级政府的责任，需要寻找一定的法则，如前面章节所论述的，可以采取划分公共物品或服务范围的方法，即全国性的公共物品或服务的提供任务交给全国性政府，而地区性的公共物品或服务则交由地区性政府来提供。在理清各级政府责任的前提

---

① Lindaman, Kara and Kurt Thurmaier, "Beyond Efficiency and Economy: An Examination of Basic Needs and Fiscal Decentralization", *Economic Development and Cultural Change*, Vol. 50, No. 4, 2002, p. 915.

② Musgrave, Richard A., "Devolution, Grants, and Fiscal Competition", *The Journal of Economic Perspectives*, Vol. 11, No. 4, 1997, pp. 67 – 69.

下，再设计收入安排方案，并将收入安排像支出安排那样延伸至基层政府。① 在单一制和联邦制条件下，收入安排和支出安排设计好后，转移支付都是必不可少的。在设计转移支付制度的时候，应尽可能地采用公式化的方法而不是主观臆断，这样做的目的是为了使政府间分权以一种稳定的、可持续的方式运行。如果各级政府的责任可以得到清晰的划分并据此理清了各级政府的收支范围，任何一级政府的行为便是可信的，这有助于形成政府间分权的不可逆性。

四、形成一种预算共识

预算共识是现代文明的一种形式，它既是正式规则的要求，又属于非正式约束的范畴。无论在单一制还是在联邦制国家，预算共识的形成都有助于各个层面政府行为的规范化。通过原则性和灵活性相结合，国家可以制定一个更加健全的预算制度，在以正式规则下达的同时，还必须以非正式约束的方式在全社会形成一种预算共识。这种预算共识表现为：一方面，各级政府和行为主体都应该遵守既定的预算制度，任何人和任何机构都不得违背；另一方面，预算制度也应该具有一定的弹性，以便能够适应不断变化的地方环境。② 如果建立了一个严格的预算制度，每一个参与者，例如地方干部、企业和个人，都有机会以一种稳定的、可持续的、可信的、可预期的方式行动。改革开放之后的相当长一段时间内，中国的预算制度不健全，预算的执行不到位。例如，有的学者指出，自20世纪80年代以来，预算外资金的存在及其带来的问题没有得到妥善解决。③ 根据1994年制定、2014年新修订的《预算法》，为了使政府间分权制度化，在

---

① Wong, Christine P. W., "Central-Local Relations Revisited: The 1994 Tax Sharing Reform and Public Expenditure Management in China", Paper for the International Conference on "Central-Periphery Relations in China: Integration, Disintegration or Reshaping of an Empire?", Chinese University of Hong Kong, March 24 – 25, 2000.

② Oksenberg, Michel and James Tong, "The Evolution of Central-Provincial Fiscal Relations in China, 1971 – 1984: The Formal System", *The China Quarterly*, No. 125, 1991, p. 4.

③ Zhang, Le-Yin, "Chinese Central-Provincial Fiscal Relationships, Budgetary Decline and the Impact of the 1994 Fiscal Reform: An Evaluation", *The China Quarterly*, No. 157, 1999, p. 118.

预算共识的形成方面，至少有三件事值得关注：（1）地方政府有必要采用切实有效的措施去使地方预算具体化；（2）作为一种制度化的办法，各级政府必须以严格的数据预算来代替事前的文字计划；（3）预算资金的征集和支出应该被融入到预算管理之中，以便为政府和公众开辟一条透明的预算通道。在联邦制条件下，预算共识也不是一朝一夕形成的，它取决于政府履行职能的计划性和民众的理解。只有全社会各个主体都树立了一种预算共识，才能说政府间分权的制度化有了一个良好的开端。

五、限制各级政府的自由裁量权

作为一把双刃剑，尽管存在一些弊端，在各级政府之间清晰地划分权力的同时，应该让它们保留一定的自由裁量权，因为存在信息不对称、立法滞后、权力主体禀赋不同。与正式规则相对应地，自由裁量权的保留属于非正式约束的范畴。无论在单一制还是在联邦制条件下，与对权力进行清晰的划分相反，有意为权力执行部门保留一定的自由裁量权对于有弹性地处理实际问题是合情合理的。然而，在自由裁量权能够为其持有者带来弹性的同时，它却可能使政府产生随机性行为，这不可避免地会影响到相关参与者的预期。在这种情况下，人们普遍认为，应该对政府的自由裁量权进行限制。为了对自由裁量权进行限制，首先需要对其有充分的认识。自由裁量权实际上是一种选择性处置权，被选项应该是合法和合理的，因而保留和约束地方政府的自由裁量权是一个精妙的平衡过程。这对 1994 年以一种综合的、确定的、透明的、以规则为基础的财税体制来替代以裁量权为基础的财税体制来说，是一个巨大的进步，前者有利于形成完备的财经纪律。[①] 尽管不断地修订契约性协议的裁量权[②]，政府间分权不需要以牺牲中央政府协调跨地区和不同利益群体的能力而实现。限制各级政府的自由裁量权应该在正式规则和非正式约束两个方面来下功夫。在正式规则制

[①] Wang, Shaoguang, "China's 1994 Fiscal Reform: An Initial Assessment", *Asian Survey*, Vol. 37, No. 9, 1997, p. 815.

[②] Lee, Pak K., "Into the Trap of Strengthening State Capacity: China's Tax-Assignment Reform", *The China Quarterly*, No. 164, 2000, p. 1024.

定方面，应该加强立法和对法律执行的监督；在非正式约束方面，应该加强社会规范的形成和遵守。

第六节 评论性结语

本章讨论了不受约束的随机性的政府间分权走向制度化的政府间分权的必要性，认为这种转型能够为相关行动者降低不确定性，改善他们的预期。以正式规则和非正式约束为主要内容的制度建设创造了一种环境，这种环境可以纠正横向的无序的政府间竞争所带来的消极结果，消除或减轻因政府滥用自由裁量权而导致的失序。为了降低不确定性，改善预期，本章为制度化的政府间分权描绘了一系列的特征，即稳定性、可持续性、可信性、可预期性和不可逆性。为了形成这些特征，本章尝试性地提出了使政府间分权制度化的五项措施。

正如导言部分提到的，本章并不主张使政府间分权制度化是所有的政府间分权都应该制度化。由于不是每一项分权行为都必须制度化，所以没有必要期待所有的分权原则都具备上述五项特征。在第五部分，本章建议，通过加强制度建设、使分权过程标准化、划分各级政府的责任、形成预算共识、限制各级政府的自由裁量权，制度化的政府间分权可以为抑制不受约束的随机性政府间分权创造机会。这些措施使得政府间分权结构更加稳定，使政府间分权过程更加可持续，使政府间分权的承诺更加可信，使政府间分权的结果更加可预期，使政府间分权的措施更加不可逆，这对降低行动者的不确定性，改善其对未来的预期大有裨益。

当然，使政府间分权制度化是多方协商的结果，而不是某一方的单独行动。各级政府都应该遵守事先商定的分权原则，以便为制度化的政府间分权创造良好的内外部条件。

第四章　当代中国条块结合的政府间关系

第一节　引言

一个多枝节的莲藕模型可以被用来直观地描述当代中国的政府间关系。在这个莲藕模型中，每一枝莲藕的每一个孔代表一个职能部门，而枝与枝之间的节则表示一个单位的政府，每一个单位的政府均由多个职能部门组成。这是单一制中国区别于联邦制国家的独特的政府结构，因为像莲藕的枝节是一个整体一样，低层级政府的职能部门与高层级政府的职能部门之间具有不可分割的联系。在单一制中国，低层级政府的职能部门在业务上高度依存于高层级政府的职能部门；同时，由于某个单位的政府履行辖区内的行政任务是由相关职能部门来完成的，因而这些职能部门是该单位政府的有机组成部分。形象地说，在纵向维度上，职能部门由职能相同且存在上下级关系的"条"组成；在横向维度上，某个单位的政府则是由多个职能部门组成的所谓"块"。一个单位的政府便是一个块，五级政府便有五个层级的块，中央政府是一个块，而省级以下政府是分布在各地和各个层级上的多个块，这些块都由以条的形式出现的职能部门构成。应该提到的是，在撤并"七站八所"之后，乡镇政府职能部门的设置相比其上级政府来说要笼统得多。与块相比，条的分类要相对复杂一些，它大体上有三种形式：（1）组成各级政府的职能部门。这类条是政府的直接组成部分，受本级政府的行政领导为主，受上级对口部门的业务指导为辅①，是一种条块结合的双重从属制，这种管理体制被称为属地管理。（2）垂直管理部门②或"条管机构"。这类职能部门是上级职能部门在地方上的派出机构或分支机构，其人、财、物都归上级对口部门直接管理③，上级部门向下级部门下达规划和指标，检查并监督下级部门的执行情况；下级部门向上级部门报告执行情况，请求帮助和协调；上级部门称对口的下级部门为"腿"，下级部门称对口的上级部门为"主管"④，这种管理体制被称为垂直管理。（3）国有大中型企业、事业单位。学术界对这类条的讨论不多，传统上它们的业务由相应的主管部门主管，并由地方政府协助管理，党群关系归地方下级党委管理。⑤ 以条为基础的职能部门和以块为基础的政府之间相互嵌套，形成了一个复杂的政府间关系网络⑥，这个网络以条块结合为特征。据考证，在当代中国，这种条块结合的政府间关系早在20世纪50年代便形成了。⑦

条块结合的形式多种多样。在中央与省、省与市、市与县、县与乡镇之间，条块结合的政府间关系存在如下几种类型：（1）条与块的关系，包括中央部委与省级政府的关系；省里的厅（委）与市级政府的关系、县级

---

① 其中，业务指导关系是通过如下途径实现的：（1）中央部委通过行政规章、通知、意见、实施办法、公告等各种方式指导下级职能部门的业务工作；（2）下级职能部门经常就工作中遇到的问题向中央部委请示，请求给予指导和帮助。参见周振超、李安增：《政府管理中的双重领导研究——兼论当代中国的"条块关系"》，载《东岳论丛》，2009年第3期，第134页。

② 包括中央垂直管理部门、省垂直管理部门和特殊垂直管理部门。参见熊文钊、曹旭东：《依法规范"条块关系"》，载《瞭望新闻周刊》，2007年第50期，第29—30页。

③ 任进：《规范垂直管理机构与地方政府的关系》，载《国家行政学院学报》，2009年第3期，第21页。

④ 谢庆奎：《中国政府的府际关系研究》，载《北京大学学报（哲社版）》，2000年第1期，第31页。

⑤ 谢庆奎：《中国政府的府际关系研究》，载《北京大学学报（哲社版）》，2000年第1期，第31页。

⑥ 李侃如：《治理中国：从革命到改革》，胡国成、赵梅译，北京：中国社会科学出版社2010年版，第189页。

⑦ 王沪宁：《中国变化中的中央和地方政府的关系：政治的含义》，载《复旦学报（社会科学版）》，1988年第5期，第3页。

政府的局（或委）与乡镇政府的关系。（2）条与条的关系，包括同级政府兄弟职能部门之间的关系、同级垂直管理部门之间的关系、同级政府职能部门与垂直管理部门之间的关系。（3）块与块的关系，是指纵向维度上中央政府与省级政府的关系、省级政府与市级政府的关系、市级政府与县级政府的关系、县级政府与乡镇政府的关系，当然也包括横向的政府间关系，如省级政府与省级政府的关系。（4）块与条的关系，主要是指地方政府与垂直管理部门的关系。垂直管理部门的人事配置、责任、资产、人员薪酬、福利等是由其上级部门直接管理的①，这使得它们一方面在本系统内与其上级部门是上下级关系，另一方面与其所在地的以块为基础的政府是分离开来的。尽管如此，垂直管理部门却并非处于"飞地"之中，而是要与所在地政府在生产生活方面发生联系。上述分析表明，任何职能部门与其上级或下级职能部门都或多或少存在双重身份，它不但在纵向维度上扮演某项政府职能的执行机构，而且是横向水平上某个政府的有机组成部分。对于一般性部门而言，它既属于某一单位的以块为基础的政府，也与其上级或下级部门存在业务指导和被指导关系，这是所谓的双重领导体制②。这种以条为基础的职能部门的双重身份在促进条块融合的同时，也强化了条块关系的内在矛盾。

上述各种条块结合的政府间关系有强有弱，且根据不同时期国家战略目标的不同，条块关系经常处于变化之中。例如，20世纪80年代至90年代初期，行政管理体制改革的主要方向是"弱化条条、放开块块"③，因而以块为基础的政府得到了强化，而国家垂直调控的手段则大为减弱。20世

---

① 谢庆奎：《中国政府的府际关系研究》，载《北京大学学报（哲社版）》，2000年第1期，第3页。

② 有的学者将其描述为，"领导关系是指上级部门对下级部门的人事任免、重大预算决策负责；业务关系是指上级部门对下级部门发布指导方针、指南、意见或不具有约束力的指示，这些文件是参考性的，可以被修改甚至忽略。"参见 Lieberthal, Kenneth and Michel Oksenberg, *Policy Making in China: Leaders, Structures, and Processes*, Princeton, New Jersey: Princeton University Press, 1988, p. 149。

③ 王沪宁：《集分平衡：中央与地方的协同关系》，载《复旦学报（社会科学版）》，1991年第2期，第31页；陆铭等：《中国的大国经济发展道路》，北京：中国大百科全书出版社2008年版，第59、64页。

纪90年代中期以后，中国又陆续将许多原来由"块管"的部门变成了"条管"①，例如20世纪90年代末期中国人民银行、食品药品监督管理局被划为垂直管理部门②，以垂直管理部门的形式而出现的条的能力有了一定程度的增强，而以块的形式而出现的政府的某些职能受到了削弱。与此同时，国务院办公厅于2001年9月24日下发《关于成立国务院行政审批制度改革工作领导小组的通知》（国办发〔2001〕71号），全面启动行政审批制度改革，分批取消和下放行政审批项目。到目前为止，"简政放权"已成为纵向的政府间关系的一项重要改革，使得以块为基础的省以下政府获得了更多的经济社会管理权限。

需要说明的是，现实中的条块关系比上述莲藕模型更为复杂，一方面是因为各类民族自治地方（包括民族自治区、自治州、自治县或旗）、经济特区、计划单列市，以及香港和澳门特别行政区的情况有所不同，另一方面是因为各类条和各级块的职能和行为有较大的差异。因此，本章的分析仅限于一般的情境，其结构安排如下：首先，本章不是对与民族自治政府、垂直管理部门相关的政府间关系进行探索，而是探讨纵向维度和横向维度上一般性的条块关系，在这种关系中，离心力导致了条块分割。其次，通过对政府间分权现象的刻画，本章试图梳理一下条块关系上存在的问题及其原因。最后，通过分析大部门制改革和省直管县（市）体制改革的实践逻辑，本章将简要探讨从条块分割走向条块融合的可能性。

第二节　纵向的政府间关系：集权与分权的动力学

从纵向维度来看，集权与分权动力既在以条为基础的各级职能部门之间，也在以块为基础的各级政府之间互动地存在着。在直观经验上，这两

---

① 周黎安：《中国地方官员的晋升锦标赛模式研究》，载《经济研究》，2007年第7期，第37页。

② Mertha, Andrew, "China's 'Soft' Centralization: Shifting Tiao/Kuai Authority Relations", *The China Quarterly*, No. 184, 2005, pp. 791–810.

股相向而行的力量引致了纵向的政府间关系的变化。当集权力量占主导地位时,权力与资源集中于上级职能部门及其组成的政府,集权成为国家权力结构的主要形态;相反,当分权力量占主导地位时,权力与资源下放至下级职能部门及其组成的政府,分权成为政府职能履行的主要形式。在当代中国,集权与分权因素的并存使得以条为基础的职能部门和以块为基础的政府之间形成了独特的条块关系。

一、集权视角下纵向的政府间关系

以集权的视角来看待当代中国各级政府之间的条块关系发现,中央决策与地方执行、中央控制与地方裁量的对偶是最为显著的两项特征。这两项特征在纵向的以条为基础的职能部门和以块为基础的政府之间一级一级仿效,形成了具有中国特色的政府间分权模式。

(一) 中央决策与地方执行

在单一制中国,以条为基础的职能部门是上下对口、连成一线的,上级职能部门与下级职能部门之间有业务指导和被指导的关系。再加上以块为基础的政府是由以条为基础的职能部门组成的,所以下级政府与上级政府之间具有行政隶属关系便理所当然。这一判断在现行宪法中有权威的表述:1982年宪法第110条规定,"地方各级人民政府对上一级国家行政机关负责并报告工作。全国地方各级人民政府都是国务院统一领导下的国家行政机关,都服从国务院"。国务院即中央人民政府"根据宪法和法律,规定行政措施,制定行政法规,发布决定和命令"(宪法第89条),国务院各部委,以及地方各级人民政府是这些行政措施、行政法规、决定和命令的执行机构。在这种制度安排下,由条条的顶端即国务院各部委组成的中央政府负责全国性重大决策,而由下级条条组成的各级地方政府负责执行这些重大决策。

实际上,中央决策与地方执行是一个笼统的提法,它其实是分级迭代的:相对而言,在第一级上,中央政府是决策者,省级政府是执行者;在第二级上,省级政府是决策者,市级政府是执行者;……于是,中央与省、省与市、市与县、县与乡镇构成了一级一级的决策与执行对偶。这种决策行为与执行行为相分离的制度安排有利于统筹全国一盘棋。然而，在实际运行过程中，决策与执行之间容易产生执行差距问题。

产生执行差距问题的原因是多方面的。一个显而易见的重要原因是决策过程和执行过程都没有很好地贯彻民主集中制。一方面，上级决策是共性的，如果决策过程没有贯彻好民主集中制，决策内容便不能如实地反映实际情况、解决实际问题，以条为基础的下一级职能部门及其组成的政府对上一级职能部门及其组成的政府的决策进行选择性执行也就在所难免了。在民主集中制没有得到较好贯彻的情况下，下一级职能部门及其组成的政府的利益诉求在决策过程中便不一定能得到全面地反映，也就是说，决策内容可能会反映一些下级职能部门及其政府所代表的地方利益诉求，而忽视了另一些职能部门及其政府所代表的地方利益诉求。当决策内容符合本地利益诉求时，下级职能部门和政府会积极响应，执行起来也就更加积极；而当决策内容不符合本地利益诉求时，下级职能部门和政府就会消极应付，执行起来也就会大打折扣。另一方面，下级执行是个性的，如果执行过程没有贯彻好民主集中制，选择性执行或偏离性执行的情况便会出现，再好的决策方案也会落空。在民主集中制没有得到较好贯彻的情况下，职能部门及其组成的政府的积极性在执行过程中的发挥便会出现冷热不均的情形，也就是执行上级决策时要么不能按质按量按时完成，要么不能相辅相成地合作完成。因此，无论是决策行为还是执行行为都必须贯彻民主集中制，否则执行差距都会出现。

执行差距产生的另一个重要原因是分税制的制度缺陷。在单一制中国，现行分税制的推行使得财政收入是向中央政府集中的，财政支出是向地方政府下移的，地方财政收支结构存在收不抵支的不对称。地方财政支出固然有自己应该承担的部分，但不少是为了执行上级职能部门及其组成的政府通过行政命令下达的决策部署。然而，上级职能部门及其组成的政府在决策部署时常常没有配备相应的财政资源，也没有就执行这些决策部署而赋予地方征集财政收入的权力，这被人们称之为"给任务不给钱，压担子不赋权"。这种情况广泛地存在于省级以下职能部门及其组成的地方政府尤其是乡镇政府之中。① 在集权财税体制下,这种"不给钱、不赋权"的决策部署正在考验地方执行者的筹资能力,因为他们没有足够多的筹资工具,包括征收大税种和享受税率中的大头,发行地方债等。然而,供地方执行者使用的筹资工具有一些非正式的甚至不合法的手段,如在自己的预算范围内"拆东墙,补西墙"或在整合使用资金时挪用其他专项资金,或在高层级的相关职能部门或政府面前游说以获得专项资金或投资,或通过公共投资撬动私人投资,在软预算约束条件下非法地扩大借贷规模。地方政府一旦不能通过上述筹资工具或手段为公共物品或服务的提供进行融资,它们便陷入消极怠工的瘫痪状态,镂空政府(例如,乡镇政府的空壳化)的现象就会出现。②

一般说来,由于地方诉求和地方差异未能反映到上级决策者那里去,加之地方政府没有足够的财政能力去完成上级交办的任务,中央决策在地方上的执行差距将会出现③,中央决策就不能有效地、正面地得到执行,甚至有可能仅仅是地方政府的选择性或偏离性执行。

(二) 中央控制与地方裁量

自 20 世纪 50 年代建立单一制以来,中国经历了多次有名的分权改革。例如 1958—1960 年"大跃进"时期的"权力下放",1966—1971 年"文化大革命"时期的"权力涣散"和"权力下放",20 世纪 80 年代率先在农业部门、随后在工业部门实施的包干制或承包制改革。这些分权形式多种多样,不仅有经济性分权,而且有行政性分权。不管是哪种形式的分权,党的领导地位一直没有动摇,"中央控制始终存在,因为党始终掌握

---

① 阳敏、张宇蕊:《"条块分割"制约乡镇财政运行的现状、原因及解决路径》,载《农村经济》,2007 年第 1 期,第 79 页。
② Smith, Graeme, "The Hollowing State: A View from Inside a Rural Township", *The China Quarterly*, No. 203, 2010, pp. 601 – 618.
③ Li, Linda Chelan, "Central-Local Relations in the People's Republic of China: Trends, Processes and Impacts for Policy Implementation", *Public Administration and Development*, Vol. 30, 2010, pp. 177 – 190.

着领导干部的任免权"①。2002年颁布、2014年修订的《党政领导干部选拔任用工作条例》第36条规定,"市(地、州、盟)、县(市、区、旗)党委和政府领导班子正职的拟任人选和推荐人选,一般应当由上级党委常委会提名,并提交全委会无记名投票表决"。第四十七条规定,"党委向政府提名由政府任命的政府工作部门和机构领导成员人选,在党委讨论决定后,由政府任命"。因此,党政领导班子正职的选拔任用是由上一级党委起决定性作用的;而政府职能部门领导干部的选拔任用是由同级党委起决定性作用的,因此,上一级党委掌握着下一级党政机关主要领导干部的任免权,而同级党委掌握着政府职能部门主要领导干部的任免权。在这种制度安排下,党中央任免省级党政机关主要领导干部,以条为基础的职能部门及其组成的省级政府执行中央和省委的决策部署并享有一定的裁量权;省级党委任免市级党政机关主要领导干部,以条为基础的职能部门及其组成的市级政府执行省委和市委的决策部署并享有一定的裁量权;……于是,在中央与省、省与市、市与县、县与乡镇之间形成了一级一级的控制与裁量对偶。裁量权的存在是为了确保下级政府及其部门的积极性和工作弹性,具有一定的合理性。

控制与裁量对偶在财税领域有较为明显的体现。与这一制度安排相适应,自20世纪80年代至今实施的重要的财税体制改革不能被称作分权而是集权。80年代实施的财政包干制名义上是为了增强地方征税的积极性(因为它可以促使地方政府推动地方经济发展而提高税基,而在财政包干制的制度设计中,提高税基便可以扩大地方财力),而实际上却是防止中央政府税收收入的下降,确保中央政府财力在任何情况下都能够得到实现,这可以从中央政府屡次修改与地方政府签订的分成约定看出来。根据财政包干制,中央政府得到了一个占优势地位的收入分成率,地方政府则在按比例上缴代征收的税收收入后保留剩余的部分。在理论和实践上,这一机制为地方政府创造了两个激励机制:一是地方征收的税收收入越多,

---

① Landry, Pierre F., *Decentralized Authoritarianism in China-The Communist Party's Control of Local Elites in the Post-Mao Era*, Cambridge University Press, 2008.

保留下来的余额也就越大；二是将本该与中央政府分成的税收收入转至预算外收入和非预算收入渠道，从而避免与中央政府分成。这两种激励机制的存在使得地方政府相对中央政府而言财力要雄厚得多，地方支出可以依靠其自有收入。① 有意思的是，在财政包干制的实施过程中，地方政府作为税收征集者和税收分成者的双重身份使得"中央政府的收入生成能力取决于它与地方政府的相对谈判力，以及它对自己行为所发生的成本和收益的计算"②。这种局面后来通过分税制改革得到了扭转。自 1994 年分税制改革以来，中央政府享有大的税种和税率中的大头，因而税收收入被有效地进行了集中。因为比财政包干制的集权特征更为显性地，1994 年的分税制改革强化了中央政府控制税收收入的能力③，其目的是为了通过雄厚的财政能力在全国范围内进行宏观经济调控。因此，无论是财政包干制，还是分税制的制度设计，其出发点都是以地方利益为代价来确保中央财政收入稳中有升，集权特征可见一斑。

然而，由于地方裁量空间的存在，中央政府集中财力的意图从来也不容易实现。为了获得地方政府对中央政府发动的财税体制改革的支持，中央政府曾经一度有意默许地方预算外收入和非预算收入的存在，在财政包干制和分税制时期都是如此。此外，由于行政管理半径过长，加之缺乏自下而上的地方参与，在中央对地方的财政监督不到位时，地方裁量空间的膨胀成为削弱中央政府宏观调控能力的一个隐患。中央政府积极或消极地赋予地方当局的权力意味着中央控制不能阻碍地方裁量权的上升④，这被

---

① Yang, Dali L., "Reform and Restructuring of Central-Local Relations", in D. Goodman et al. (eds.), *China Deconstructs: Politics, Trade and Regionalism*, London and New York: Routledge, 1994.

② Wang, Shaoguang, "Central-Local Fiscal Politics in China", in Hao Jia and Zhimin Lin (eds.), *Changing Central-Local Relations in China: Reform and State Capacity*, Boulder, San Francisco, Oxford: Westview Press, Inc., 1994, p. 92.

③ Yang, Dali L., *Remaking the Chinese Leviathan: Market Transition and the Politics of Governance in China*, Stanford, California: Stanford University Press, 2004, p. 78.

④ Gong, Ting and Feng Chen, "Institutional Reorganization and Its Impact on Decentralization", in Hao Jia and Zhimin Lin (eds.), *Changing Central-Local Relations in China: Reform and State Capacity*, Boulder, San Francisco, and Oxford: Westview Press, Inc., 1994, p. 68.

称为一种非零和博弈的框架。①

相反,针对上级以条为基础的职能部门及其组成的政府与下级以条为基础的职能部门及其组成的政府之间围绕经济资源而展开的竞争,后者主动让位于前者,这意味着上级政府在投资行为上的决策得到了下级政府的遵从,因为后者的人事管理权掌握在前者手中。② 还学者认为,中央政府也许在经济事务上的自由裁量权和差异方面比地方政府更有耐心,而在政治和组织方面则完全相反③,中央控制发挥着至关重要的作用。尽管如此,但毫无疑问,由于裁量权的合法存在,每一个以条为基础的职能部门,尤其是收入来源渠道比较广的职能部门,与以块为基础的政府一道,可以比上级政府更为便捷地侵蚀地方税基和破坏财经纪律。

二、分权视角下纵向的政府间关系

尽管集权因素根植于当代中国之中,但是分权力量却丝毫不容忽视,特别是分权作为一种全球化的趋势在遏制机构膨胀和提高行政效率等方面颇有吸引力。自条块关系形成之后,当代中国的分权实践在纵向的以条为基础的职能部门和以块为基础的政府之间都曾发生过,它在遏制机构膨胀和提高行政效率上发挥过一定的作用。

(一) 遏制机构膨胀

在集权力量占主导地位时,自上而下,政府权力和机构膨胀的动力是内生的,这取决于单一制条件下集权体制的主要特征:一是人事管理权的集中;二是赋权体制的非制度化;三是条条部门的职责同构。政府权力和

---

① Li, Linda Chelan, *Centre and Provinces: China 1978 - 1993*, Oxford: Clarendon Press, 1998, pp. 30 - 35.

② Huang, Yasheng, *The Politics of Inflation Control in China: Provincial Responses to Central Investment Policies, 1977 - 1989*, Doctorate Dissertation Submitted to Harvard University, 1991, pp. 2, 181, 308 - 309.

③ Chung, Jae Ho, "Reappraising Central - Local Relations in Deng's China: Decentralization, Dilemmas of Control, and Diluted Effects of Reform", in Chao, Chien-min and Bruce J. Dickson (eds.), *Remaking the Chinese State: Strategies, Society, and Security*, London and New York: Routledge, 2001, p. 65.

机构膨胀以组织增生的形式表现出来，其协调者和促进者存在于各级机构之中，这在中央机构广泛存在，也为地方政府所仿效。① 在单一制条件下，由于专业分工的需要和政府职能的扩张，中央政府在一定程度上有动力扩张以条为基础的职能部门和通过提出有雄心的计划而扩大自己的权力，这一点毛泽东早在 1956 年的《论十大关系》中就进行了很好的描述：

> 如今几十只手插到地方，使地方的事情不好办。立了一个部就要革命，要革命就要下命令。各部不好向省委、省人民委员会下命令，就同省、市的厅局联成一线，天天给厅局下命令。这些命令虽然党中央不知道，国务院不知道，但都说是中央来的，给地方压力很大。解决这个矛盾，当前要注意的是，应当在巩固中央统一领导的前提下，扩大一点地方的权力，给地方更多的独立性，让地方办更多的事情。②

在单一制条件下，中央层面以条为基础的职能部门的膨胀必然导致地方各级政府设置相似职能的部门与之相对应。否则，下级以条为基础的职能部门及其组成的政府与其上级职能部门和政府的沟通就会出现障碍，从而导致下级机构的利益受到损害。正如有的学者总结的那样，下级如果不设置相应的部门，"该拨的经费不拨，该开的会不通知，业务检查时故意找茬，年度考核不让达标"③。因此，上级以条为基础的职能部门与以块为基础的政府一旦扩张，在理论上，其下级部门和政府必然膨胀。进一步地，决策是上级职能部门和政府的职责所在，而执行是下级职能部门和政府的义务所在。假如高层级的以条为基础的职能部门只顾扩张自己的权力和机构，而没有做好决策在其他职能部门之间的衔接，其下级职能部门及所在的以块为基础的政府必然会承接来自上级职能部门和政府的各种相互

---

① Yang, Dali L., "Rationalizing the Chinese State: The Political Economy of Government Reform", in Chien-min Chao and Bruce J. Dickson (eds.), *Remaking the Chinese State: Strategies, Society, and Security*, London and New York: Routledge, 2001, p. 20.
② Mao, Tsetung, *On the Ten Major Relationships*, Peking: Foreign Languages Press, 1977, p. 13.
③ 周天勇等：《中国行政体制改革 30 年》，上海：格致出版社、上海人民出版社 2008 年版，第 172 页。

冲突的决策或指示。其结果是，下级以条为基础的职能部门和以块为基础的政府成天追逐和权衡这些附加项目、资金、优惠政策、责任、评估程序的决策或指示，从而导致它们之间的无效执行和恶性竞争。

在一定意义上，单一制条件下政府权力和机构膨胀的动力源泉是上级职能部门和政府对拥有更大决策权的向往，而决策与执行相分离的制度安排则强化了二者膨胀的趋势。为了克服这一弊端，加强权力监管和机构精简固然是很好的办法，但治本的措施却是进行制度化的政府间分权。至少有两种分权方式可以用来下放高层级职能部门的职能。第一种方式是按照职能相近的原则兼并重组相关职能部门，并在制度上清晰地划分上下级职能部门的职责；第二种方式是促使高层级的职能部门将可以由下级职能部门承担的职责以一种不可回收的方式下放给下级职能部门。不幸的是，第一种方式一般会受到既得利益部门的抵制，而第二种方式也会由于缺乏制度化的措施而招致失灵和权力回收。在这一方面，事实或行为联邦制提供了一种可行的方案，即把强制、协商和互惠等三种原则融入分权改革之中①，以此来促进政府间分权的制度化。

(二) 提高行政效率

一般认为，集权力量占主导地位时，行政效率应该比较高。然而，与这一判断相反，集权实际上降低而不是提高了行政效率，因为"它不断地导致决策和执行的延误和迂回，这就是所谓的条条专政"，以条为基础的职能部门之间的信息不对称和地方激励的缺乏使得低行政效率得以出现。②邓小平在1980年就注意到了集权的危害和分权的必要性，他指出，

> 权力过分集中，妨碍社会主义民主制度和党的民主集中制的实行，妨碍社会主义建设的发展，妨碍集体智慧的发挥，容易造成个人

---

① Zheng, Yongnian, *De Facto Federalism in China: Reforms and Dynamics of Central – Local Relations*, New Jersey, et al.: World Scientific Publishing Co. Pte. Ltd., 2007.

② Zhao, Suisheng, "China's Central-Local Relationship: A Historical Perspective", in Hao Jia and Zhimin Lin (eds.), *Changing Central – Local Relations in China: Reform and State Capacity*, Boulder, San Francisco, Oxford: Westview Press, Inc., 1994, p. 25.

专断，破坏集体领导，也是在新的条件下产生官僚主义的一个重要原因。我们的各级领导机关，都管了很多不该管、管不好、管不了的事，这些事只要有一定的规章，放在下面，放在企业、事业、社会单位，让他们真正按民主集中制自行处理，本来可以很好办，但是统统拿到党政领导机关、拿到中央部门来，就很难办。①

更为严峻的是，在集权情况下，高层级上以条为基础的职能部门热衷于集聚权力和资源，而将责任下放给其下属。显然，这种事实上的集权倾向造成了上级条条和政府权力大、责任小；下级条条和政府权力小、责任大。为什么这两种现象可以并存呢？其原因是以条为基础的职能部门的职能在纵向上是同构的②，同构特征使得以条为基础的职能部门所组成的以块为基础的政府所承担的职能与其下属相似，上级的职能可以通过正当的理由交由下级去承担。不幸的是，上级条条或政府在下放职责的同时，通常没有赋予下级条条或政府以相应的预算或资源。此外，不同的以条为基础的职能部门非制度化地下放不同的职责，这些职责通常没有同它们的下级协调或协商，这就会给低层级的以条为基础的职能部门和以块为基础的政府造成负担，因为它们一方面要完成属于本级该履行的政府职能，另一方面又要面临上级职能部门和政府政出多门的决策或指示。这种权力与责任不相匹配的情况降低了行政效率。

在集权条件下，一方面，高层级上以条为基础的职能部门集聚了越来越多的权力和资源，这些权力和资源以一种低效率的运作方式被浪费和空转；另一方面，低层级的以条为基础的职能部门和以块为基础的政府所接收的转移职责或任务不断叠加，最终不可能得到有效的执行，因为它们的预算是有限的。这就使得制度化的政府间分权成为必要。在这个意义上，低层级的以条为基础的职能部门和以块为基础的政府所追求的分权不但是

---

① Deng, Xiaoping, "On the Reform of the System of Party and State Leadership", in *Selected Works of Deng Xiaoping* (1975-1982), Beijing: Foreign Languages Press, 1984, p. 303, 310.
② 朱光磊、张志红：《"职责同构"批判》，载《北京大学学报（哲学社会科学版）》，2005年第1期，第101—102页。

职责分权而且是有权获得权力和资源。也就是说，上级职能部门和政府在向下级机构下放职责的同时，必须下放与之配套的权力和资源。否则，单方面地依赖地方自身的筹资能力必然会分散地方执行者的注意力，从而导致行政效率的降低。毫无疑问，地方事务应该委托给地方政府来执行。但是，在欠发达地区，有限的权力和资源应该包含在分权项目之中。否则，行政效率仍然不可能得到提高。

第三节 横向的政府间关系：内生和外生的因素

相对纵向的政府间关系而言，有关横向的政府间关系的研究尚不多见。如果从条块结合的视角来看待政府间关系，那么对横向的政府间关系进行分析是必不可少的一环。如何研究横向的政府间关系呢？大概可以从横向维度上研究同一单位的政府内以条为基础的职能部门之间的关系，以及同一层级上以块为基础的政府与政府之间的关系。如前所述，单一制中的条块结构使得以条为基础的职能部门和以块为基础的政府之间的分割和融合是可能的，剖析导致条块分割和融合的内生因素和外生因素是一个新兴的研究方向。

一、内生因素对横向的政府间关系的影响

同一单位政府内以条为基础的职能部门之间，以及同一层级上以块为基础的政府之间的竞争是横向的政府间关系产生分割力量的内生因素。这些竞争的标的包括人事编制、财政转移支付和有限的资源。单一制中条与条之间、块与块之间围绕这些标的展开的竞争广泛存在。

（一）人事编制

在单一制中国，纵向维度上以条为基础的职能部门的职责是同构的。根据职责同构的制度设计，以块为基础的政府内以条为基础的职能部门的设置不是建立在本辖区人口数量的基础之上的，而是自上而下给定的，也就是说，下级以条为基础的职能部门的设置无需经过所在政府的论证。设置了相应的职能部门，就必须为之配备相应的人事编制。配上相应的人事

编制，就意味着该部门能够按人头分配到相应的公共预算资源。公共预算资源越大，该部门就越能应付日常支出之需，对以块为基础的政府来说也是如此。在这个制度框架设定之后，一个职能部门的重要性是通过它与上级职能部门和政府商议并由后者决定的。根据条块设置的原则，地方政府必然会设置相应的职能部门以对应它的上级职能部门和政府。在县以上层级的以块为基础的政府中，都存在与其上一级政府相似的以条为基础的职能部门，不管这些部门在该地区是否有设置的必要。

为了分解这些政府职能的执行，高层级的条条部门会在本体系内有意识地进行机构膨胀，这种机构膨胀的动机受到了下级职能部门和政府主动和被动的模仿。然而，出于控制政府规模的需要，人事编制在任何一个层级上都是相对固定的，各级条和各级块的机构膨胀使得编制成为了一种稀缺资源。作为一种稀缺资源，在以块为基础的政府内，每个职能部门都需要一定数量的人事编制，这是由以块为基础的政府严格给定和控制的。因此，人事编制的限制激发了同一层级上以条为基础的职能部门之间的竞争。根据编制设定的原则，职能部门的重要性决定了会配备多少人员，安排多少预算。每一个以条为基础的职能部门都试图游说其上级条条部门和所在政府，以便展示其自身的重要性，从而使后者能够为其配备更多的人事编制和预算资源。相似的情形不仅出现在同一单位政府的以条为基础的职能部门之间，而且出现在同一层级的以块为基础的政府之间；不仅出现在高层级的政府之中，而且还存在于低层级的政府之中。在这种围绕人事编制而开展的竞争中，条块分割的力量时隐时现。

（二）收支差距的缩小

如图4.1所示，从社会主义改造完成到改革开放为止，中国的地方财政收入在大多数时期能够应对地方财政支出，且有较大的盈余；在1980—1993年间，中央与地方政府各自的财政收支在财政包干制下也大体是平衡的；但1994年之后，地方财政支出占全国财政支出的比重大幅度超过了地方财政收入占全国财政收入支出的比重，地方财政收支出现了入不敷出的结构。根据财政包干制，尽管中央与地方政府的约定常常单方面地被中央政府所修改，地方政府还是会积极地开发收入生成渠道，以便应付其自身支出。然而，1994年分税制改革后，由于中央政府掌握着大的税种和税率中的大头，财政收入是集中的，而财政支出则在层级制的行政结构中是分权的，地方政府所承担的职责与其财政能力之间出现了巨大差距，这在欠发达地区表现得尤为明显。在有些欠发达地区，地方政府甚至有90%以上的支出是依靠上级条条部门和政府的财政转移支付。这些转移支付大部分只够支付公职人员的工资。更为糟糕的是，由于监管不到位，有些财政转移支付资金甚至还卷入了腐败的泥沼。

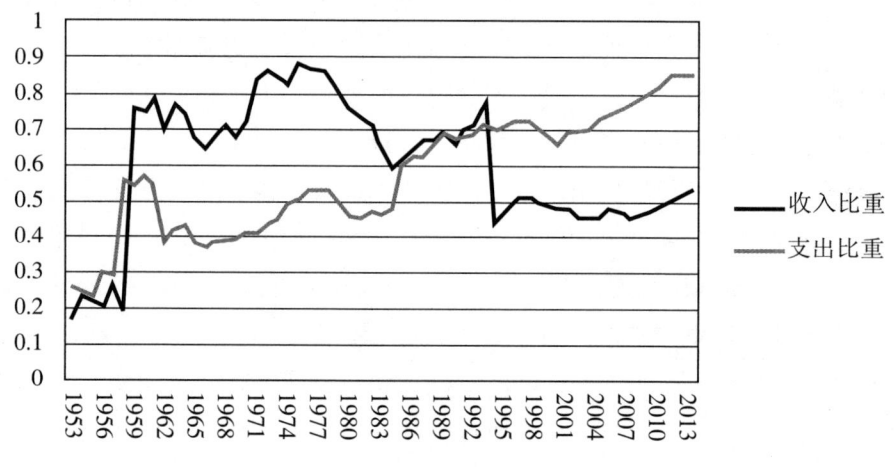

图4.1 地方财政收支占全国的比重

资料来源：根据历年《中国财政年鉴》相关数据整理而得。

在地方财政收支不平衡时，财政转移支付是必要的，因为在当代中国，欠发达地区曾经向发达地区无偿甚至有代价地输出了大量的廉价劳动力和自然资源。从国家发展战略的角度出发，即便只是考虑到不同地区贫富差距的平衡，也有必要通过国家强制力使富裕地区的部分收入转移到贫困地区。发达国家也是如此，如德国西部的联邦州每年都向东部的联邦州转移大量的财政资金，尽管前者的财政资金也越来越不宽裕。问题是，在相当长时期内，这些财政转移支付资金以专项的形式出现，它们的分配是主观臆断的，通常缺乏一个统一的分配公式，这就导致了同一单位政府内以条为基础的职能部门之间和同一层级上以块为基础的政府之间为争夺专项财政转移支付而展开的无序竞争，从而扭曲了横向的政府间关系。

(三) 有权得到有限的资源

自从高度集权的计划经济体制逐渐经由经济性分权和行政性分权而被市场经济体制替代之后，在企业层面，在投资管理和企业管理体制改革的推动下，物资和产品分配不再受到高层级的以条为基础的职能部门和以块为基础的政府的计划性支配。然而，稀缺资源，例如预算或资金、项目、优惠政策、机构膨胀的动议仍然集中化地掌握在高层级的以条为基础的职能部门及其所在政府的手中。在有些情况下，相关的以条为基础的职能部门之间的责任分工是模糊的①或重叠的。例如，为了使社会主义新农村建设等中央决策具体化，中央政府的一些以条为基础的职能部门，如发改委、农业部、财政部、环保部，都设置了专题项目，这些专题项目代表着不同部委的工作思路和目标，因而有着不同的分配方案和验收标准，并通过各自的渠道、以各自的程序下达给地方。

由于不同的条条渠道将这些项目捆绑在一起，低层级的以条为基础的职能部门和以块为基础的政府有动力申请这些项目的分配，甚至是相互展开竞争。职能部门及其组成的政府之间围绕项目分配而展开的竞争通常发生在如下机构之间，即：

1. 在某一单位政府的以条为基础的职能部门之间；
2. 在同一层级上不同政府的以条为基础的职能部门之间；
3. 在不同层级上以块为基础的政府之间。

此外，让我们回到条块结构中以条为基础的职能部门的双重从属制上。以条为基础的职能部门有强制性责任遵循来自上级职能部门的业务指导和来自所属的以块为基础的政府的行政领导。在第一种情形下，以块为基础的政府享有协调以条为基础的职能部门为资源或专题项目而展开的竞争，这些资源或项目要么是从上面申请的，要么是它们自己拨付的。至于

---

① 马力宏主编：《中国行政管理中的条块关系》，杭州：杭州大学出版社1993年版，第89—96页。

第二种情形，在更高层级上，以条为基础的职能部门也有能力协调以块为基础的职能部门为稀缺资源而展开的竞争行为。对于第三种情形来说，根据竞争者所具有的不同优势，竞争程度变化很大。总之，无论是上述哪种情形，任何背离行为都会招致有偏的资源或项目分配。

上述情况存在的理由与资源配置规则的缺位相关。一方面，没有正式规则来规制有限的资源或项目的分配行为，这就使得高层级的职能部门容易产生非正式的和有弹性的行为。另一方面，从高层级的职能部门申请或竞争资源或项目一般受到了下级以块为基础的政府的影响，这些政府通过相关措施影响来自以条为基础的职能部门的申请。在获得上级非均衡分配的资源或项目之后，他们再将其按一定的方式分配给下级以条为基础的职能部门。考虑到这些因素，人们可能会假设，获取有限资源的横向的政府间竞争是不可避免的。

二、外生因素对横向的政府间关系的影响

除了内生的动力之外，还有一些外生的动力因素，这些外生的因素有些是自上而下的，有些是自下而上的，它们都有助于形成和加剧横向的政府间竞争。

（一）干部任命

可以肯定的是，政府间关系虽然表现为机构与机构所组成的条块结合关系，但条和块的职能都是由广大干部来执行的，因而人事管理体制在塑造政府间关系方面发挥着非常重要的作用。2002年颁布、2014年修改的《党政领导干部选拔任用工作条例》专门安排一章，详细规定了党政领导干部应当具备的基本条件和基本资格，其中，基本条件可概括为思想政治素质、求真务实精神、专业文化素质、优良道德品行、民主集中制作风；基本资格包括工作年限、基层工作经历、受教育程度、党校培训经历、身体健康等。在满足这些基本条件和基本资格的前提下，有待晋升的干部与职位数高度不成比例，干部之间围绕晋升而展开的竞争是激烈的，因为高级职位数是逐级递减的。绝大多数的干部面临着晋升天花板。

为此，我们有必要考察一下作为物质和精神激励的干部任命机制在以条为基础的职能部门和以块为基础的政府之间展开竞争中发挥何种作用。这里的一个基本假设是，作为确保地方干部忠诚于其上级的一个重要工具，职位较低的干部通过"党管干部，下管一级"的原则由上级部门任命或调任。① 值得注意的是，干部调任不同于干部交流。因此，希望被提拔的交流干部愿意到那些偏远的、条件艰苦的地区进行交流，而调任干部则希望被调任到收入较高的地区或工作生活比较便利的地区。在现行干部管理体制中，干部任命的确在激励干部竞争中发挥着十分重要的作用，特别是对那些拥有相似资历并希望被提拔到更高岗位任职，或者调任到收入更加丰厚或外部条件更加便利的地区的干部更是如此。这种提拔或调任意味着能够得到更优厚的薪水，在社会关系中更有面子，能够享受到更多的职务消费。

相对上级职数而言，基数庞大的地方干部晋升的机会非常之少。为了得到提拔或调任，以条为基础的职能部门和以块为基础的政府的领导干部和普通干部将处于一种竞争性的环境之中，他们需要不断地积累有利于提拔的政绩，不断地与上级官员建立更加良好的私人关系，在本辖区树立更加正面的声誉或形象，等等。然而，由于更高和更好的职位在以条为基础的职能部门和以块为基础的政府中是有限的，地方干部之间会形成外在表现不甚明显但实质却极为激烈的竞争，这些竞争有时是通过超负荷、高质量履职的方式进行，但有时并不以正规的渠道和形式展开，而是采取一种扭曲的旧社会的传统方式，例如拉帮结派、欺上瞒下，这些竞争会损害他们所属部门的团结协作，并造成政府有机体的人为分裂。

（二）回应地方需求

可以得到经验证实的是，地方干部的压力不仅来自上级以条为基础的职能部门及其组成的政府对下级部门及其政府开展的各种绩效考核，而且来自所辖地区的地方民众日益增长的物质文化需求。这里需要分成两种情

---

① Landry, Pierre F., *Decentralized Authoritarianism in China-The Communist Party's Control of Local Elites in the Post-Mao Era*, Cambridge University Press, 2008, pp. 42–48.

形来区别对待。第一种情形是自上而下的绩效考核，既包括上级以条为基础的职能部门对下级部门的考核，又包括上级以块为基础的政府对下级政府的考核。第二种情形是自下而上的，主要是地方需求给地方主要领导干部所带来的压力，不过，地方主要领导干部所承受的这种压力会通过任务分解的方式传导给组成政府的职能部门的领导干部和一般干部。于是，无论是领导干部还是一般干部，都面临着自上而下的考核压力和自下而上的需求压力。改革开放以来，随着经济性分权和行政性分权的推进，对地方需求的回应正在变成地方干部的一项重要任务。综合起来看，前一种压力机制所传导的压力丝毫没有减少，而后一种压力机制所传导的压力正在加大。也就是说，自从管理型政府转型为服务型政府成为共识以来，这种为满足地方需求而进行竞争的环境正在形成。这一点与人事管理权集中背景下地方干部对上而不对下负责的激励机制形成了鲜明的对比。

一般来说，在以条为基础的职能部门和以块为基础的政府中服务人民大众的主要领导干部的雄心足够强烈，以致他们形成了一种自下而上的竞争环境。如果一些职能部门及其组成的政府不能回应地方需求，那不仅会影响到职能部门和政府主要领导干部的升迁，而且也会影响到以条为基础的职能部门在以块为基础的政府中的地位。作为一个有机体，以块为基础的政府所承担的回应地方需求的压力比以条为基础的职能部门承担的要大得多，因为后者是专业化的或技术化的，有时并不直接回应地方需求。这种不连贯的目标塑造了两个相互交织和独立的群体之间的竞争，一方面是不同单位的政府内以条为基础的职能部门之间的竞争，另一方面是同一层级上以块为基础的政府之间的竞争。这两种形式的竞争形成了条条部门之间和块块政府之间的分割力量。

第四节　条块关系上存在的问题及其原因

以上纵向的和横向的力量共同作用，形成了条块结合的政府间关系。在上下左右的力量出现不均衡的冲突时，便形成了如下现象。分析这些现象及其原因有助于更好地理解单一制条件下当代中国的政府间关系。

一、条条集权与条条扩权

从纵向维度上看,由于权力的集中,上级条条往往掌握着资源调配、财力转移和政策决策等便利,下级条条则扮演着资源接受和决策执行的角色,作为条条的职能部门在不同层级上出现权责利不对等,上级条条权力大、责任小,财力大、任务少;而下级条条权力小、责任大,财力小、任务多,即所谓的条条集权。从横向维度上看,下级职能部门有两重身份,一方面它们是上级职能部门的"腿",另一方面又是以块为基础的单个政府的有机组成部分,作为上级条条和同级块块的执行机构,它们在执行上级条条和同级块块的决策时享有一定的自由裁量权,它们往往借机强化管理,扩大权力,争夺资源,即所谓的条条扩权或条条专权,形成了"虚胖"的条条。

二、条条缺位与条条越位

对于宏观调控、市场监管、社会管理和公共服务等政府职能而言,单个的条即政府的职能部门不可能独立地完成任务,而是需要在条条之间相互协作。因此,为了完成不同的政府职能,一方面需要以块为基础的政府为承担任务的职能部门配备相应的权力、责任和利益,另一方面则需要其他条条部门预留相应的人财物来配合兄弟条条部门的工作。当然,条条之间的相互协作必然有主有次,既要有牵头部门,又要有配合部门,这就涉及权力、责任和利益在各个职能部门之间的分配。然而,条条之间关于权责利的分配通常是不均匀的,有的条权力大、责任小;有的条权力小、责任大。权责利的不均匀分配必然会影响到不同职能部门的积极性和能动力,一些本来归某个条管理或服务的公共事务却相互推诿,例如权小责大的计划生育、环境整治;一些不该某个条管理或服务的公共事务却相互争夺,例如权大责小的工商税务、行政审批,这就造成了条条缺位和条条越位并存。

三、条条专政与块块全能

按照任务类型的不同,政府职能通常被分解给各个条条部门去执行,这在提高行政效率的同时,却会带来条条专政问题,因为条条部门对专项职能的垄断强化了部门利益,肢解和破坏了作为块的政府对作为条的职能部门的协调功能。从纵向维度来看,在单个的条内,上级职能部门决策、下级职能部门执行,上级监督下级、下级服从上级,形成了一个封闭的系统。从横向维度上看,一个一个的封闭系统镶嵌在作为块的政府之中。作为块的政府如果不能协调这些专政的条条,上级决策的执行合力也就难以形成了。与条条专政相对应的另外一种情形是块块全能。组成政府的职能部门不但是条的一个分支,而且是块的有机组成部分。根据属地管理原则,作为职能部门的条的利益服从于所在政府的块的利益。在上级政府与民众监督缺位的情况下,组成块的各个条条形成了一个独特的利益群体,它们常常联合起来对上争取项目和资金,对下提供公共物品或服务。政府的各项职能在块块层面上得到了全方位的履行,这就使得块状政府看似无所不能。作为一个利益共同体,它们对上级职能部门和政府的决策部署设计了各种各样的对策,甚至采取了有利就照办、无利就搁置的选择性执行①,形成了地区分割,弱化了条条,强化了块块,使得条条的决策无法真正体现国家意图。

四、条块矛盾与块块阻隔

在纵向维度上,具有相同职能的部门上下对口、连成一线;在横向维度上,具有不同职能的部门左右衔接、连成一片,前者造成地方无能,后者造成地方全能。对于条来说,由于双重从属制,它既要服从上级条的业务指导,又要服从同级政府的行政领导。对于块来说,它们的利益取向与组成块的各个条条的上级部门不一定是一致的,凭借着掌握信息的便利,它们往往会采取与中央条条部门决策相违背的行为。这就使得"上面决

---

① 马力宏:《论政府管理中的条块关系》,载《政治学研究》,1998年第4期,第73页。

策、下面执行"、"上面领导、下面负责",权责不对等,出了问题难以说清楚,遇到好处相互争夺,出了事情相互推脱责任①,很容易造成"块块专政"与"块块冲突"、"条条专政"与"条条冲突"、"条块分割"与"条块冲突"。② 一方面,上级条条抱怨自己的决策得不到地方政府的有效执行;另一方面,块块抱怨上级条条的决策不符合地方实际。如果上级条条之间的职能不协调,或者上级条条的政策与同级政府的政策不衔接,下级条条便面临着领导关系和业务指导关系的混乱③,它们要么无所适从,要么相互推诿,这直接影响到部门的协调、决策的执行和问题的解决。如果上级条条不能履行对下级条条的监管职能,同级块块又缺乏监督和制约机制,便会出现"看得见的管不了,管得着的看不见"④。大多数的条条总是与块块交织在一起的,因而它们之间的矛盾在所难免。然而,在同一层级上,大多数的块块之间没有工作上的联系,例如省级政府之间、地级市政府之间、县级政府之间、乡镇政府之间,因为各个条条分割在不同的块块上,它们之间很少有关联,因而块块之间也就没有实质性的联系。

五、条块分割与条块干扰

条块分割较多地出现在垂直管理部门和地方政府之间。区别于一般的条条部门,垂直管理部门与地方政府之间不存在行政隶属关系,它们往往自成体系,制定政策、调配资源、下达命令、监督执行并不刻意地照顾到这些部门所在地区的实际情况;反过来,地方政府也常常以不干涉垂直管理部门的事务为由,主动不介入、不监督后者的业务,形成条块分割、各自为政。尽管存在条块分割,但是垂直管理部门和地方政府难免会有交

---

① 周振超:《打破职责同构:条块关系变革的路径选择》,载《中国行政管理》,2005年第9期,第104—105页。
② 周帆:《改革开放后的中国府际关系:一种法律的途径》,复旦大学博士学位论文,2003年,第75页。
③ 李侃如:《治理中国:从革命到改革》,胡国成、赵梅译,北京:中国社会科学出版社2010年版,第190页。
④ 雷振扬:《乡镇政权建设中的条块分割矛盾探析》,载《社会科学》,1994年第9期,第26—27页。

集。一方面，尽管垂直管理部门的人、财、物都是由其上级条管部门拨付的，但是在生产生活上它们却必须依赖所在地的各种资源，特别是那些从地方政府划转过来的垂直部门更是与当地政府有着千丝万缕的联系。一旦地方政府的利益与垂直管理部门的利益发生冲突时，地方政府仍然可以动用多种手段对垂直管理部门施加影响，迫使后者屈从于前者，从而一些全国性的政策（例如进行市场秩序的严格监管，破除地方分割和地方保护主义壁垒）难以得到落实。另一方面，受部门利益的驱使，垂直管理部门可以利用自己超脱于当地政府监管的身份合法地侵占所在地政府的利益和职能，架空地方政府，从而影响到地方政府的运作。例如，那些设在乡镇，由上级主管部门直接管理的站所在一定程度上瓜分和肢解了乡镇政府的大部分权能，使之几乎成了空有其名的"稻草人"①。

第五节 评论性结语

在以条块结构呈现的政府间关系中，从条块分割走向条块融合无论从纵向还是从横向而言都是一种共识，因为这种制度安排有利于加强各职能部门和所在政府之间的联系与合作。② 这种联系与合作是条块融合的表现。但是，条块分割是条块结构中的一种常见病。为了克服这一弊端，近些年来进行的大部制改革和省直管县（市）体制改革进行了积极的尝试。

前两年艰难推进的大部制改革旨在理顺各个层级上具有相似职能的以条为基础的职能部门之间的关系，以便使不断累积的职能重构和辖区冲突问题能够得到缓解，行政效率和责任机能能够得到改善。尽管以兼并重组部门为主要内容的大部制改革取得了很大的进展，但是纵向的职责同构和横向的职能协调失灵仍然存在。这些问题的存在产生了新的矛盾，例如管理幅度的扩大和代理问题的增加，以及公共事务的膨胀和执行机构的缩减

---

① 吴理财：《县乡关系：问题与调适》，北京：中国社会科学出版社2011年版，第48、50页。

② Lieberthal, Kenneth and Michel Oksenberg, *Policy Making in China*: *Leaders*, *Structures*, *and Processes*, Princeton, New Jersey: Princeton University Press, 1988, pp. 23, 141 – 142.

之间的矛盾。到目前为止，即使大部制改革在中央与地方层面上取得了成功的、有影响力的试验，但是决策权、执行权和监督权相统一的健康的、综合性的运作机制还是没有得到明显的改善。

比大部制改革更早、更艰难的省直管县（市）体制改革的初衷是将地级市管理县的权力上收至省级政府，同时将原属地级市的部分经济社会管理权限下放给县级政府。这项改革先是财政省直管县（市）体制改革，进而是行政省直管县（市）体制改革。财政省直管县（市）体制改革的主要措施是县级政府的财政收支与省级财政部门直接结算，在这种目标体制中，县与地级市在财政上享有同等地位。第二步是行政省直管县（市）体制改革，这项改革涉及人事管理、财政、行政审批等经济社会管理权限的下放，在这些方面，县级政府将直接受省级政府的领导。从制度设计的观点来看，省直管县（市）体制改革能够提高行政效率，减少以块为基础的政府之间的代理链条，以便行政资源的浪费得到控制，上级决策与下级执行的执行差距得到缩小。这项改革现在正以行政审批制度改革和"简政放权"的形式代替了大规模的省直管县（市）体制改革。行政审批制度改革和"简政放权"并不局限于行政省直管县（市）体制改革，而是通过下放和取消相关的行政审批权力，更好地处理市场与政府的关系，从而达到回归政府职能本质的功效。然而，改革过程中出现了一些新的问题，例如省级部门的膨胀、省级管理和监督能力的缺位，地级市对县辐射能力的弱化，以及县级政府接管能力经受新的考验。所有这些新问题的出现使得省直管县（市）体制替代市管县体制改革停滞不前。

总之，在纵向的政府间竞争中，集权和分权力量在同时发挥作用；从横向维度来看，内生和外生因素也在促进横向的政府间竞争。这两种维度的政府间竞争在一定程度上造成了条块分割。初步检验发现，尽管近些年实施的大部制改革和省直管县（市）体制改革通过减小上述离心力，在解决条块分割方面起到了一些作用，但是条块融合的格局仍未形成，老问题解决了、新问题又产生了。因此，这两种改革对条块关系的影响值得作进一步的研究。

第五章　中央与省级政府间关系：政府间分权 I

第一节　引言

无论在单一制国家还是在联邦制国家，中央与地方关系都是至为关键的政府间关系。在当代中国，根据《中华人民共和国地方各级人民代表大会和地方各级人民政府组织法》（1979年版，2004年修订），"全国地方各级人民政府都是国务院统一领导下的国家行政机关，都服从国务院"。而地方各级人民政府包括省（自治区、直辖市）、地级市（自治州）、县（县级市、市辖区、自治县）、乡镇政府。因此，中央与地方关系很容易被理解为中央与省、中央与地级市、中央与县、中央与乡镇政府之间的关系。然而，单一制中国的各级政府之间是层级制关系，虽然中央与省级以下政府之间建立联系在法理和实践上都是可能的，但相邻两级政府之间的联系却更为直接，也更为频繁。正是在这一意义上，中央与省级政府之间的关系是最直接、最重要的中央与地方关系，而中央与省级以下政府之间的关系则从属于中央与省级政府之间的关系。[①] 为了简单起见，本章所研

[①] 有学者提出中央与地方关系仅指中央政府与省级政府之间的关系，因为："虽然省级以下各级政府与中央政府也有关系，如都必须执行中央政府的计划、政策、决定和命令，但一般都是通过省级政府而发生关系的；市、县政府与中央政府及其部门发生的联系，一般都是经过省级政府同意或批准的，或事后报告。"参见谢庆奎：《中国政府的府际关系研究》，载《北京大学学报（哲社版）》，2000年第1期，第20页。

究的中央与地方关系主要是指中央与省级政府之间的关系，但并不排除中央与省级以下政府之间建立联系的可能性。

建国以来，以中央与省级政府之间的关系为主要内容的中央与地方关系始终处于动态演进过程之中。在传统计划经济时期，中央与省级政府之间关系的演进特点是收权与放权的往复循环；改革开放之后，以财税体制改革和政府机构改革为重点，中央与省级政府之间关系的调整呈现了一定的规律性。如何理解当代中国中央与省级政府之间的关系呢？至少有两个可供选择的渠道：一是从党和国家相关重要文件的表述中找到线索。在当代中国，党和国家重要文件关于中央与省级政府之间关系的表述是体制机制改革的重要依据，它们直接决定着中央与省级政府之间关系调整的方向。二是构建理论框架来解释中央与省级政府之间关系演进的路径。由于政府间分权探讨的是政府间关系，特别是纵向的政府间关系，因而政府间分权的理论可以作为解释当代中国中央与省级政府之间关系的主要工具。尽管这个解释思路很有吸引力，但是前面章节的研究发现，政府间分权的理论知识并没有贡献现成的分析框架。为此，本章在考证相对集权的理论与实践的基础上，以人事权和立法权为主线，将当代中国政治体制的特征概括为相对集权（也即相对分权），并将其看作中国式财政分权（表现为税政权的向上集中和财政权的集分结合）形成的政治基础。在析出政治集权和财政分权这两个分析维度之前，本章将梳理党和国家的重要文件及其相关研究文献，分传统计划经济时期和改革开放之后两个时期来概括建国以来中央与省级政府之间关系的演进特征；在析出政治集权与财政分权这两个分析维度之后，本章将从"委托—代理"、"威权—民主"、"控制—自治"、"博弈—合作"等四种视角来解释当代中国中央与省级政府之间的关系。

第二节 建国以来中央与省级政府之间关系的演进

1978 年开始的改革开放在我国经济社会发展史上具有里程碑意义，以此为界限，改革开放之前我国实行的是传统计划经济体制；改革开放之后，我国进入传统计划经济体制向市场经济体制转轨的时期，中央与省级政府之间的关系在改革开放前后呈现出不同的特点。

一、传统计划经济时期中央与省级政府之间的关系

以收权与放权的往复循环为线索来刻画传统计划经济时期中央与省级政府之间关系的演进历程是学术界的通行做法。如表 5.1 所示，在传统计划经济时期，我国中央与省级政府之间的关系经历了零和甚至负和的权力收放，每次循环似乎回到了起点，但其内容也有所差异。

表 5.1 传统计划经济时期中央与省级政府之间关系的演进（1949—1978）

时期	体制特点	企业管理	财政管理	计划管理
建国初期 （1949—1952）	权力集中		"统收统支"（1950）	"条条"管理体制初步形成
"一五"时期 （1953—1957）	集中统一	部属企业由 2800 个增至 9300 个，户数约占中央和地方管理工业企业总户数的 16%，产值占 49%	"统一领导、划分收支、分级管理、侧重集中"（1954）。中央支配的财力占国家预算收入的 75%	实行直接计划与间接计划相结合的计划管理制度。统一计划，分级管理，不得层层加码
"大跃进"时期 （1958—1960）	权力下放	工业企业除了一些重要的特殊的试验性质的企业外，一律下放给地方	"划分收支、比例分成、五年不变"（1958）；"收支下放、计划包干、地区调剂、总额分成、一年一变"（1959）。中央财政收入占全国财政收入的比重从 40% 降至 20%	以地区综合平衡为基础的、专业部门和地区相结合的计划管理制度
五年调整时期 （1961—1965）	权力上收	企业管理权上收，部直属企业增至 10500 个，产值占工业总产值的 42.3%	财权收至省市自治区以上。中央财政收入占财政总收入的比重提高到 60%	上下一本账，不得层层加码
"文革"前期 （1966—1969）	权力涣散		"统收统支"（1968）；"收支挂钩、总额分成"（1969）	

续表

时期	体制特点	企业管理	财政管理	计划管理
"文革"中期（1970—1971）	权力下放	大批中央直属企业下放给地方。全国共下放2600多个重点企业和事业单位	"定收定支、收支包干、保证上缴、结余留用"（1971）	"块块为主，条块结合"，给地方以较大的管理权限
"四五"后期（1972—1975）	权力上收	所有企业都要有一个集中统一的生产指挥系统	实行收支包干制	"条条为主"的状况基本未变，"块块为主"没有形成
粉碎"四人帮"后（1976—1978）	权力集中	一大批骨干企业收归中央	"定收定支、收支挂钩、总额分成、一年一定"（1976）	

资料来源：刘日新：《新中国经济建设简史》，北京：中央文献出版社2006年版，第218、268—272页；苏星：《新中国经济史（修订本）》，北京：中共中央党校出版社2007年版，第179—190页；赵云旗：《中国分税制财政体制研究》，北京：经济科学出版社2005年版，第161—182页。

按照1949年9月29日召开的中国人民政治协商会议第一届全体会议通过的《中国人民政治协商会议共同纲领》的相关规定，中央各部和其他国家机关相继成立，同时也相应地组建了地方各级人民政府，中央高度集权的单一政治体制应运而生。1950年3月，政务院颁布了《关于统一国家财政经济工作的决定》，第一次对中央与地方经济管理权限进行了划分，全国的财政、经济、金融、行政管理权全部集中到中央政府手里，而地方政府则设立了与中央经济部门相对应的经济管理机构，"条条"管理体制初步形成。与此同时，全国被划分为东北、华北、华东、西南、中南、西北六大行政区，中央对省级地方政府的领导要经过大区一级。不过，为了减少政府层级，增加工作效率，1954年6月中央撤销了大行政区。从1953年开始，我国进入第一个五年计划时期，对重点建设实行集中统一管理；实行直接计划与间接计划相结合的计划管理制度；对粮食等主要农产品实行统购统销。① 1956 年以后，市场调节逐步被取消，高度集中的计划经济体制基本建立。

"一五"时期建立的高度集中的计划经济体制很快暴露出"集中过多、统得过死"的弊端，这严重地影响到地方增收减支的积极性，也造成了中央机构的臃肿。1956 年 4 月，毛泽东在中央政治局扩大会议上发表了著名的《论十大关系》，谈到中央与地方关系时已经意识到了这一缺陷。1956 年 9 月，周恩来在中共"八大"的讲话中，为改革过分集中的经济体制提出了七条放权原则。② 1957 年 9 月，在中共中央召开的扩大的八届全会上，通过了陈云组织起草的《关于改进工业管理体制的规定（草案）》、《关于改进财政体制和划分中央和地方对财政管理权限的规定（草案）》、《关于改进商业管理体制的规定（草案）》等三个规定，对高度集中的经济管理权做了适度分解。1958 年，伴随着"大跃进"运动，中央政府开始对高度集中的传统计划经济体制进行改革，包括减少计划分配物资、下放基建审批权、下放招工权，使地方政府获得了较大的自主权和独立利益。这些权力下放行动虽然调动了地方政府的积极性，促进了地方工业的发展，但下放得过多过急，否定了综合平衡，造成了比例失调、经济混乱。③

针对"大跃进"时期的放权过度，1961 年转入五年调整时期。1961 年 1 月，中央批转财政部《关于改进财政体制，加强财政管理的报告》，上收财权。同年 1 月 20 日，中央决定调整经济管理体制，除了重申财权要集中外，还强调中央要回收重要物资的管理权和分配权，货币发行权归中

---

① 苏星：《新中国经济史（修订本）》，北京：中共中央党校出版社 2007 年版，第 181—183 页。
② 这七条放权原则分别是："（1）明确地规定各省、自治区、直辖市有一定范围的计划、财政、企业、事业、物资、人事的管理权；（2）凡关系到整个国民经济带全局性、关键性、集中性的企业和事业，由中央管理，其他的交由地方管理；（3）企业和事业的管理，应该认真地改进和推行以中央为主、地方为辅或者以地方为主、中央为辅的双重领导的管理办法；（4）中央管理的主要计划和财务指标，由国务院统一下达，改变过去许多主要指标由各部门条条下达的办法；（5）某些主要计划指标和人员编制名额等，应该给地方留一定的调整幅度和机动权；（6）民族自治地方的各项自治权，应该做出具体实施的规定；（7）改进体制要逐步实现。"参见赵云旗：《中国分税制财政体制研究》，北京：经济科学出版社 2005 年版，第 166 页。
③ 刘日新：《新中国经济建设简史》，北京：中央文献出版社 2006 年版，第 219 页。

央；规定国家下达的劳动计划各地不许突破，所有生产、基建、收购、财务等工作上下一本账，不得层层加码。同时，中央做出《关于调整管理体制的若干暂行规定》，提出"1958年以来，各省（市、区）和中央各部下放给专区、县、公社和企业的人权、财权、商权和工权，放得不适当的，一律收回"①。经过调整，比例失调的局面得到了扭转。

此后不久，中央集权的弊病重新显露出来，放权势在必行。在1970年初召开的全国计划会议上，中央提出要扩大地方的管理权限，具体措施包括：大批中央直属企业下放给地方；对地方实行三个"大包干"（基建投资大包干、物资分配大包干、财政收支大包干）；计划体制实行"块块为主，条块结合"，给地方以较大的管理权限；设想恢复协作区建制，建立协作区工业体系。② 这一时期的放权在部分地解决中央集权弊病的同时，却造成了地区和部门分割，加剧了混乱。

1973年2月，国家计委起草了《关于坚持统一计划，加强经济管理的规定》，重新将经济管理权集中起来。然而，受"文化大革命"政治氛围的影响，中央集权的效果并不理想。1975年邓小平主持中央工作，开始各方面的整顿，整顿工作的核心就是加强权力的集中。1976年粉碎"四人帮"后，中央加强了铁路、邮电、民航等重要部门的统一领导，将部分税收、财政、物资管理权上收到中央，同时调整了一部分工业企业的隶属关系。③

二、改革开放以来中央与省级政府之间的关系

改革开放以来，随着经济体制转型的发动与深入，中央与省级政府之间关系的调整不再是简单的收权与放权，而是呈现出多样化的特征。根据笔者对相关文献的梳理，改革开放后中央与省级政府之间关系调整的线索

---

① 苏星：《新中国经济史（修订本）》，北京：中共中央党校出版社2007年版，第375—376页。
② 刘日新：《新中国经济建设简史》，北京：中央文献出版社2006年版，第269—270页。
③ 颜廷锐等：《中国行政体制改革问题报告》，北京：中国展望出版社2004年版，第248—249页。

主要有两条,即财税体制改革和政府机构改革,前者涉及中央与省级政府的财力格局,而后者则关系到中央与省级政府的事权结构。表 5.2 整理的政府文件大致支持这一判断。

表 5.2 改革开放之后中央与省级政府之间关系的演进(1978—2014)

时间	重要会议	提法或内容
1978 年 2 月 26 日	第五届全国人大第一次会议	要在巩固中央集中统一领导的前提下,发挥中央和地方两个积极性。大权独揽,小权分散
1979 年 6 月 18 日	第五届全国人大第二次会议	要在中央集中统一领导下,适当扩大地方在计划、基建、财政、物资、外贸等方面的权限,使各地方能够按照社会化大生产的要求和经济有效的原则,因地制宜地发展国民经济
1980 年 8 月 30 日	第五届全国人大第三次会议	财政体制实行中央和地方"划分收支,分级包干"的管理办法,调动地方增收节支的积极性
1981 年 11 月 30 日	第五届全国人大第四次会议	中央财政的投资范围应该逐步收缩,主要用于能源、交通、新兴工业等。至于一些投资周期短、利润比较大的项目,城市建设的一些项目尽可能用地方和企业的财力去兴办
1983 年 6 月 6 日	第六届全国人大第一次会议	进一步完善利改税的制度,开征一些必要的新税种,合理调整税率,按照税种划分中央收入、地方收入和中央地方共享收入,改进和稳定国家与企业之间、中央与地方之间的分配关系
1986 年 3 月 25 日	第六届全国人大第四次会议	完善财政税收制度,按照税种划分中央、地方的财政收入,明确中央、地方的财政支出范围
1987 年 3 月 25 日	第六届全国人大第五次会议	必须坚决把过高的财政支出压缩下来,同时要根据新的分配格局,合理调整中央与地方的财政收支结构,适当提高中央财政收入所占的比重

续表

时间	重要会议	提法或内容
1988年3月25日	第七届全国人大第一次会议	第一，这次机构改革主要着眼于转变职能。第二，这次机构改革的重点是同经济体制改革关系极为密切的经济管理部门，特别是专业管理部门和综合部门内的专业机构。第三，这次机构改革要同经济体制和政治体制改革的总进程相适应。国务院各部门要支持地方政府的机构改革，不要强求地方政府机构同中央上下对口
1989年3月20日	第七届全国人大第二次会议	各级政府、政府工作人员必须坚决维护中共中央的领导权威，坚决维护国务院对政府工作的领导权威，坚决维护法纪政纪的权威
1990年3月20日	第七届全国人大第三次会议	中央下放给省、自治区、直辖市的基建项目审批权限不变，但省区市下放的项目审批权限要适当集中到省一级，克服审批权多头分散现象
1992年3月20日	第七届全国人大第五次会议	加快分税制和税利分流改革试点的步伐，探索理顺中央和地方、国家和企业分配关系的途径
1993年3月15日	第八届全国人大第一次会议	理顺中央与地方、国家与企业的分配关系，改革方向是实行分税制和国有企业的利税分流
1994年3月10日	第八届全国人大第二次会议	认真实施财税改革方案，理顺中央与地方、国家与企业的分配关系。改革方案既注意到逐步增加中央财力的需要，也充分照顾了地方利益和企业的经营状况，有利于发挥中央和地方两个积极性，是切实可行的
1995年3月5日	第八届全国人大第三次会议	认真研究中央和地方政府的事权划分范围
1996年3月5日	第八届全国人大第四次会议	转变政府职能，增强国家宏观调控能力。进一步改革政府机构，把综合经济部门逐步调整和建设成为职能统一、具有权威的宏观调控部门；把专业经济管理部门逐步改组为不具有政府职能的经济实体；其他政府部门也要进行合理调整

续表

时间	重要会议	提法或内容
1998年3月5日	第九届全国人大第一次会议	国务院机构改革的重点，是调整和撤销那些直接管理经济的专业部门，加强宏观调控和执法监管部门，按照权责一致的要求，调整部门的职责权限，明确划分部门之间职责分工，完善行政运行机制。各级地方政府也要自上而下有步骤有秩序地进行机构改革，精简机构和人员
1999年3月5日	第九届全国人大第二次会议	各地可按照中央总的精神，结合实际情况自行确定具体安排和做法。省级政府组成部门的设置应与国务院组成部门基本对口，人员编制原则上减一半，逐步、分期实施
2001年3月5日	第九届全国人大第四次会议	为了进一步规范中央和地方之间的分配关系，建立合理的分配机制，支持西部开发，从今年开始，对所得税收入实行中央和地方按比例分享
2002年3月5日	第九届全国人大第五次会议	继续理顺政府部门职能分工，防止有些事情互相推诿和无人负责
2003年3月5日	第十届全国人大第一次会议	中央和省两级实行部门预算制度，"收支两条线"管理和国库集中收付制度改革试点稳步推进
2004年3月5日	第十届全国人大第二次会议	推进政府职能转变。各级政府要全面履行职能，在继续搞好经济调节、加强市场监管的同时，更加注重履行社会管理和公共服务职能
2005年3月5日	第十届全国人大第三次会议	必须坚持处理好全局和局部的关系。全国经济是一个有机整体，应当按照"全国一盘棋"的战略布局，充分发挥各个地区的优势，调动中央和地方两个积极性
2007年3月5日	第十届全国人大第五次会议	正确处理中央和地方的关系，充分发挥两个积极性

续表

时间	重要会议	提法或内容
2008年3月5日	第十一届全国人大第一次会议	这次国务院机构改革方案，主要围绕转变职能，合理配置宏观调控部门职能，调整和完善行业管理机构，加强社会管理和公共服务部门，探索实行职能有机统一的大部门体制；针对职责交叉、权责脱节问题，明确界定部门分工和权限，理顺部门职责关系，健全部门间的协调配合机制
2010年3月5日	第十一届全国人大第三次会议	全面编制中央和地方政府性基金预算，试编社会保险基金预算，完善国有资本经营预算制度
2011年3月5日	第十一届全国人大第四次会议	健全财力与事权相匹配的财税体制，清理和归并专项转移支付项目，增加一般性转移支付，健全县级基本财力保障机制
2012年3月5日	第十一届全国人大第五次会议	推进财税体制改革，理顺中央与地方及地方各级政府间财政分配关系，更好地调动中央和地方两个积极性
2013年3月5日	第十二届全国人大第一次会议	加快财税体制改革，理顺中央和地方财力与事权的关系，完善财政转移支付制度，健全公共财政体系，构建地方税体系，促进形成有利于结构优化、社会公平的税收制度
2014年3月5日	第十二届全国人大第二次会议	进一步简政放权，这是政府的自我革命。坚持放管并重，建立纵横联动协同管理机制，实现责任和权力同步下放、放活和监管同步到位。抓紧研究调整中央与地方事权和支出责任，逐步理顺中央与地方收入划分，保持现有财力格局总体稳定

资料来源：根据相关年份国务院《政府工作报告》整理。

（一）重塑中央与省级政府财力格局的财税体制改革

改革开放以来，我国几次大规模的财税体制改革重塑了中央与省级政府的财力格局，为发挥中央与地方两个积极性奠定了物质基础。1980年2月推行的"划分收支、分级包干"财政管理体制将收支进行分类分成，其中收入分为固定收入、固定比例分成收入和调剂收入，支出按企业和事业单位的隶属关系进行划分，地方财政自求平衡；经过两步利改税后，1985年调整为"划分税种、核定收支、分级包干"的财政体制，将过去的划分收入改为划分税种，形成中央税、地方税和共享税三类，支出方面则按隶属关系，划分中央和地方两级财政支出的范围，这有利于进一步明确各级财政的权利和责任，特别是使地方具有了自主行使财权的权限；[①] 1988年7月28日，国务院发布了《关于地方实行财政包干办法的决定》，推行了财政大包干制度，包括"收入递增包干"、"上解额递增包干"、"定额上解"、"定额补助"等四种包干办法，按照一定的比例上缴给中央政府，而增加的收入留给地方政府（刘尚希等，2008：2）。这三次大规模财政管理体制改革的共同特征是放权让利，即扩大地方、部门和企业的财权和自主权，从不同程度上对中央与省级政府的收入结构进行调整，从而改变了中央与省级政府的财力格局，一方面调动了地方政府的积极性，另一方面却使中央财政陷入了虚弱的境地[②]，并由此而减损了中央政府的宏观调控能力。针对这种不利局面，1994年1月1日起，国务院对各省、自治区、直辖市以及计划单列市实行分税制财政管理体制改革。根据1993年12月15日国务院颁布的《关于实行分税制财政管理体制的决定》，分税制财政管理体制的具体内容包括："（1）根据中央政府与地方政府事权的划分，划分中央与地方财政支出；（2）根据事权与财权相结合的原则，按税种划分中央与地方的收入；（3）中央财政对地方税收返还数额以1993年为基期年核定；（4）原体制中央对地方的补助继续按规定补助；原体制地方上解仍按不同体制类型执行；原来中央拨给地方的各项专款，该下拨的继续下拨。"分税制改革的推行使得中央财政能力大大增强并趋于稳定，地方财

---

① 赵云旗：《中国分税制财政体制研究》，北京：经济科学出版社2005年版，第174—175页。
② 胡鞍钢使用"国家汲取财政能力"这一指标衡量了中央财力，指出在转型经济中，中央政府控制宏观经济的能力在下降，从而出现了所谓的"弱中央—强地方"格局。参见胡鞍钢：《正确认识处理市场经济转型中中央与地方的关系》，见董辅礽等：《集权与分权——中央与地方关系的构建》，北京：经济科学出版社1996年版，第73—74页。关于这一判断，学术界有不同的看法，认为使用两个比重（中央财政收入占GDP的比重、中央财政收入占全国财政收入的比重）的下降来衡量中央财政困难是片面的。

政能力也在地方经济高速发展的条件下得到了大幅度的提升,中央与地方实现了"共赢"。仅仅考察中央与地方财政收入增长的绝对数,这一结论无疑是正确的,但由于中国二元经济结构的固化和非均衡发展战略的推行,广大农村地区和中西部地区的地方财力与其庞大的财政支出相比面临着很大的缺口,这些区域的地方政府不同程度地存在着捉襟见肘的财政困境,因为地方政府在分税制改革中并不能享受到与中央政府同等幅度的财力增量。2014年6月30日,中央政治局审议通过了《深化财税体制改革总体方案》,将预算管理制度改革、税收制度改革与建立事权和支出责任相适应的制度作为新一轮财税体制改革的三大任务,计划在2016年基本完成深化财税体制改革的重点工作和任务,2020年基本建成现代财政制度。这项综合性改革不仅会重塑中央与省级政府之间的财力结构,而且对政府间关系的重构将会产生深远的影响。

（二）重建中央与省级政府事权结构的政府机构改革

随着市场经济体制改革的推进,政府角色逐渐从经济活动主体过渡到经济服务主体上来,改革开放以来的历次《政府工作报告》都十分强调政府职能转变。政府职能转变的要求催生了政府机构改革。改革开放以来,我国共进行了七次大规模的政府机构改革[①],通过这七次改革,中央与省级政府的事权结构发生了很大的变化。

第一次改革发生在1982年,为了使行政管理体制和政府机构设置适应经济体制改革的要求,国务院进行了大规模的机构改革,包括改革领导体制、裁并工作部门、精干领导班子、安排好老干部、轮训干部等内容,省级以下政府进行了下放企业管理权限的试点,企业活力得到了很大的增强,但这次改革没有触动高度集中的传统计划经济体制,各级政府的事权本身没有多大改变。

第二次改革发生在1988年,这次改革的长期目标是,根据党政分开、政企分开和精简、统一、效能的原则,逐步建立具有中国特色的功能齐

---

① 这七次大规模政府机构改革的主要内容来自笔者对历年《政府工作报告》的整理,同时参考陶学荣、陶睿:《中国行政体制改革研究》,北京:人民出版社2006年版,第95—111页。

全、结构合理、运转协调、灵活高效的行政管理体系,重点是转变政府职能,对与经济体制改革密切相关的经济管理部门进行了改革。这次改革为中央政府的经济管理职能朝着经济服务职能转型提供了契机,中央政府的事权改革力度较大,而地方政府的事权改革不够理想。

第三次改革发生在1993年,这次改革是为适应社会主义市场经济体制改革的要求,本着转变政府职能、理顺关系、精兵简政、提高效率的原则,重点是加强宏观调控和监管部门,强化社会管理职能部门。在这次机构改革过程中,中央政府将一部分专业经济部门转变为行业管理机构或经济实体,而地方政府则大力精简机构、减人增效。在建立社会主义市场经济体制的总体战略布局下,政府职能转变的步伐加快,政府上下形成了事权转型的热潮。

第四次改革发生在1998年,这次改革根据精简、统一、效能的原则,转变政府职能,实行政企分开,以建立办事高效、运转协调、行为规范的行政管理体系。在这次机构改革过程中,中央政府调整和撤销了一些直接管理经济的专业部门和行政性公司,加强了宏观调控和执法监管部门,地方政府则自上而下有步骤有秩序地进行了机构改革,精简了机构和人员。通过这次改革,各级政府逐步转向主要运用经济手段、法律手段来管理社会经济事务,其事权的内容和结构发生了较大的变化。

第五次改革发生在2003年,这次改革继续推进政企分开,按照精简、统一、效能和依法行政的原则,进一步转变政府职能,调整政府机构设置,理顺部门职能分工,减少行政审批,提高政府管理水平。这次机构改革的重点是深化国有资产管理体制改革、完善宏观调控体系、健全金融监管体制、推进流通管理体制改革、加强食品安全和安全生产监管体制建设,地方政府也进行了相应的改革。

第六次改革发生在2008年,这次改革坚持以人为本、执政为民,坚持同发展社会主义民主政治、发展社会主义市场经济相适应,坚持科学民主决策、依法行政、加强行政监督,坚持管理创新和制度创新,坚持发挥中央和地方两个积极性。在科学发展观的统领下,政府职能转变的方向基本明确,中央与省级政府之间的事权划分在新的历史时期朝着优化、科学的格局迈进。

第七次改革发生在2013年,这次改革重点围绕转变职能和理顺职责关系,稳步推进大部门制改革,对理顺中央与省级政府之间的事权结构起到了重要的作用。

第三节 政治集权与财政分权:两个分析维度

如何从理论层面理解当代中国中央与省级政府之间的关系呢?政府间分权的相关理论可以提供一些启示。鉴于历史文献梳理的发现,我们可以尝试着从政治体制和财税体制来展开分析。作为政治体制的物质基础,财政因素的重要性不言而喻,没有适度的财政力量作支撑,政治体制将无法运行;反过来,财税体制改革的每一步都依赖于政治体制的制度设计,政治体制在不同程度地影响着财税体制改革,因而在特定的国家,政治体制与财税体制总是交织在一起的。

一、政治集权

政治权力的绝对集中和绝对分散都是不可持续的非均衡状态,这一点早已为古今中外的实践所证明。如果将政治权力的绝对集中和绝对分散看作处于非均衡状态的两端,那么,维持居于这两端之间的相对集权不仅必要,而且可能。马克思主义经典作家论述过集权特别是相对集权的重要性。例如,列宁站在马克思主义的立场上赞成集权制,他说,"马克思主义者是决不会主张实行任何联邦制原则,也不会主张任何分权制的。中央集权制的大国是从中世纪的分散状态向将来全世界社会主义的统一迈出的巨大的历史性的一步,除了通过这样的国家外,没有也不可能有别的通向社会主义的道路"[1]。他在1917年8、9月间写作的《国家与革命》小册子中强调,"……中央集权的强力组织,暴力组织,既是为了镇压剥削者的

---

[1] 列宁:《关于民族问题的批评意见》,见《列宁全集》(第24卷),中央编译局译,北京:人民出版社1985年版,第149页。

反抗，也是为了领导广大民众即农民、小资产阶级和半无产者来'调整'社会主义经济"①。尽管列宁赞成集权制，但是他所主张的集权决不是政治权力的绝对集中。马克思也有类似的思想，他在《论法兰西内战》初稿（摘录）中虽然反对过作为人为机体统一体的中央集权制："巴黎所要的却是：以法国社会本身通过公社组织而取得的政治统一去代替曾起过反封建作用的中央集权制，这种中央集权制现在已经仅仅表现为一个人为机体的统一……巴黎所要的则是破坏那种人为的中央集权制……"②，但是，如果我们完整地看完这段论述就会发现，马克思所反对的只是那种"依靠宪兵和红黑军队而存在，压制着现实社会的生活，像梦魇一样压在社会头上，用孤立巴黎、排斥外省的办法给予巴黎一个'表面上大权独揽'的地位"的强制的、虚假的、绝对的中央集权制③。正如列宁在《国家与革命》中所考证过的那样，"马克思是主张集中制的"④。在马克思主义经典作家那里，毋宁说社会主义，即使在资本主义体制下，集权都是必需的，只不过现代国家需要的是相对意义上的集权罢了。

之所以相对集权成为社会主义体制和资本主义体制的流行工具，是因为它有着政治权力的绝对集中和绝对分散所难以比拟的优势。文献梳理表明，相对集权至少有如下好处：（1）只有相对集权，政府维护宏观经济稳定、提供公共服务的统一性、收入再分配的公平性才能得到保证；⑤（2）政府组织动员能力的增强、压制地方寡头的权力、为地方融资提供支持、为区域外部性提供协调，也需要集权政府的作用；⑥（3）相对集权可以成

---

① 列宁：《国家与革命》，见《列宁专题文集》（论马克思主义），北京：人民出版社2009年版，第198页。
② 马克思：《〈法兰西内战〉初稿（摘录）》，见《马克思恩格斯文集》（第3卷），北京：人民出版社2009年版，第213—214页。
③ 马克思：《〈法兰西内战〉初稿（摘录）》，见《马克思恩格斯文集》（第3卷），北京：人民出版社2009年版，第213页。
④ 马克思：《〈法兰西内战〉初稿（摘录）》，见《马克思恩格斯文集》（第3卷），北京：人民出版社2009年版，第225页。
⑤ Levy, Frank and Edwin M. Truman, "Toward a Rational Theory of Decentralization: Another View", *The American Political Science Review*, Vol. 65, No. 1, 1971, p. 178.
⑥ Bardhan, Pranab, "Decentralization of Governance and Development", *The Journal of Economic Perspectives*, Vol. 16, No. 4, 2002, p. 203.

功地减少地方保护主义和地方诸侯出现的可能性,例如,"没有政治集权,追求地方主义政策的激励就会非常高,而且仅凭经济和财政安排是无法消除这一激励的;没有政治集权,联邦制国家可能会陷入混乱,例如20世纪90年代的俄罗斯、巴西和印度"①。由于相对集权的种种好处,不仅单一制国家,甚至联邦制国家都建立了相对集权的政治结构,例如"美国建立了世界上最强大的中央集权的联邦国家机器,包括统一的联邦军队、权威的联邦法院、联邦会议和中央情报局等"②。当然,单一制国家和联邦制国家对相对集权的理解是大不相同的。

作为单一制国家,当代中国对集权的解释带有政治权力向中央政府集中的意涵。在中国的《辞海》中,中央政府被解释为"国家的最高行政机关。代表一定统治阶级统一领导全国和地方的行政工作"③。该辞书将中央集权解释为,"国家权力集中于中央政府的制度。在该制度下,地方政府统一服从于中央政府,根据中央政府的政策、法令办事,受中央政府的领导和监督"④。在当代中国,作为最高国家权力机关全国人民代表大会的执行机关,国务院享有最高的行政权力,而根据2004年修订的1979年版《地方各级人民代表大会和地方各级人民政府组织法》,"全国地方各级人民政府都是国务院统一领导下的国家行政机关,都服从国务院"。正是这种领导与服从关系,使得即便地方各级政府的官员选举自本级地方人民代表大会,但他们依旧遵循对上负责的原则,这与联邦制国家地方官员对地方选民负责的权责体系有根本性的区别。邓小平从人事权集中的角度形象地阐述了这种领导体制,他谈道:"中央的话不听,国务院的话不听,这不行。……对于不听中央、国务院的话的,处理要坚决,可以先打招呼,不行就调人换头头。"⑤ 总之,在当代中国,无论是政治权力,还是作为政

---

① Blanchard, Olivier and Andrei Shleifer, "Federalism with and without Political Centralization: China versus Russia", *IMF Staff Papers*, Vol. 48, 2001, p. 178.
② 林志远:《中央集权和地方分权——联邦主义的经验和教训》,载《战略与管理》,2003年第1期,第82页。
③ 辞海编辑委员会编纂:《辞海》,上海:上海辞书出版社1999年版,第3998页。
④ 辞海编辑委员会编纂:《辞海》,上海:上海辞书出版社1999年版,第3999页。
⑤ 邓小平:《邓小平文选》(第三卷),北京:人民出版社1993年版,第319页。

治权力的执行形式的行政权力,都有向中央政府集中的倾向,可以说,作为国家权力的重要组成部分的政治权力向上集中是当代中国政治体制的一项明显特征。

然而,即使将当代中国的政治体制概括为具有政治权力向中央政府进行集中的倾向或政治集权,也并不是说所有的权力都应该集中在中央政府手中,原因是多样的:(1)如果将权力谱系描述为从绝对集权的一端走向绝对分权的另一端,那么在这一运行轨迹中,权力激励的强度可能是先递增、后递减。在权力谱系的绝对集权端,权力激励的强度相对较小,因为中央集权条件下承诺是不可信的[①],且集权度越高,承诺越不可信,激励强度也就越小;在权力谱系的绝对分权端,政治风险达到峰值,权力激励的强度也相对较小;介于这两个极端之间的某个相对集权点或区域,权力激励的强度达到最大。(2)不是所有的权力都适宜或应该集中在中央政府。邓小平对此有深刻的认识,他批评道:"我国的各级领导机关,都管了很多不该管、管不好、管不了的事,这些事只要有一定的规章,放在下面,……本来可以很好办,但是统统拿到党政领导机关、拿到中央部门来,就很难办。"[②] 毕竟将中央政府看作超然的、无所不能的观点并不准确。改革开放以来,中国的政治体制改革是温和的,它寻求创立一种更为合理化的威权体制[③],这种体制只可能是政治权力的相对集中而非绝对集中。既然如此,各种形式的分权特别是行政性分权和经济性分权便具有了理论上的依据和实践上的可能。

事实上,无论是改革开放之前还是之后,不同领域的权力收放一直在不定期地进行着,特别是在改革开放之前,"一放就乱,一乱就收,一收就死,一死就放"的循环几乎是政治生活的常态;改革开放之初,虽然经由行政性分权,政府的行政管理权力有适度的下放,相应地,企业的经营

---

① 钱颖一:《激励与约束》,载《经济社会体制比较》,1999年第5期,第7—12页。
② 邓小平:《党和国家领导制度的改革》,见《邓小平文选》(第二卷),北京:人民出版社1983年版,第288页。
③ Goldstein, Steven M., "China in Transition: The Political Foundations of Incremental Reform", *The China Quarterly*, No. 144, 1995, p. 1108.

决策权在政府行政系统内逐级向下转移,但政府并未对企业分权,因而企业并没有获得经营自主权。① 可以假想,如果企业仍旧依附于各级政府(即与计划经济时期相比,尽管中央和地方国有企业的划分逐渐清晰,但国有企业在人、财、物上仍然依附于政府,只不过前者依附于中央政府,后者依附于地方政府),那么,这与改革开放之前的中央政府向地方政府下放企业经营决策权并没有本质的区别,这种分权仍旧局限于行政性分权,且它只是政府职能在中央与地方之间的分工,而不是让地方政府和国有企业真正享有自治权。为了突破单纯地调整政府之间经济管理权限的行政性分权,以政企分开改革为代表的经济性分权逐步推进,使得国有企业在这一过程中更多地分享到了来自各级政府转移出来的经营决策权。与此相适应地,中央将部分经济管理权限,如分配产品和信贷、调整物价等经济干预权逐步下放给了地方。② 正是在行政性分权的带动和经济性分权的突破下,改革开放之后,当代中国相对集权的权力结构开始形成。

综上所述,虽然集权是必要的,但是只有相对集权才能够保持稳定的状态。通过动态磨合,当代中国形成了相对意义上的政治集权,即在政治权力向中央政府集中的同时,也有相对分权的倾向与实践,或者说,相对集权本身就是相对分权。如何理解和衡量政治权力的集中程度呢?在"党管干部"原则和单一制的背景下,起主要作用的是人事权和立法权的配置状态,前者表现为自中央到地方,上级党政机关对下级党政机关主要官员的任免(包括选任、委任和聘任)、考核(与升降和奖惩制度相结合)、交流(除官员异地任职和中央干部下派到地方外,还包括地方干部借调到中央)和监督检查负责,从而实现了中央对地方官员的支配和激励;后者则是上级人民代表大会对下级人民代表大会及其政府的立法授权,从而保证了立法权的相对集中和地方自由裁量权的有限性。

---

① 孙立平:《集权·民主·政治现代化》,载《政治学研究》,1989 年第 3 期,第 12 页。
② 楼继伟:《解决中央与地方矛盾的关键是实行经济性分权》,载《经济社会体制比较》,1991 年第 1 期。

一般地，集权取决于政府统治程度的高低①，而衡量政府统治程度的高低，人事权的集中与否无疑是一个重要的方面。在当代中国，政府官员的人事任免是个复杂的程序，它超越了政府体制，尽管在形式上归属各级人民代表大会，但实质上却归属于党，因为党章的相关规定和"党管干部"原则保证了党提名或推荐的人选能够被选为各级政府、人民代表大会、甚至各级人民团体的领导干部，同时，"中央和地方国家机关、人民团体中的党组或党员负责干部，要自觉接受中央和地方党委的领导"②。对此，有的外国学者甚至给出了这样的判断："自1949年以来，中国共产党一直控制着所有战略性组织（包括立法、司法、军队、战略性经济企业、媒体、集体组织）的领导干部的选择，以及控制着军队，这种人事权集中的威权控制从来也没有发生根本性的变化。"③ 在党的中央组织层面上，1982年9月6日中共十二大通过的《中国共产党章程》第二十一条规定："党的中央政治局、中央政治局常务委员会、中央书记处和中央委员会总书记，由中央委员会全体会议选举。"而中央高层领导又对中央委员会人选的构成有很大的影响力，因此，中国高层政治的图景是"双向负责"④。这种双向负责体系反映了人事权在中央与地方层面上的分配及相互影响情况，但它是动态的、不对称的：在20世纪80年代，地方官员占中央委员的比重在逐渐升高，但是20世纪90年代以来，这一比重又在减少。这也正好印证了财政包干制时期中央政府采用决策参与权换取收入分成谈判中有利于自己的分成比例或分成额，而分税制改革后无此必要的理论推测。在地方官员的任免问题上，与联邦制国家地方官员经由选举产生的机制不同，当代中国的政治体制是单一制，对地方官员采取"党管干部，下管一

---

① [美] 塞缪尔·亨廷顿：《变革社会中的政治秩序》，李盛平等译，北京：华夏出版社1988年版。
② 《中共中央关于加强党的建设几个重大问题的决定》，见《十一届三中全会以来历次党代会、中央全会报告·公报·决议·决定》（下），中国方正出版社2008年版，第544—545页。
③ Burns, John P., "The People's Republic of China at 50: National Political Reform", *The China Quarterly*, No. 159, 1999, p. 581.
④ Shirk, Susan L., *The Political Logic of Economic Reform in China*, University of California Press, 1993.

级"的垂直任免和管理方式,借此,"中央对地方是通过人事制度进行控制和激励的"①,特别是通过对省级主要官员的任免来使得省级党委和政府在重要政策、战略和决策上与中央保持一致,这一控制机制对省级以下地方党委和政府也是适用的。

中央对地方官员的人事任免权是如何行使的呢？在改革开放之后的相当长一段时期,地方经济绩效指标取代了过去的纯政治指标,成为地方官员升迁的重要依据。②然而,这种将地方相对经济绩效指标作为考核地方官员政绩的主要方式,并决定其政治晋升的做法逐渐出现了问题,尤其是"各地政府为了在GDP竞赛中名列前茅而采用了各种以邻为壑的手段,最典型的就是形形色色的地方保护主义,和由此造成的地区分割和诸侯经济"③。针对这些弊端,政府绩效考核机制和内容至少在制度和文件上进行了改进。近些年来,随着政府绩效评估理念的引入,以及向"建立人民满意的政府"和"追求人民幸福"等重视民意和民生的执政理念的转换,官员晋升竞赛的标的发生了变化。同时,中央政府虽然还在继续选派和提升省级政府的主要领导干部,但是,省级政府层面上的厅局级干部可以由省级人民代表大会来选举和任命④,由于这些经由地方选举或任命的地方官员更容易受到地方选举因素的影响,他们对上级党政机关负责的忠诚度发生了一定的渗漏,所以人事权的集中度有所稀释,这就决定了人事权的绝对集中逐步走向了相对集中。

除了人事权的相对集中外,立法权的集中也是政治权力集中的一个重

---

① 许成钢:《政治集权下的地方经济分权与中国改革》,见青木昌彦、吴敬琏主编:《从威权到民主:可持续发展的政治经济学》,北京:中信出版社2008年版,第186—187页。
② 通过对1979—1997年中国省级领导人轮换数据与经济绩效之间关系的实证分析,省级领导人晋升的可能性随他们任期内平均经济绩效的增长而提高,反之则相反,这一结论是稳健的。参见Li, Hongbin and Li-An Zhou, "Political Turnover and Economic Performance: The Incentive Role of Personal Control in China", *Journal of Public Economics*, Vol. 89, No. 9 – 10, 2005, pp. 1743 – 1762。
③ 王永钦、丁菊红:《公共部门内部的激励机制:一个文献述评》,载《世界经济文汇》,2007年第1期,第92页。
④ Jin, Jing and Heng-fu Zou, "Soft Budget Constraint on Local Governments in China", in J. Rodden, G. Eskeland, and J. Litvak (eds.), *Fiscal Decentralization and the Challenge of Hard Budget Constraints*, MIT Press, 2003.

要表现。在我国，2004 年修订的 1982 年版《宪法》第五十八条规定，"全国人民代表大会和全国人民代表大会常务委员会行使国家立法权"，立法权处于高度集中的状态；2004 年修订的 1979 年版《地方各级人民代表大会和地方各级人民政府组织法》第七条规定："省、自治区、直辖市的人民代表大会根据本行政区域的具体情况和实际需要，在不同宪法、法律、行政法规相抵触的前提下，可以制定和颁布地方性法规，报全国人民代表大会常务委员会和国务院备案。"备案制度的建立为全国人民代表大会常务委员会和国务院干预地方立法提供了法律依据。凭借立法权的高度集中，中央政府可以通过限制地方政府的自由裁量权来影响地方政府行为。[①]

如果我们接受行政权力是政治权力的执行形式的观点，那么人事权、立法权等政治权力的集中使得行政权力也有集中的可能。而行政权力的集中会损失行政效率，会加重官僚主义作风。因此，政治权力的集中取决于单一制国家的独特政治体制，而行政权力则因行政效率和官僚主义等各方面的原因而表现出不宜过分集中的倾向，于是我们推测并将从如下关于财政分权的论述中得到印证，为什么当代中国作为政治权力的税政权是向上集中的，而作为行政权力的财政权则呈现出集分结合的态势。

二、财政分权

一个有行动边界的层级制有机体，如果它的规模足够大，维持其有效运转的具体工作便需要借助基层组织来实现，或者说，为了使该有机体有效运转，上层组织通常将全部或部分权力或职责下放给基层组织。国家就是这样的有机体。在国家内部，上层组织（即中央政府）通常将自己的职责定位于设置政策目标，而将作出具体决策的权力以一套明确的奖惩规则交由基层组织（即地方政府）去完成。[②] 受这种从职责分工和权力转移的角度对分权进行定义的影响，丹尼斯·A. 荣迪内利（Dennis Rondinelli）、

[①] Page, Edward, "Laws as an Instrument of Policy: A Study in Central-Local Government Relations", *Journal of Public Policy*, Vol. 5, No. 2, 1985, p. 264.

[②] Heins, A. James, "State and Local Response to Fiscal Decentralization", *American Economic Review*, Vol. 61, No. 2, 1971, p. 449.

普兰纳布·巴德汉（Pranab Bardhan）分别发展出为学术界所广泛接受的分权理论：荣迪内利认为，所谓分权，是指中央政府将计划（或规划）、管理、税收征管、资源分配的责任转移给中央政府的各专门部门、下属部门或地方政府、半自治的公共机构或团体、广大地区或功能性权力部门、非政府组织或非营利组织；① 巴德汉指出，分权是指政治决策权的转移，将中央政府的某些纯粹的行政职权转移给它在地方上的分支机构。② 乔纳森·罗登（Jonathan Rodden）在此基础上更进一层，他认同分权是指权力从中央政府转移到地方政府的观点，但他强调，这种转移不仅仅是固定的权力从高层级政府向低层级政府的封闭式转移③，而是像荣迪内利在定义中所隐喻的那样，分权不仅发生在高低层级的政府之间，而且可以是政府向非政府组织或非营利组织转移公共物品或服务的生产职能（这涉及到公共物品或服务的私有化提供）。这是因为，随着科技的发展，许多公共物品或服务的私有化提供不但可行，而且是令人满意的，如垃圾收集、供电、交通、供水、医疗卫生、教育，甚至全部或部分养老金基金的运作。④ 鉴于国家权力或职责的多样性，分权的形式也多种多样，包括政治分权、行政分权、财政分权、政策分权、经济分权、市场分权。显而易见的是，在一个政治有机体内，这些分权形式并不同步，它们会受到各种因素的影响，尤其是政治因素的驱动⑤，从而以各种组合方式交织在一起，共同促使地方政府在公共物品或服务提供中完成决策、融资、生产、监督任务，完成这些任务的目的要么在于回应地方居民的需求，要么在于执行上级政府的指令。

---

① Rondinelli, D. A., "What is Decentralization?", in J. Litvack and J. Seddon (eds.), *Decentralization Briefing Notes*, WBI Working Papers, 1999, p. 4.

② Bardhan, Pranab, "Decentralization of Governance and Development", *The Journal of Economic Perspectives*, Vol. 16, No. 4, 2002, p. 186.

③ Rodden, Jonathan, "Comparative Federalism and Decentralization: On Meaning and Measurement", *Comparative Politics*, Vol. 36, No. 4, 2004, p. 498.

④ Tanzi, Vito, "On Fiscal Federalism: Issues to Worry About", http://www.imf.org/external/pubs/ft/seminar/2000/fiscal/tanzi.pdf, 2000.

⑤ Prud'Homme, Rémy, "Review on Fiscal Decentralization in Developing Countries", *Journal of Economic Literature*, Vol. 38, No. 2, 2000, p. 439.

在众多的分权形式中,财政分权无疑十分重要,它不但是发达的联邦制国家的常态,甚至在发展中国家也日益成为潮流。文献梳理发现,有许多研究者赞成将财政分权看作是财政权力在政府系统内自上而下发生转移或财政职责在层级制政府内进行分工。当然,关于财政权力转移或财政职责分工的原因和形式,不同学者的看法不尽相同,有的强调以提高效率为目的,因为地方政府在财政资源分配方面更有信息优势①,从而由地方政府进行支出决策更有利于地方性公共物品或服务提供效率的提高;有的认为在财政权力转移的同时财政资源也需要下移②,或者说,财政资源的分配和利用应尽可能多地交由地方政府去处理,从而使地方政府的收支相匹配;有的强调在财权转移的同时责任也要下移,特别是地方政府应该有权进入信贷市场,接触赤字财政资源,硬化财政预算,实现财政自治③。显然,财政权力在政府系统内的自上而下转移或财政职责在层级制政府内的分工不仅关乎财政收入方面,财政支出因素也被列入到财政分权的内涵之中,如有的学者将财政分权看作是治理、支出和收入方面的权力下放④;有的学者认为财政分权是税收和支出安排的分权⑤;还有的学者将财政分权理解为一种综合性体制,包括支持问责制的政府和制度的基本结构,以及支出和收入安排、有效的转移支付体制⑥。因此,要完整地理解财政分权,至少需要从三个方面着手:第一,考察财政收入方面的权力转移(例如,税政权的分配情况、地方政府是否拥有自主的财政收入筹措权,以及在

---

① Lin, Justin Yifu and Zhiqiang Liu, "Fiscal Decentralization and Economic Growth in China", *Economic Development and Cultural Change*, Vol. 49, No. 1, 2000, p. 1.

② Boex, Jamie, "Fiscal Decentralization and Intergovernmental Finance Reform as an International Development Strategy", IDG (Urban Institute Center on International Development and Governance) Working Paper No. 2009-06, 2009.

③ Rodden, Jonathan, "Comparative Federalism and Decentralization: On Meaning and Measurement", *Comparative Politics*, Vol. 36, No. 4, 2004, p. 498.

④ Bahl, Roy and Johannes Linn, "Fiscal Decentralization and Intergovernmental Transfers in Less Developed Countries", *Publius*, Vol. 24, No. 1, 1994, p. 1.

⑤ Bardhan, Pranab, "Decentralization of Governance and Development", *The Journal of Economic Perspectives*, Vol. 16, No. 4, 2002, p. 186.

⑥ Wetzel, Deborah, "Decentralization in the Transition Economies: Challenges and the Road Ahead", The World Bank Working Paper, 2001.

多大程度上可以从事借贷活动）；第二，考察财政支出责任在高低层级政府之间的分工（通常指事权结构）；第三，检验某一特定的财税体制是否建立了合理的财政转移支付体系，尽管财政转移支付存在着这样或那样的弊病。

　　财政分权理论散见于公共经济学的各种流派之中，财政联邦制理论是财政分权理论的一个重要分支，它被用来研究哪些活动应该在中央政府层面执行，哪些活动应该由地方政府来执行。[1] 财政联邦制理论兴起于20世纪50年代，到目前为止已经发展到第二代。第一代财政联邦制理论特别关心公共物品或服务提供的效率问题，认为地方政府在提供公共物品或服务方面优于中央政府，因为前者更接近于地方居民，可以将地方性公共物品或服务的提供更好地与地方居民的偏好对接起来，从而实现公共物品或服务提供方面投入产出比的最优化。基于这一思想，肯尼思·阿罗（Kenneth Arrow）、理查德·马斯格雷夫（Richard Musgrave）和保罗·萨缪尔森（Paul Samuelson）于20世纪50、60年代完整地提出了第一代财政联邦制理论，简称AMS模型，这一模型的核心思想是：在一个多级政府框架中，每一级政府都寻求使其辖区内选民的福利最大化，因此，地方政府将会在有限的自由裁量权范围内尽可能地改善其所提供的公共物品或服务的质量。[2] 地方政府在理论上的这一优势取决于最接近于地方居民的地方政府能够将公共物品或服务的预算成本调节至与地方居民的偏好相等的状态[3]，也就是"让决策更贴近地方居民"有减少交易费用的可能。尽管如此，还是有些学者对第一代财政联邦制理论的观点提出了质疑：第一，如果地方政府是选举性政府，那么它必然对提高地方居民的福利，或者使地方居民福利最大化感兴趣[4]，否则将不会达到应有的效果，至少在任命型地方政

---

[1] Mosteanu, Tatiana and Miaela Locob, "Fiscal Federalism", *Theoretical and Applied Economics*, Vol. 6, No. 511, 2007, pp. 21–26.

[2] Oates, Wallace E., "Toward a Second-Generation Theory of Fiscal Federalism", *International Tax and Public Finance*, Vol. 12, No. 4, 2005, p. 351.

[3] Ebel, Robert D. and Serdar Yilmaz, "On the Measurement and Impact of Fiscal Decentralization", Policy Research Working Paper No. 2089, 2002.

[4] Maskin, Eric S., "Recent Theoretical Work on the Soft Budget Constraint", *American Economic Review*, Vol. 89, No. 2, 1999, p. 424.

府中,地方官员将听命于上级政府而不是地方居民;第二,如果地方政府的管理能力薄弱、地方腐败和地方精英被利益集团所俘获,那么财政权力向地方政府进行转移将会造成宏观经济不稳定、财经纪律缺失,以及公共支出无效率;① 第三,财政分权会因政治结构的不同而减缓经济增长速度,并刺激通货膨胀,甚至恶化地区稳定。② 第二代财政联邦制理论并没有直接弥补第一代财政联邦制理论的不足,而是从激励角度来论证财政分权的合理性,该理论认为,法治、权力的水平分割(如立法权、行政权和司法权分立)、民主等政治制度可以促使地方官员的行为动机与当地居民的福利保持一致。③ 第二代财政联邦制理论强调了促进地方经济繁荣的地方税所产生的激励作用,即当地方政府能够获得经由更繁荣的经济活动而产生的税收收入的较大份额时,它们更有可能提供促进市场发展的公共物品。④ 也就是说,第二代财政联邦制理论更看重的是,地方政府为了提高自身财政收入而促进地方经济增长。要想达到这一目的,必须具备一定的条件。巴里·R. 温加斯特罗列了这些条件:(1)层级制政府;(2)地方政府拥有自治权;(3)中央政府提供并管理着一个共同的市场;(4)预算硬约束;(5)制度化的权力。⑤ 只有满足这五项条件,财政联邦制才能促进地方经济增长,否则,地方政府行为或多或少会发生扭曲。

用看重效率标准的第一代财政联邦制理论来衡量,因为提供公共物品或服务不是当代中国地方政府的首要任务,所以"地方政府因更贴近地方居民而能够有效地提高公共物品或服务提供的效率"的观点在当代中国的

---

① Boex, Jamie, "Fiscal Decentralization and Intergovernmental Finance Reform as an International Development Strategy", IDG (Urban Institute Center on International Development and Governance) Working Paper No. 2009 – 06, 2009.

② Prud'Homme, Rémy, "Review on Fiscal Decentralization in Developing Countries", *Journal of Economic Literature*, Vol. 38, No. 2, 2000.

③ Qian, Yingyi and Barry R. Weingast, "Federalism as a Commitment to Preserving Market Incentives", *The Journal of Economic Perspectives*, Vol. 11, No. 4, 1997, p. 84.

④ Weingast, Barry R., "Second Generation Fiscal Federalism: Implications for Decentralized Democratic Governance and Economic Development", Discussion Draft, 2006.

⑤ Weingast, Barry R., "Second Generation Fiscal Federalism: Implications for Decentralized Democratic Governance and Economic Development", Discussion Draft, 2006.

实践中不容易得到验证。相反，地方性公共物品或服务的有效供给不足、无效供给过多却是常见的现象。既然为地方居民提供公共物品或服务不构成中国财税体制的主要目标，那么，即便有大量文献讨论过改革开放之初实行的财政包干制以及随后的分税制改革不同程度地带有分权的性质，也的确调动过地方政府推动地方经济增长的积极性，但此处的激励机制与第二代财政联邦制理论所关注的激励机制也是不同的，更别提当代中国地方政府的财政收入筹措权等财权缺失，财政支出任务层层向下转移的现实了。尽管与第一代和第二代财政联邦制理论有所不同，但无可否认的是，与计划经济时期"统收统支"的集权型财税体制相比，1978年之后的财税体制改革出现了分权化的迹象。

20世纪80年代经历了三次较大的财税体制改革，其实质均是以不同的形式实行财政包干制，即地方政府经由谈判确定向它的上级政府上缴一个固定比例或额度的收入后，可以保留剩余的款项，同时，中央政府不断地将公共物品或服务的筹资责任下放给地方政府。从分权的角度来看，财政包干制有利有弊，一方面，中央政府通过赋予地方政府以财政收入的剩余索取权，激励地方政府在各自辖区范围内推动地方经济增长，在相对意义上增加了地方税收收入；另一方面，这一制度无法规避地方政府将预算内的财政资源转移到预算外或制度外渠道，或通过税收减免的方式"藏富于企业"，从而减损了上缴给中央财政的收入基数。为了纠正财政包干制所造成的财力分散，1994年1月1日进行了分税制改革，以税种税率分成代替财政包干制的收入分成，但对支出责任在中央与省级政府之间的分配却没有突破财政包干制时期的框架。1994年分税制改革之后，中国的财政收入集中度和财政支出分权度双双升高，地方政府的财政收支缺口因此而逐渐扩大，这就造成了地方政府财政收支的不对等，即在中央财力逐渐增大的同时，随着财政支出任务的层层下放，地方政府的事务在日益增加。新世纪以来推行的公共财政体系建设虽然对此进行了矫正，但矫正的效果仍不明显。

尽管改革开放之后顺次实行的财政包干制和分税制在制度规则上存在着根本性的差异，但是它们都无一例外地满足财政分权理论关于财政权力转移和财政职责分工的要求，因而将当代中国的财税体制归结为分权化的

财税体制是合适的。然而,当代中国的财政分权在相当大程度上不同于西方财政联邦制理论意义上的财政分权,其基本特征如下:

第一,税收立法权高度集中,地方税收自主权相当有限。作为一项政治权力,税收立法权在理论上不能由中央政府或地方政府享有,但是在实行政治单一制的当代中国,中央政府对税收立法过程的影响要远远大于地方政府,表现为,早期由中央政府直接制定全国性税收条例和核准地方性税收条例,后来逐渐规范为由全国人民代表大会及其常务委员会或授权国务院及其财税部门来制定或核准税收法规。显然,在这一制度设计中,中央政府可以承接立法机构的授权而制定有关财税体制或政策的法律法规,而地方政府则几乎不能影响和调整税种税率,因此,至少从立法层面来看,地方税收自主权相当有限。

第二,税收行政权(或征管权)从理论上的集中走向了实践上的集中。改革开放以来,伴随着财政包干制向分税制和公共财政体系的顺次过渡,税务机构的领导体制及中央与省级政府的税收征管权限发生了变化:在财政包干制时期,税收行政权在理论上是集中的,而在实践上却是分散的,因为尽管这一时期中央以下各级税务机构实行的是双重领导体制,在业务上以税务系统内的垂直领导为主,但在由地方税务部门代征税收的便利下,地方政府凭借自由裁量权的运用而获得了事实上的税收征管权;分税制改革后,这项权力的集中成分要大于分散成分,因为国家税务局和地方税务局的分头组建改变了地方税务部门代征所有税收的现实,因而地方税收行政权只能在地方税种上相对有限地行使;公共财政体系建设没有改变分税制改革所确定的税收征管权限在中央与省级政府之间的划分格局,国税局依然行使着占全国税收绝对比重的中央税和共享税的征收权限,因而税收行政权在实践上是集中的。

第三,从财政收入上的"弱中央—强地方"结构转变为财政支出上的地方财力与事权不相称。在财政包干制时期,凭借征税的自由裁量权,地方财政收入占全国财政收入的比重在不断增加,特别是经由地方政府的道德风险行为而削弱了中央财政资源,从而形成了财政收入结构上的"弱中央—强地方"格局。这种局面的形成激发了中央政府发动有利于中央财政收入增加的分税制改革的决心。通过分税制改革，财政收入迅速向上集中。一方面，借助制度规则的改变而改善了财政收入在中央与省级政府之间的分配结构；另一方面，分税制改革却没有改变财政支出任务在中央与省级政府之间的划分格局，尤其是在层级制政府系统内，支出任务可以逐层下放，这就使得地方财力与事权不相称的趋势越来越明显。在入不敷出的情境下，地方政府越来越依赖于中央政府的财政转移支付和专项补助来提供公共物品或服务，地方财政自治能力在财政收入有限的情况下受到了一定程度的限制。

第四，以财政包干制和分税制为主要内容的当代中国的财政分权不具备西方财政联邦制成立所需要的政治经济条件。无论是与强调效率标准的第一代财政联邦制理论还是与强调激励标准的第二代财政联邦制理论相比，在构成当代中国财政分权的政治经济条件中，居民"用手投票"选举地方官员和地方居民（包括自然人和法人）根据各地区不同的税收政策和公共服务水平而流动的"用脚投票"手段都十分有限。① 对于前者，由于人事任免权由上级党政机关把握，地方官员在为地方居民提供公共物品或服务时不一定是以最有效地满足地方需求为出发点的，其公共行政行为考虑得更多的是满足上级对他们的政绩考核。对于后者，如果说在财政包干制时期，地方居民因地方政府掌握税收征管的自由裁量权而制造出实际的税负差异，从而可以选择"用脚投票"机制以形成地方政府之间的竞争，那么，在分税制时期，由于自由裁量权的萎缩使得这种因税负差异而形成的"用脚投票"机制反而弱化了。

第五，激励机制从"为经济增长而竞争"过渡到"为公共物品或服务而竞争"。财政包干制产生了正反两种激励，一方面，它为地方政府推动地方经济增长提供了正向的激励，因为推动地方经济增长可以增加当地的财政收入；另一方面，因为借助所有权（或隶属关系）而划分的税收安排使地方政府的财政收入与地方企业联系在一起，这不自觉地加剧了重复建

---

① ［美］拉里·施罗德：《寻求负责任的财政分权政策》，蔡岚译、刘亚平校，载《公共行政评论》，2009年第4期，第5页。

设和地方保护主义①,进而破坏了市场经济原则,并因此而阻碍了地方经济增长。分税制改革后,财政激励机制发生了变化,那种因能增加地方财政收入而促使地方政府推动地方经济增长的激励作用趋于减弱,因为地方经济增长不再为增加当地财政收入带来直接的好处;同时,随着国有企业改革的推进和全国统一市场的形成,地方竞争不再以重复建设和地方保护主义为主要手段,而是把提供优质的公共物品或服务作为营造投资环境的新举措。

第六,财政支出结构优化的步伐滞后于财政收入安排的变革。从标准的财政分权理论来看,财政分权应该涉及财政收支的方方面面。然而,改革开放以来顺次实行的财政包干制和分税制都只是从财政收入的分配规则方面进行改革,这一点从分税制沿袭了财政包干制时期财政支出任务在中央与省级政府之间的划分就可以明显地看出来,通过粗略的比较甚至发现,这种划分格局在财政包干制改革之前就已经形成了。仅仅从税收方面着手进行财税体制改革,而不是先为地方政府安排好支出责任,自然而然地导致了公共物品"硬"、"软"不一致的局面:基础设施等硬性公共品的投资增长速度迅猛;而科教文卫等软性公共品的投资则相对不足且效率不高。尽管这一判断在理论界尚不能达成一致的意见,但是依据财政分权的一般理论,对财政支出结构进行改革的确刻不容缓。

基于当代中国财税体制的上述特征,笔者将其称为"中国式财政分权"。对于当代中国而言,财政分权始于20世纪80年代的分权化财税体制改革,因为财政包干制和分税制都强调了要增强地方政府的资金自筹能力,让地方政府真正享受到经济增长的好处。诚然,财政分权为当代中国的地方政府带来了财政收支权力的增加,遗憾的是,地方财政收支权力的增加却没有有效地被制度化,以致形成了两种意料之外的结果:一方面,中国的财政分权减少了可供地方政府分配的预算资源,地方政府所获得的好处远没有人们想象的那么大,加上省级以下政府负责提供所有重要的社会支出或几乎所有的公共服务,因而与相对增加的财政收入比较,其支出

---

① Wong, Christine P. W., "Central-Local Relations in an Era of Fiscal Decline: The Paradox of Fiscal Decentralization in Post-Mao China", *The China Quarterly*, No. 128, 1991, pp. 691 – 715.

任务不减反增了①；另一方面，财政分权使得中央政府的权力遭到了严重的削弱，这可以从中央政府无力使自己的政策和法律在地方顺利地执行上看出来，地方变成了诸侯②。尽管如此，从财政权力转移和财政职责分工的角度来衡量，不管财政分权增强还是削弱了地方政府的财力，中央与省级政府之间的财政关系都实现了分权化。既然改革开放之后中国所进行的财税体制改革，无论是财政包干制还是分税制和公共财政体系，都带有分权化的性质，但它又不同于西方财政联邦制理论意义上的财政分权，那么，当代中国的财税体制可以被冠之以"中国式财政分权"的称谓。在中国式财政分权的作用下，财政包干制时期的财力分散走向了分税制时期的财力集中。如前所述，财力结构的这种变动是在地方财政自治权与中央财政控制权同向增加的情况下实现的。由于在发展中国家，财力集中是为了实现稳定、增长、平衡、规模经济、控制等目标，而这些目标的达成在当代中国又是靠政治集权来完成的，这自然让人们将中国式财政分权与政治集权联系在了一起。虽然财政分权与政治集权的结合不是本部分讨论的重点，但是这并不妨碍我们将政治集权作为中国式财政分权得以形成的一个重要前提。有一种共识是，在中国分权化财税体制改革的同时，政治集权的格局基本没有变化。特别是通过1994年的分税制改革，中央政府不是减弱而是巩固了政治集权的物质基础。经验研究表明，恰恰是政治集权才使得中央政府有能力推动地方政府促进本地区的经济增长，从而取得了当代中国渐进式改革的成功。③ 所以，中国式财政分权是政治集权体制下的财政分权。在这一分权体制下，虽然各级地方政府不能像财政联邦制下的地方政府那样自行安排收支，但是地方政府却通过财政包干制和分税制，甚至非税收入比重的扩大而部分地掌握了财政自治权，这与中央政府将财政权力和财政职责转移给地方政府从而提高公共物品或服务的供给效率的做法有异

---

① 黄佩华、迪帕克等：《中国：国家发展与地方财政》，吴素萍等译，北京：中信出版社2003年版，第3页。

② Lin, Sen, "Review on Changing Central-Local Relations in China: Reform and State Capacity", *Pacific Affairs*, Vol. 68, No. 1, 1995, p. 102.

③ Blanchard, Olivier and Andrei Shleifer, "Federalism with and without Political Centralization: China versus Russia", *IMF Staff Papers*, Vol. 48, 2001, p. 171.

曲同工之妙。与此同时，由于政治集权的作用，中央财政控制权却可以稳步提升。这种地方财政自治权与中央财政控制权同向增加的财权结构构成了中国式财政分权区别于西方财政联邦制理论意义上的财政分权的特色。

第四节　中央与省级政府之间的关系：一个模式，四种解释

基于政治集权与财政分权这两个分析维度，笔者分别从"委托—代理"、"威权—民主"、"控制—自治"、"博弈—合作"四种视角来解释当代中国中央与省级政府之间的关系。

一、委托—代理视角

用经典的委托—代理理论来分析政治单一制国家的政府间关系有其可取之处，比如从人事任免权与税收行政权（或征管权）的自下而上集中和自上而下行使来看，它们在某种程度上直接或间接地符合委托—代理理论的一般特征，即由委托人根据事先的契约或约定，将一定的决策权力委托给代理人，代理人在符合委托人意志的前提下自主决策，实现委托人利益的最大化，同时得到委托人根据代理人所提供服务的数量和质量支付的相应报酬。在中央与省级政府①所形成的委托—代理关系中，它们分别充当委托人和代理人的角色，作为代理人的省级政府在执行作为委托人的中央政府的路线方针政策时，理论上很少有或根本就没有自主决策的空间②，但在行政实践中，由于信息不对称机制的存在，中央政府对省级政府的监督成本较高，中央政府在权衡利弊后，会有意识地让省级政府保留一定程度的自由裁量权，而省级政府则可能会利用这一制度便利而实施逆向选择和道德风险行为。

从人事任免关系上看，扮演委托人角色的中央政府掌握着省级政府主

---

① 泛指中央政府以下各级地方政府，但一般指省级政府，因为中央政府与省级以下地方政府之间的联系通常会"借道"省级政府。

② Rhodes, R. A. W., "Some Myths in Central – Local Relations", *The Town Planning Review*, Vol. 51, No. 3, 1980, p. 270.

要领导干部的人事任免权，在可以完全观测到作为代理人的省级政府的努力程度时，中央政府对省级政府主要领导干部的政治奖惩（即中央政府作为委托人为作为代理人的省级政府准备的预期报酬或惩罚）是可置信的，围绕政治晋升而产生的激励与约束机制便应运而生；在不能完全观测到作为代理人的省级政府的努力程度时，中央政府可以借助观测相关变量①，从而决定对省级政府主要领导干部的政治奖惩。由于变量数据的滞后性和不充分性，以及省级政府的异质性，中央政府所做出的政治奖惩并不必然能够达到其预定的目的，同时，省级政府也会在中央政府监督乏力的前提下从事有利于本辖区或个别官员的决策行动。

从税收征管关系上看，中央与省级政府之间的关系也符合委托—代理理论的某些特征，即以中央政府为税收征管委托人，省级政府为税收征管代理人，中央政府将税收行政权（或征管权）全部或部分地委托给省级政府，但作为委托人的中央政府并不直接为作为代理人的省级政府支付相应的征税报酬，而是在赋予省级政府以自由裁量权的基础上增强省级政府的征税积极性。改革开放之后，以1994年实施的分税制改革为分界线，改革之前实行的是按契约进行收入分成的财政包干制，改革之后实行的是按税种税率分成的分税制。从委托—代理视角来看，省级政府在财政包干制和分税制时期的代理绩效有着明显不同的表现。

在财政包干制下，中央财政与省级财政是一种典型的契约关系，中央与省级政府之间的收入分成比例（或省级政府向中央政府上交的收入额）以一对一的谈判为决定机制，作为代理人的省级政府凭借自身的信息优势、税收行政权（或征管权）的自由裁量，取得了有利于本辖区财政收入增长的分成比例或分成额，这在一定程度上削弱了作为委托人的中央政府的财政汲取能力乃至控制能力。不过，随着财政包干制的推行，省级政府之间的财政竞争逐渐加剧，而省级财政竞争的加剧使得作为代理人的省级

---

① 例如，地方政府在通货膨胀时选择收缩投资，而在通货紧缩时选择经济扩张，这为地方政府官员树立了作为发展者和忠诚战士的美誉，并由此而增加了他们被提升的机会。参见 Huang, Yasheng, *Inflation and Investment Controls in China: The Political Economy of Central-Local Relations during the Reform Era*, Cambridge: Cambridge University Press, 1996。

政府不自觉地实现了作为委托人的中央政府的财政利益。因为省级政府发动财政竞争的初衷绝大部分都是为了促进地方经济增长，进而达到提升地方税基的目的，在收入分成比例和分成额不变的情况下，省级政府征缴利税后上解给中央政府的绝对收入也会因此而增加。

1994年的分税制改革改变了财政包干制时期将税收行政权（或征管权）让地方政府代理行使的做法，转而将绝大部分的税收行政权（或征管权）制度化地上收至中央政府，表现为中央政府不再委托地方税务机关去征收所有的利税，而是建立了自己的税收征管机关，即国税局。分税制改革通过划分中央税、地方税、中央与地方共享税，规定地方税由地方税务机关自行征收，中央税和中央与地方共享税均由国税局征收，而后按比例返还给地方政府以它们应享有的共享税收入，这就从制度上保证了中央税直接进入中央国库，而地方税进入地方国库。显然，这一制度设计在将大税种划归中央政府以确保中央财政收入稳步增长的同时，却损害了财政包干制时期作为税收征管全权代理人的地方政府的自由裁量权，进而减少了地方政府税收征缴和培育地方税基的积极性。为了减少来自地方政府反对分税制改革的阻力，中央政府在随后的补充措施中不惜以决策参与权换取了地方政府在财政利益上的让步。①

对于1994年分税制改革的成败，理论界曾经有过相当多的争论并一直延续至今。无论这些争论观点的正确与否，在委托—代理视角下，与财政包干制相比，分税制改革有一项最为明显的进步，那就是它将一种不透明的不完全契约透明化②，从而改变了中央与省级政府之间的收入分成规则，并使之规范化、制度化。正因如此，分税制改革后，省级政府在税收征管上的自由裁量权随之减少，中央政府藉此而增强了对省级政府的管控，这对理顺中央与省级政府的财政收入关系来说起到了重要的作用。但是，由

---

① 王绍光、胡鞍钢在其《中国国家能力报告》中提出，在提高财政收入占国民收入比例、中央财政收入占国民收入比例的同时，"应该扩大地方参与中央决策的机会，以及对全社会资源分配表达本地区利益的发言权，在中央与地方之间达成协议，以政治权力换取经济利益"。参见王绍光、胡鞍钢：《中国国家能力报告》，沈阳：辽宁人民出版社1993年版，第16页。

② [美] 罗伊·鲍尔：《中国的财政政策——税制与中央及地方的财政关系》，许善达等译，北京：中国税务出版社2000年版，第230页。

于1994年的分税制改革在中央政府与省级政府的财政支出结构以及省级以下政府的财政收支关系上较少"着墨",由此决定了这一制度的激励作用随着时间的推移而日趋减弱。

二、威权—民主视角

单一制和联邦制被认为是现代国家政权组织的两种基本类型,前者常常采取政治集权的形式,表现为中央政府与地方政府是上下级关系,在战略决策和人事任免等问题上,地方政府听命于中央政府,这是威权政治的通行做法;而后者则主要采取地方分权的形式,地方官员由地方选民选举而产生[1],地方事务由选举产生的地方政府根据自治的财力自行决策,这是民主政治的常用方式。这一划分带有普遍性,但并不是绝对的,如单一制可以采取地方分权的形式,而联邦制也有中央高度集权的典型代表[2],正是在相互取长补短的过程中,威权政治与民主政治共同融合于同一国度成为可能。

一方面,当代中国是政治单一制国家,不同层级政府之间的关系无不带有权力向上集中的特征;另一方面,当代中国从来也不缺乏民主政治的传统,民主集中制长期以来已经成为唯一执政党中国共产党的组织原则,并早已渗透到党和国家的政治生活之中[3]。所以,对于当代中国政治单一制下中央与省级政府之间的关系而言,威权—民主的分析视角是适用的。

假如中央政府掌握了人事任免权、行政干预权、税收征管权、预算决算权、财政转移支付权,并且可以影响到税收立法程序及其结果的话,那么它可以凭借这些权力的分配优势顺利地完成宏观调控和资源配置任务。在当代中国,受政治集权的影响,上述权力向中央政府进行集中是必然的

---

[1] 许成钢:《政治集权下的地方经济分权与中国改革》,见青木昌彦、吴敬琏主编:《从威权到民主:可持续发展的政治经济学》,北京:中信出版社2008年版,第186页。
[2] 熊文钊:《大国地方:中国中央与地方关系宪政研究》,北京:北京大学出版社2005年版,第5—7页。
[3] 2004年修订的1979年版《中国共产党章程》第十条规定,"党是根据自己的纲领和章程,按照民主集中制组织起来的统一整体"。2004年修订的1982年版《中华人民共和国宪法》第三条规定,"中华人民共和国的国家机构实行民主集中制的原则"。

现象，这为维持经济平稳较快发展的政治稳定带来了积极的影响。然而，为了避免权力向上集中发展为极权主义，政治集权也是相对的。经过自觉与被动的调整，中央政府逐渐向地方政府让渡了一些必要的财政权力，包括调整地方政府的税基、收入分成比例、支出范围，以及税收征缴的自由裁量权和预算外资金使用权等。① 地方政府获得财政权力让渡的过程是民主政治的发展过程。通过民主政治发展中的公共参与，地方官员或民众在上级政府乃至中央政府决策中越来越发挥着不可忽视的作用。同样地，民主政治的发展也是有前提的，王绍光以分权的名义，将其归纳为三条："一是分权的单位足够小；二是居民必须有可以行使投票影响政府构成的权利；三是居民必须有自由迁徙的权利。"② 这些前提条件的生成是威权政治与民主政治相互借鉴的结果，因此，威权—民主视角下中央与省级政府之间的关系是政治体制在权力谱系中达到动态平衡的状态。

在当代中国的实践中，中央与省级政府之间的这种动态平衡状态以不同的组合关系表现出来，不少学者对此进行过总结，例如，张永生根据人事权配置和财政收入配置的不同，将政府之间的关系概括为四种结构，认为当代中国所对应的政府结构是人事配置权和财政收入的向上集中；③ 杨光斌把经济转型时期中国的基本制度结构概括为政治单一制和经济联邦主义相结合的二元结构；④ 许成钢把改革开放后中国的体制概括为政治集权下的地方经济分权制；⑤ 张宇、刘承礼认为中国特色的中央与地方关系模式是政治上相对集中与经济上相对自主相结合。⑥ 这些对当代中国中央与

---

① Oksenberg, Michel and James Tong, "The Evolution of Central-Provincial Fiscal Relations in China, 1971–1984: The Formal System", *The China Quarterly*, No. 125, 1991, p. 4.
② 王绍光：《分权的底线》，载《战略与管理》，1995年第2期。
③ 张永生：《中央与地方的政府间关系：一个理论框架及其应用》，载《经济社会体制比较》，2009年第2期，第67页。
④ 杨光斌：《中国经济转型时期的中央与地方关系新论——理论、现实与政策》，载《学海》，2007年第1期。
⑤ 许成钢：《政治集权下的地方经济分权与中国改革》，见青木昌彦、吴敬琏主编：《从威权到民主：可持续发展的政治经济学》，北京：中信出版社2008年版，第186页。
⑥ 张宇、刘承礼：《中国特色的中央地方关系模式》，见张宇主编：《中国模式：改革开放三十年以来的中国经济》，北京：中国经济出版社2008年版，第120页。

省级政府之间关系的总结或多或少地使用了威权—民主的视角。根据这种视角，中央与省级政府之间的关系可以看作是：在政治上，中央政府享有足够的控制权威，表现为中央在省级政府主要官员的人事任免权和对税收立法权的影响力方面具有区别于省级政府的独特优势，而在经济上，省级财政自治度有所增加，表现为省级财政支出决策的权力日益让渡自地方选民而非上级政府，从而转向关注支出决策的合民意性。

用威权—民主的视角来看待当代中国中央与省级政府之间的关系也许可行，因为中央政府对省级政府的管控所产生的约束作用，以及省级政府对地方支出决策的自主控制所产生的激励作用，或许已经构成了当代中国经济持续高速增长的制度根源。但是，有些学者对此提出过不同意见，认为中国存在中央集权但缺乏权力，存在地方分权却缺乏民主。[1] 改革开放前后，政治集权的源泉从中国共产党及其军队的革命功勋，转向依托于经济发展与政治稳定。一方面，从发动改革开放事业的号召力、能力和成效等方面来间接地考察中央政府权威的增减与否，政治集权的判断仍旧成立；另一方面，随着民主政治的发展，地方民众的参与意识和基层民主也正在兴起。可见，关于"中央集权但缺乏权力，而地方分权却缺乏民主"的判断未必准确，且不是问题的关键，而关键的命题在于，假如集权的存在以人事任免为基础，而民主的实现以公民选举为条件，那么，与集权相对应的权力集中和与民主相对应的权力分散则存在着内在的矛盾。对此，需要结合当代中国的实际进行深入的研究。

三、控制—自治视角

一般意义上说，中央控制表现为中央政府相对集中地掌握着包括政治权力、行政权力在内的各种国家权力，而地方自治则是为了提高地方政府的自我管理能力和积极性而自行安排地方收支活动。中央控制与地方自治的结合显然是一个矛盾统一体，一方面，随着中央控制力度的加强，地方

---

[1] 郑永年、王旭：《论中央地方关系中的集权和民主问题》，载《战略与管理》，2001年第3期。

自治的空间会缩小，反过来，地方自治程度越高，中央政府对地方政府的控制难度就会越大，二者此消彼长；另一方面，中央控制的主要目的是维护经济社会稳定，并发挥全国性公共物品或服务供给的规模效应，而地方自治则是为了提高地方性公共物品或服务的供给效率和责任，同时维护地方利益，二者相辅相成。因此，在控制—自治视角下，中央与省级政府之间权力的纵向配置讨论的就是中央控制和地方自治如何取得适度均衡的问题。不过，适度均衡的界限并不明确，因为关于控制度和自治度的衡量通常耗时耗力，中央控制与地方自治不可避免地会陷入"拉锯战"。

在当代中国，实施中央控制是有宪法依据的，2004年修订的1982年版《宪法》第一百一十条规定，"全国地方各级人民政府都是国务院统一领导下的国家行政机关，都服从国务院"。中央控制为改革开放以来的宏观经济稳定奠定了坚实的政治基础，但过度的中央控制可能会损害地方政府的利益，比如税收立法权的向上集中，使得财税体制改革的出发点总是将确保和增强中央政府的财政能力放在优先于地方政府财政利益的位置，无论财政包干制还是分税制改革都是如此；同样地，在政治单一制下实现完全的地方自治也是不现实的，因为中央政府对省级政府主要官员的人事任免享有垄断权，省级以下政府主要官员的人事任免权也是向上集中的，这甚至被有些学者认为是中国经济政治体制改革没有走向苏东剧变等涣散后果的主要防火墙。[①] 可以说，过度的中央控制和过度的地方自治都不可取[②]，取得二者之间的均衡是必要的。为了实现中央控制与地方自治的均衡，分权在理论和实践上是必要的，它既能减少中央控制的运行成本[③]，又能获得地方政府对中央控制的认同和支持。

那么，分权究竟是减少了中央控制能力而提升了地方自治能力呢？还是出现了中央控制能力和地方自治能力同向增加的双赢结果？

[①] Blanchard, Olivier and Andrei Shleifer, "Federalism with and without Political Centralization: China versus Russia", *IMF Staff Papers*, Vol. 48, 2001, p. 171.

[②] Spicer, George W., "Fiscal Aspects of State-Local Relations", *Annals of the American Academy of Political and Social Science*, Vol. 207, 1940, p. 159.

[③] Chung, Jae Ho, b, "Review on Changing Central-Local Relations in China: Reform and State Capacity", *The China Quarterly*, No. 142, 1995, p. 586.

有一篇重要的文献使用中国的统计数据讨论了20世纪50年代中国所进行的分权改革的结果，认为这一时期引入的分权并没有损害中央政府控制经济资源分配的能力，地方支出占政府总支出的份额的增加也不能说明地方政府在资源控制上能力的增加。[1] 20世纪60、70年代在政府系统内也进行了权力的收放，但它既没有达到增减中央控制能力的目的，也没有增强地方自治能力。改革开放之后，行政性分权以及随后的经济性分权使得微观经济管理权力先从中央政府转移到地方政府，再从地方政府转移到非政府主体，特别是微观企业，地方政府的财政收支高度依赖于本辖区的经济发展状况。然而，在资源禀赋、区位优势等先天条件和政策偏好、发展意识等后天条件的共同影响下，不同地区的经济发展状况逐渐分化，落后地区的财政缺口越来越大，为此，中央政府必须加大财政转移支付力度，这需要以强大的中央财力作支撑。为了提高中央财力，国家推行了以分税制代替财政包干制的财税体制改革。对比这两种不同的财税体制，中央控制能力和地方自治能力出现了显著的差异。

在财政包干制时期，中央财政依靠的是相对富裕地区的利税上缴款，增强中央财力必然以提高这些地区的谈判力为代价，这就使得中央政府必须持续不断地默许这些地区争相出台的政策优惠，并因此而减少了中央控制能力，而相对富裕地区的自治能力却藉此得以增强，这从控制—自治角度解释了财政包干制时期"弱中央—强地方"格局的形成。不过这一判断并没有得到理论界的一致认可，例如，张宇认为，从整体上看，中央政府仍然具有较强的组织动员能力和控制能力;[2] 而财政包干制也并没有像其推行之初所预期的那样大幅度地增加地方政府的税收收入[3]，加上这一时期税收征管工作的不规范，地方政府很容易将财政资源从预算内渠道转移到预算外和制度外渠道，从而导致了中央财政汲取能力的下降。因此，评

---

[1] Lardy, Nicholas R., "Centralization and Decentralization in China's Fiscal Management", *The China Quarterly*, No. 61, 1975, pp. 25–26.

[2] 张宇:《集权、分权与市场化改革》，见董辅礽等:《集权与分权——中央与地方关系的构建》，北京:经济科学出版社1996年版，第98页。

[3] Wong, Christine P. W., "Central-Local Relations in an Era of Fiscal Decline: The Paradox of Fiscal Decentralization in Post-Mao China", *The China Quarterly*, No. 128, 1991, pp. 691–693.

判财政包干制时期中央控制能力和地方自治能力的增减与否,似乎不能得出确切的答案。

分税制改革之初,中央财力继续衰退,究其原因:"一是中央政府为获取地方政府的改革认同而对富裕省份做出了让步;二是由中央政府征收的共享税产生了逃税行为。"[1] 但这种倾向随着分税制改革的推进而得到了扭转,凭借有利于中央财力提升的税种税率划分,中央政府的财政汲取能力逐渐增强,这为提升中央控制能力提供了财力保障。同时,地方自治也有从基层向上发展的趋势,地方政府在培育和保护市场秩序方面起到了重要的作用,从而限制了中央政府的干预行为,并为地方新兴工业的发展和地方繁荣奠定了基础。

四、博弈—合作视角

无论在单一制国家,还是在联邦制国家,中央与地方关系最容易被人们描述为政府之间的博弈关系,因为其行为被人格化之后,中央与地方政府各有目标,前者大多是为了追求国家统一、宏观稳定、国富民强,而后者则因政治体制的不同而有所区别,如单一制国家的地方政府一般追求的是中央政府对地方官员执政绩效的政治认可和地方财力的增加,联邦制国家的地方政府则是为了最大限度地获得地方选民的选票支持和地方自治空间的扩大。显然,中央政府与地方政府的目标并不一致。在信息不对称机制的作用下,中央政府与地方政府之间"一"对"多"的博弈关系随之而产生。[2] 这种博弈关系是复杂的,它不仅意味着中央政府与多个地方政府互为依存,并进行多轮博弈,而且因政府扮演着规则制定者和执行者的双重角色而难以自拔。当代中国的实践可以印证这一判断。

在20世纪80年代实施的财政包干制下,中央与省级政府就收入分成比例和分成额进行的一对一谈判就是一种典型的博弈关系。谈判双方的目

---

[1] Lee, Pak K., "Into the Trap of Strengthening State Capacity: China's Tax-Assignment Reform", *The China Quarterly*, No. 164, 2000, p. 1024.

[2] 夏永祥、王常雄:《中央政府与地方政府的政策博弈及其治理》,载《当代经济科学》,2006年第2期。

标和筹码各不相同，因而衍生出了如下政府行为，一方面，中央政府掌握着财税体制改革的主动权，可以先发地提出中央与省级政府收入分成计划并根据实际需要而修改这一计划；① 另一方面，地方政府在谈判中也可以游说任何可能"同情"地方遭遇的中央政府的官员②，或在不能获得收入分成优势的情况下，在实际工作中以减少征税努力程度等方式相变通。尽管中央政府掌握着发动财税体制改革和修改收入分成计划的主动权，但是财政包干制实施十余年后，它不但没有实现确保和增强中央财力、调动地方政府增收节支积极性的初衷，反而造成了两项后果：一是中央政府对富裕省份的财政依赖；二是地方政府行为的道德风险倾向。这应该归咎于财政包干制的制度漏洞，诚然，它在短期内能够成功地激发地方政府推动地方经济增长的热情，但由于地方政府的道德风险行为，财政包干制在长期内只能得到次优结果，且不可持续。

其实，在政府体系内，权力是相互依赖的，在中央与省级政府之间的对策博弈中进行合作比不合作更有吸引力，中央与省级政府之间的关系应该朝着合作的方向发展。③ 始于1994年的分税制改革是以一种新的以规则为基础的财税体制代替以裁量权为基础的财税体制，使得博弈规则更为全面、明确、透明，规则的执行也更为可靠④，这为中央与省级政府之间的博弈关系走向合作提供了可能。综观十余年的改革历程，分税制改革的实践果真实现了这一目标吗？检视一下分税制的制度设计可以看出，随着中央税和地方税的制度化、规范化，中央与省级政府之间的博弈纽带逐步集中在了中央与地方共享税的分成比例、税收返还和财政转移支付等方面，这对扬中央政府行为之"善"，避地方政府行为之"恶"提出了更高的要

---

① Ma, Jun, a, "Modelling Central-Local Fiscal Relations in China", *China Economic Review*, Vol. 6, No. 1, 1995, p. 106.
② Rhodes, R. A. W., "Some Myths in Central-Local Relations", *The Town Planning Review*, Vol. 51, No. 3, 1980, p. 281.
③ Jia, Hao and Zhimin Lin (eds.), *Changing Central-Local Relations in China: Reform and State Capacity*, Boulder: Westview Press, 1994.
④ Wang, Shaoguang, "China's 1994 Fiscal Reform: An Initial Assessment", *Asian Survey*, Vol. 37, No. 9, 1997, p. 815.

求。分税制改革以来，虽然无法做到合作联邦制所要求的中央政府的所有政策都无一例外地为每一个低层级的地方政府所认同[①]，地方政府的任何行为都依据中央政府的统一部署，但中央政府在平衡地区经济发展，关注民生方面的表现，以及地方政府应对中央政府的道德风险行为的收敛，间接地说明，以收入分成为核心的博弈规则改变之后，中央与省级政府之间的不合作倾向逐渐趋于消减。

在转型过程中，局限于中央与省级政府间的"一对多"博弈是片面的，事实上，博弈过程并不只是发生在层级制政府的内部，在国有企业改革之前、之中，甚至之后，作为政府的行政附属物和利益相关者，国有企业也主动或被动地介入了政府间的博弈。对于中央政府而言，它要控制地方政府的过度改革而带来的政治风险；对于地方政府而言，它为了追求地方经济发展而需要对微观经济主体许以自主决策权；对于国有企业和日益增长的非公有制经济来说，寻求地方政府的政治庇护也成为他们迎合地方政府偏好的主要原因。[②] 因而更为立体地看，中央政府、地方政府和微观经济主体之间寻求彼此利益均衡点的过程，才是中央与省级政府从不合作走向合作的较为健康的过程。

第五节 评论性结语

本章以建国以来中央与省级政府之间关系演进的历史为背景，析出政治集权与财政分权作为当代中国政府间分权的两个分析维度，用来解释当代中国中央与省级政府之间的关系。分析表明，人事任免权与税收行政权（或征管权）在中央与省级政府之间的纵向配置直接或间接地符合委托—代理理论的一般特征；威权政治与民主政治有机地结合在一起，特别是政治上的威权传统和经济上的地方分权相结合成为国内外学者所总结的中国

[①] Rubinfeld, Daniel L., "On Federalism and Economic Development", *Virginia Law Review*, Vol. 83, No. 7, 1997, p. 1588.

[②] 杨瑞龙、杨其静：《阶梯式的渐进制度变迁模型——再论地方政府在我国制度变迁中的作用》，载《经济研究》，2000年第3期。

模式的重要组成部分；中央相对集中地掌握着包括政治权力、行政权力在内的各种国家权力，而地方自治在基层渐进发展并有逐级上升的趋势；尽管中央与省级政府的目标不尽相同，但博弈的结果表明，从不合作走向合作可能是未来中国中央与省级政府之间关系调整的方向。

以委托—代理视角来分析当代中国中央与省级政府之间的关系，在解释人事任免权与税收行政权（或征管权）的纵向配置上有一定的合理性，因为省级政府的确在一定程度上按照中央政府的路线方针政策行事，并享受中央政府所赋予的直接或间接的政治经济利益，但是，这一理论不能完美地刻画当代中国中央与省级政府之间的关系，毕竟这种关系不同于一般的契约。从威权—民主视角来看，尽管将当代中国的政治经济体制概括为威权体制下的地方分权有其合理之处，但是民主集中制原则在中央与省级政府之间的关系之中的应用却由来已久。透过控制—自治视角，中央控制能力和地方自治能力的同向增加在理论上的可能性很难在实践上得到落实。在博弈—合作视角看来，通过谈判式的博弈所引致的多样性未必符合中央与省级政府各自的政治经济利益目标，而理想的合作模式的形成还有赖于各种利益的权衡。总之，通过以上四种视角来解读当代中国中央与省级政府之间的关系只能为理解中央与省级政府之间的关系提供一幅粗线条的图景，在此图景中，当代中国的政治经济体制被抽象为政治集权与财政分权两个维度。这显然是远远不够的。其他维度（如法律、权责）在现实中也起着很大的作用。如何将视野扩大并模型化以上四种解释，需要做进一步的探索。

第六章 省以下政府间关系：政府间分权 Ⅱ

第一节 引言

对于事关省、地级市、县（市）的纵向的政府间关系调整而言，近些年来没有哪项改革比引入省直管县（市）体制来替代市管县体制的探索更为引人注目了。在除直辖市、自治区和特别行政区之外的几乎所有省份，压缩行政层级，进行省直管县（市）体制改革探索的措施大体上有两种形式：一是 2003 年开启的财政省直管县（市）体制改革[①]，它是继 1994 年分税制改革后省以下政府间财政关系的重新调整；二是 1992 年发端于浙江省并逐渐向全国推广的"强县扩权"改革，以及随后的"扩权强县"改革，它属于行政省直管县（市）体制改革的范畴。这两个层面的改革均涉及直到 1998 年才由省级政府在地方上的派出机构坐实的地级市。吊诡的是，曾经被寄予"以工促农、以城带乡"厚望的地级市，如今却因阻碍县域经济社会发展而处于被质疑的尴尬境地。对地级市功能的重新审视激发

[①] 除了四个直辖市如北京、上海、天津、重庆之外，一直采用省直管县（市）财政体制的唯一例外是浙江省，其推行这一体制的初始年份甚至可以上溯至 1953 年。50 年后，即自 2003 年以来，一些中东部省份开始模仿浙江的做法并取得了一定的成效，加上市管县财政体制日益暴露的弊端，促使财政部在 2009 年 6 月 22 日颁布了《关于推进省直接管理县财政改革的通知》，提出改革的总目标是，"2012 年底前，力争全国民族自治地区外全面推进省直接管理县财政改革"。

了学者们对省以下政府间关系改革的广泛关注。在既有文献中，以结构为中心和以行动者为中心的研究路径令人印象深刻。

按照以结构为中心的研究路径，市管县体制转型为省直管县（市）体制的目的可以被总结为如下几个方面：（1）压缩地方行政层级[1]，从而降低行政成本，提高行政效率；（2）在经济上和行政上赋权给县，以便县级政府能够在其辖区范围内独立履行相应的职责；[2]（3）在省以下政府之间推进分税制改革[3]，使基层政府特别是县级政府的事权和支出责任与其财政能力相匹配，从而缓解县级财政困难；（4）统筹城乡发展，特别是促进县域经济社会发展。[4] 尽管上述观点被学术界广泛引用且在实务界产生了一定的政策影响，然而，并非所有的学者和实践者都同意管县体制转型的理由。事实上，反对者对市管县体制退出历史舞台的宿命一直持怀疑态度。例如，刘尚希和郑风田认为，市管县体制向省直管县（市）体制转型要避免搞一刀切，因为在某些地区，市管县体制仍然在培育地区性中心城市过程中起着关键性的作用；[5] 杨志勇也认为，如果市管县体制能够增强

---

[1] 将地方政府从四级体制改为三级体制的主流观点的理由是，它可以缩短委托—代理链条，有利于减少地级市的存在所导致的（财政、权力、信息和效率）漏出效应。甘肃的一份调查报告表明，有超过 52.8% 的受访者认为，市管县体制限制了政府效率的提高。（参见刘书明、陈海生、吕蕾莉：《省直管县财政体制改革问题分析与对策建议——基于甘肃改革试点县的实地调查》，载《地方财政研究》，2010 年第 9 期。）当然，这一观点值得做进一步的验证。

[2] 尽管"强县扩权"和"扩权强县"战略的重点不一样，但是其基本措施都是将以前属于地级市的经济社会管理权限下放给县级政府。对于县级政府来说，尽管独立的决策权在不断地扩大，公共服务的提供能力在不断地增强，但是我们不能武断地声称在单一制条件下中国县级政府的自治权有大幅度的提高。

[3] 1994 年 1 月 1 日推行的分税制改革只是划分了中央与省级政府之间的收入关系，而没有对省级以下政府的财政关系做出详细的规定。

[4] 这一条理由听起来有些矛盾。一方面，市管县体制的初衷是为了通过中心城区的辐射效应均衡城乡发展，促进城乡市场的互动合作。然而，在实际运行中，地级市的注意力却自觉或不自觉地集中在中心城区而不是整个辖区。一些地级市甚至以牺牲所辖县的利益为代价来发展中心城区，在资源、发展项目、财政转移支付、税收豁免、投资、市场、优惠政策和人才配备等方面出现的"市压县"、"市卡县"、"市吃县"、"市刮县"、"市挤县"现象便是地级市重城轻乡的形象写照。另一方面，省直管县（市）体制在解决上述问题的同时，却不幸地切断了过去几十年来市管县体制所培育的城乡联系，进而固化了城乡二元结构，这不利于城乡一体化发展。

[5] 刘尚希：《改革成果存续时间是否太短——对省直管县欢呼背后的冷思考》，载《人民论坛》，2009 年第 2 期；郑风田：《推行省直管县不宜一刀切》，载《中国税务报》，2009 年 10 月 14 日，第 8 版。

县级政府提供公共物品和服务的能力,放弃这种体制的要求并不迫切。[1]

与看重优化地方政府之间的纵向关系的研究路径相比,以结构为中心的研究路径似乎低估了地方政府官员在本轮行政管理体制改革中的能动作用。与以结构为中心的研究路径不同,以行动者为中心的研究路径重点关注作为行动者的政府官员[2],尤其是地方主要领导干部[3]在重构省、地级市、县(市)级政府之间关系中所扮演的角色。在这项改革上,各级领导干部的看法表现为"两头热、中间冷"。有学者指出,中央决策者在财政领域推行省直管县(市)体制的态度是积极的[4],这一点可以从正式发表的官方文件、高级领导人讲话、白皮书[5]等历史文献上观察得到。与中央决策者的积极态度相似,县级主要领导干部也欢迎这项改革。县级主要领导干部之所以对此项改革持积极态度,大体上是基于这样的假设,即与市管县体制相比,在省直管县(市)体制下,县级主要领导干部会拥有更多的裁量空间,得到更多的晋升机会,能够调动更多的资源。[6] 县级主要领导干部的这种积极态度得到了一份来自中央党校调研组的调研结果的印

---

[1] 杨志勇,a:《省直管县财政体制改革的动力机制研究》,载《中国改革报》,2009年12月14日,第6版;杨志勇,b:《省直管县财政体制改革研究——从财政的省直管县到重建政府间财政关系》,载《财贸经济》,2009年第11期。

[2] 有学者认为,地方政府之间形成了共谋,以应对上级政府或部门的政策和视察。参见 Zhou Xueguang, "The Institutional Logic of Collusion among Local Governments in China", *Modern China*, Vol. 36, No. 1, 2010, pp. 47 – 74。

[3] 从"官僚主义行为"(bureaucratic behavior)视角来看,地方干部被认为是效用最大化者,"他们依靠高级官员的集体战略来追求预算最大化和进行机构建构"。参见 Caulfield, Janice, "Local Government Reform in China: A Rational Actor Perspective", in Lazin, Fred, Matt Evans, Vincent Hoffmann-Martinot, and Hollmut Wollmann (eds.), *Local Government Reforms in Countries in Transition: A Global Perspective*, Lanham, Boulder, New York, Toronto, and Plymouth: Lexington Books, 2007, pp. 284 – 285。

[4] 周天勇:《省直管县改革的动因与动力》,载《北京日报》,2010年8月9日,第20版。

[5] 国务院前总理温家宝在全国农村税费改革试点工作会议上的讲话(2005);《国民经济和社会发展第十一个五年规划纲要》(2006);《中共中央关于推进农村改革与发展若干重大问题的决定》(2008);《关于推进省直接管理县财政改革的意见》(2009);《国民经济和社会发展第十二个五年规划纲要》(2010)。

[6] 贾若祥:《我国省直管县有关问题探讨》,载《中国经贸导刊》,2007年第10期;周天勇:《省直管县改革的动因与动力》,载《北京日报》,2010年8月9日,第20版;杨雪冬:《县级官员与省管县改革——基于能动者的研究路径》,载《北京行政学院学报》,2012年第4、5期。

证，这项调研报告显示，有93.9%的受访县委书记认为应当废除地级市。[①]与县级官员的明确态度不同，省级和市级主要领导干部的态度是模棱两可的。这部分地是因为，尽管省直管县（市）体制改革会使省级政府享受到更多的、上缴自地级市的权力和资源，但是省级行政成本将会因改革而迅速攀升。[②] 同样地，一些地级市的主要领导干部也在接受省直管县（市）体制与否上犹豫不决，因为在这一体制下，有的地级市与所辖强县分享税收收入和城镇化带来的增值效应等便利会被剥夺，而另一些地级市的主要领导干部则出于财政负担的考虑，愿意让出所辖弱县的管理权。[③] 一旦我们把所有这些因素综合在一起，行动者的多样化取向的确值得认真思考。

对既有文献的梳理表明，以结构为中心的研究路径和以行动者为中心的研究路径都不足以弄清这一富有争议的行政管理体制改革的动力所在。因此，更好的办法是将这两种研究路径综合起来加以改造。本章接下来的工作便是按照这种思路展开的。在评估市管县体制是否会走向终结之后，本章将探索省直管县（市）体制改革陷入胶着状态的可能原因。本章最后将评述这一行政管理体制改革对理解中国政治经济学的意义。

第二节　市管县体制是否会走向终结

为了评估市管县体制的功过成败，我们有必要还原一下20世纪80—90年代国家将省级政府在地方上的派出机构坐实为地级市的主要目的。对各类文献的回溯和梳理发现，对于地级市的创建而言，各界提及最多的一个目的便是统筹城乡发展，这一目的被明确地内置于"以工促农、以城带乡"战略之中。因此，核心问题是，随着时间的推移，市管县体制的这一战略功能是否得到了较好地实现。假如地级市不能成功地推动其所辖县的县域经济社会发展，市管县体制的存续价值无疑会遭到合情合理的质疑，

[①] 肖立辉：《县委书记眼中的中央与地方关系》，载《经济社会体制比较》，2008年第4期。
[②] 郑风田：《推行省直管县不宜一刀切》，载《中国税务报》，2009年10月14日，第8版。
[③] 吴先满、骆祖春：《江苏推进省直管县（市）财政体制改革研究》，载《东南大学学报》（哲学社会科学版），2010年第3期。

进而县作为中间层级①的地位将会得到凸显。否则，废除地级市的理由就是不成立的。

为了检验市管县体制对统筹城乡发展的作用，我们有必要将地级市和其所辖县之间的组合进行适当分类。从理论上说，市县组合可以被粗略地划分为四种类型：（1）强市弱县；（2）强市强县；（3）弱市强县；（4）弱市弱县。为了提供一个可供比较的平台，如下两个排名清单有助于研究者找到相应的组合。2005 年，国家统计局根据人口、经济发展、社会发展、基础设施、环境保护、劳动力和资源利用、循环经济等指标排出了百强市名单；② 2006 年，国家统计局根据发展水平、发展能力、发展潜力等指标排出了百强县名单。③ 遗憾的是，百强市和百强县的这两个排名自 2006 年以后再也没有更新过。尽管不是十分精确，且百强市和百强县的相对排名在不同的年份动态地发生了一些变化，但是 2005—2006 年正是市管县体制运行的稳定时期，因此，我们可以利用这两个清单来寻找强地级市和强县的样本。弱地级市的样本则可以在强地级市的补集里寻找。至于弱县的样本，我们可以依据国务院扶贫开发领导小组办公室发布的国家扶贫开发工作重点县名单进行选取，因为这个名单具有一定的稳定性，我们采用 2012 年的名单。④ 从这三个名单及相应补集中选取样本地级市和县，组成上述四类市县组合，这些组合可以粗略地用来分析地级市对其所辖县的影响。大体上，强县位于发达的东部沿海地区，而弱县则大部分分布在内陆地区，尤其是西部地区。

根据统筹城乡发展的制度设计，地级市应该对其所辖县尤其是弱县伸

---

① 在联邦制和单一制中，中间层政府的重要性在比较研究中广为人知。州、省、Länder 或 Canton 在不同的联邦制国家是中间层政府；而在单一制中，中间层政府是县。参见 Goldsmith, Mike, "A New Intergovernmentalism?", in Bas Denters and Lawrence E. Rose (eds.), *Comparing Local Governance: Trends and Developments*, Houndmills, Basingstoke, Hampshire: Palgrave Macmillan, 2005, pp. 231–233。

② http://unn.people.com.cn/GB/22220/73971/5158175.html，2013 年 3 月 20 日登陆。

③ http://www.stats.gov.cn/tjsj/qtsj/bqxssj/t20061009_402355949.htm，2013 年 3 月 20 日登陆。

④ http://www.cpad.gov.cn/publicfiles/business/htmlfiles/FPB/fpyw/201203/175445.html，2013 年 3 月 20 日登陆。

出援助之手。然而，并非所有的地级市都有援助其所辖县的实力（主要是指财政能力，但又不限于财政能力），同时，也并非所有的援助都是有效的。最为引人注目的例子是，河北省有8个地级市，包括石家庄和张家口等大型城市，它们虽然跻身百强市的行列，但各自却下辖相当多数量的弱县。这一事例引起了学者们对强地级市能否帮助其所辖弱县推动经济社会发展的怀疑。河北省的例子有些特殊，不带有普遍性。一般地，强地级市与所辖强县相伴而生，这在沿海发达地区尤为明显。例如，宁波、嘉兴、绍兴、青岛、威海、常州、苏州、佛山等地级市与各自的辖县便实现了双赢。除了区位优势外，强县的发展是否得益于它们所属的强地级市呢？为此，我们可以提出假说1：

假说1：强县的崛起依赖于其所属的强地级市

为了验证假说1，我们需要对强地级市和其所辖强县之间的多重关系进行重新评估。正如统筹城乡发展的制度设计所预期的那样，地级市理应在本辖区的产业、市场、融资和基础设施融合等方面扮演城乡发展黏合剂的作用。然而，基于如下事实，可以做出这样一种判断，即强县的崛起其实与其所属的强地级市没有必然的联系，它们的崛起并不依赖于其所属的强地级市。

第一，强县和其所属的强地级市之间的产业联系不是那么紧密。如表6.1所示，在这些强县，产业结构早已完成了优化升级，农业在三次产业中所占的比重极低，这就使得它们在农业与工业互补问题上并不依赖于其所属的强地级市。那种传统的"以工促农、以城带乡"的局面在这些市县之间已经不复存在。不仅农工互补的可能性较小，其他产业形态之间的相互依赖关系也十分微弱。例如，这些强县的第十一个五年规划和第十二个五年规划表明，它们宁可花大力气从所属地级市之外的地区引进产业和企业，也不吸收其所属强地级市的产业和企业转移。毫不奇怪的是，强地级市与其所辖强县之间关于外部资源和发展机会的竞争而非合作到了近乎残酷的程度，这种残酷的竞争弱化了强县对其所属强地级市的身份认同。例如对相关地级市和县政府工作报告的审读表明，市县之间的关系似乎很少提及。

表6.1 强地级市所辖强县的产业结构

地级市	县	2000年	2005年	2010年
宁波	余姚	12.6:58.6:28.8	7.9:57.9:34.2	6.2:59.6:34.2
	奉化	9.2:51.4:39.4	9.8:52.0:38.2	9.7:48.9:41.4
	慈溪	9.0:60.5:30.6	9.7:48.9:41.4	5.1:60.5:34.4
	鄞州	n.a.	5.2:63.4:31.4	3.7:63:33.3
	象山	25:50:25	19.7:44.3:36	15.9:48.8:35.3
	宁海	17.3:59.8:22.9	13.1:56.7:30.2	10.5:56.7:32.8
嘉兴	平湖	11.4:61.6:27	6.6:63.3:30.1	4.7:64:31.3
	海宁	n.a.	6.5:60.9:32.6	4.6:61.4:34.0
	桐乡	n.a.	7.7:55:37.3	6.0:55.7:38.3
	嘉善	13.1:58.1:28.8	10.3:56:33.7	7.5:59.6:32.9
	海盐	n.a.	7.5:69.8:22.7	7.5:63.8:28.7
绍兴	诸暨	n.a.	n.a.	6.0:58.5:35.5
	上虞	n.a.	8.9:61.4:29.6	7.2:58.3:34.5
	嵊州	n.a.	11.5:55.4:33.1	10.3:53.5:36.2
	绍兴	6.5:64.5:29.0	4.4:64.8:30.8	3.7:61.3:35
	新昌	9.8:65.7:24	8.1:59.9:32.1	7.4:55.2:37.4
青岛	胶州	18:50.3:31.7	8.2:61.8:30	7.1:57.4:35.5
	即墨	20.7:43.1:36.2	9.5:55.7:34.8	7:56.1:36.9
	平度	n.a.	16.6:50.7:32.7	15.1:50.9:34
	莱西	23.3:45.0:31.7	13.9:49.8:36.3	9.8:51.5:38.7
威海	文登	13.5:58:28.5	9:61.5:29.5	8.5:55.5:36
	荣成	20:52:28	12:56.4:31.6	9:55:36
	乳山	19.9:45.3:34.8	11.2:59.6:29.2	8.2:56.6:35.2
常州	武进	n.a.	n.a.	5.3:61.7:34
	金坛	n.a.	9.4:36.1:54.5	7:56:37
	溧阳	14.8:49.7:35.5	8.8:55.8:35.4	7.1:57.5:35.4
苏州	常熟	4.4:56.6:39.0(2002)	2.4:60.7:36.9	2.0:56.1:41.9
	张家港	n.a.	1.7:64.3:34	1.4:60.8:37.8
	太仓	9.0:53.2:37.8	5.0:60.4:34.6	3.7:57.4:38.9
	昆山	n.a.	1.4:68.5:30.1	0.9:64.1:35.0
	吴江	7.1:55.3:37.6(2001)	3.7:63.2:33.1	2.7:60.3:37
佛山	南海	n.a.	n.a.	1.8:61.4:36.8
	顺德	6:55:39	2.8:61.1:36.1	1.8:63.2:35.0
	高明	n.a.	7.5:66.2:26.3	3.2:80.1:16.7
	三水	n.a.	5.5:66.3:28.2(2006)	4.4:73.8:21.7

资料来源：样本县的国民经济和社会发展五年规划、年度国民经济和社会发展统计公报、政府工作报告。

第二，得益于自身的经济繁荣，强县的财政支出无需依赖其所属的强地级市。如表6.2所示，强县的财政总收入一般都超过自身的一般预算支出，这就意味着这些强县向其所属的强地级市的财政资金流动表现为净流出。财政资金的这种向上净流动与分税制条件下地方政府的财政收支结构正好相反，也就是说，在这些地区，不是地级市在财政上支持其所辖县，而是所辖县反过来支持所属地级市的发展。表6.2还表明，这些县的可支配资金可以应付其自身的支出，甚至在没有上级财政转移支付的情况下就可以达到财政平衡。正因如此，强县强劲的财政实力修正了传统的观点，即地级市调用中心城区的资源去支援其所辖县。事实上，因为执行的是财政省直管县（市）体制，宁波、嘉兴、绍兴与其各自的所辖县没有财政资金往来，谈不上由地级市通过财政手段去支持所辖县的发展。同时，即便在市管县财政体制下，山东、江苏和广东的强地级市也没有为其所辖强县提供额外的财政援助。相反，在市管县财政体制下，由于执行分税制，几乎所有的强县都或多或少地为其所属的强地级市上缴各种财政资金①，以及以对口支援的名义支援中西部欠发达地区。可以预见，至少在经济层面上，强县会从废除市管县体制中得益。

表6.2　强地级市所辖强县的财政结构（2011）　　　单位：亿元

地级市	县	财政总收入	一般预算收入	可支配资金	一般预算支出
宁波	余姚	100.76	55.02	67.61	58.25
	奉化	40.16	21.96	40.83	32.97
	慈溪	129.3	61.3	79.14	67.04
	鄞州	213.6	124.9	126	96.07
	象山	42.32	24.83	44.35	39.55
	宁海	50.12	26.59	39.73	36.31

---

① 中国的分税制本质上是一种集权化的财税体制，因为它把大税种的征税权和共享税中税率的大头交给了中央政府。参见 Bergsten, C. Fred, Charles Freeman, Nicholas R. Lardy, Derek J. Mitchell, *China's Rise: Challenges and Opportunities*, Washington, DC: Peterson Institute for International Economics, 2009, p.77。

续表

地级市	县	财政总收入	一般预算收入	可支配资金	一般预算支出
嘉兴	平湖	64.1	32.4	35.91	32.93
	海宁	71.79	38.82		39.87
	桐乡	67.46	36.29	42.62	38
	嘉善	48.04	24.32		25.29
	海盐	32.05	17.18		20.71
绍兴	诸暨	80.05	34.3		49.44
	上虞	65.11	35.52		35.76
	嵊州	30.5	16.78		23.19
	绍兴	117.03	63.77		58.64
	新昌	33.95	16.99		n.a.
青岛	胶州		34.3	35.63	35.63
	即墨	91.6	36.1	38.13	38.13
	平度		27.15	52.17	42.57
	莱西	29.61	23.64		37.71
威海	文登				
	荣成	80.06	36.06	60.89	57.97
	乳山		17.27		26.41
常州	武进	315.56	105.28		232.3
	金坛	67.2	23.1	32.6	29.71
	溧阳	100.33	37.13		25.05
苏州	常熟	352.09	122.5		115.02
	张家港				
	太仓	226.45	85.41		149.1
	昆山		163.13(2010)	142.68(2010)	137(2010)
	吴江	325	112.88		108.06
佛山	南海		115.29		116.07
	顺德	300.08	122.06	163.29	130.46
	高明	65.87	16.74	21.58	15.41
	三水		23.43	30.89	25.78

资料来源：样本县的2011年预算执行情况和2012年预算（草案）报告。

第三，对于县里的领导干部来说，晋升到所属地级市任职的机会相当之小。如表6.3所示，地级市党委、政府、人大、政协四套班子的领导干部主要来自省级以上职能部门、地级市所在的中心城区、地级市职能部门（包括教育机构和国有企业）和所辖县的主要领导干部。人们主观上一般认为，地级市是安排其所辖县的领导干部晋升的一个重要平台，但是，对样本地级市领导成员成长轨迹的进一步分析表明，由县向地级市晋升的通道只向县里的少数领导干部开放，县里的普通干部向上提拔到地级市班子任职的可能性很小，这有意无意地挫伤了这些干部的职业抱负。县里大多数的领导干部，更别提普通干部，都意识到他们的职业生涯在本县遇到了天花板。尽管有一些诱惑，县里的干部，尤其是强县的领导干部并不热衷于，甚至不指望被提拔到其所属的地级市任职。

表6.3 强地级市领导班子成员的来源

地级市	组织	职数	A	B	C	D	E	地级市	组织	职数	A	B	C	D	E
宁波	党委	13	2	5	1	4	1	威海	党委	11	2	0	3	4	2
	政府	9	1	3	2	2	1		政府	8	1	1	1	4	1
	人大	7	0	3	1	3	0		人大	6	1	4	1	0	0
	政协	9	1	1	4	3	0		政协	9	0	1	5	3	0
嘉兴	党委	11	3	0	0	5	3	常州	党委	13	3	3	3	2	2
	政府	7	0	2	1	3	1		政府	8	1	2	3	1	1
	人大	8	2	1	3	2	0		人大	6	3	0	1	2	0
	政协	9	0	0	6	2	0		政协	9	0	3	6	0	0
绍兴	党委	11	2	2	0	2	5	苏州	党委	13	2	3	1	3	4
	政府	8	2	1	2	2	1		政府	9	1	2	2	3	1
	人大	8	0	1	4	2	1		人大	6	1	2	1	2	0
	政协	10	0	1	6	2	0		政协	10	0	3	6	0	1
青岛	党委	9	2	3	1	0	3	佛山	党委	11	1	1	0	6	3
	政府	9	3	1	2	0	3		政府	8	1	0	2	3	2
	人大	6	1	3	2	0	0		人大	7	0	0	3	2	2
	政协	9	0	3	5	0	1		政协	9	0	0	6	3	0

资料来源：作者根据相关政府网站公开资料自制。

注：A、B、C、D和E分别代表来自省级以上职能部门的人数、来自城区领导班子的人数、来自地级市职能部门（包括教育机构和国有企业）的人数、来自县级领导班子的人数、来自政府之外机构的人数。

基于产业、财政和人事维度的初步评估,既然强县的强劲发展基本上独立于它们所属的地级市,假说1自然也就得到了证伪。由于强地级市和其所辖强县之间缺乏互补性和合作关系,强县越早脱离它们所属的地级市,它们将越早获益。

与强地级市所辖的强县类似,如表6.4所示,弱地级市所辖的强县(除了寿光),农业所占的比重也比较低。由于非农产业是主导产业,即便在地理和行政上处在弱地级市的管辖之下,这些强县的重心却是城市治理而非农村治理。由于产业结构相近,弱地级市与其所辖强县之间的产业竞争代替了工农互补。其结果是,弱地级市几乎失去了对其所辖强县的经济总量和财政能力的控制。以金华/义乌为例,义乌并不甘心受到金华的行政领导,这部分地是因为义乌的经济总量和财政实力远远超过其所属地级市金华,即使金华在行政上的级别高于义乌。如果这一现象属实,市管县体制对弱地级市所辖的强县也就没有什么存在的意义了。

表6.4 弱地级市所辖强县的产业结构

地级市	县	2000	2005	2010
金华	义乌	5.9:50.6:43.5	2.9:46.2:50.9	2.8:43.2:54.0
	东阳		5.7:56.6:37.7	4.83:52.43:42.74
	永康	5.4:70.8:23.8	2.8:66.1:31.1	2.4:64.9:32.7
潍坊	诸城		13.3:62.2:24.5	10:61:29
	寿光	26:41:33	15.8:52.0:32.2 (2006)	14.2:51.9:33.9
济宁	兖州	15.7:49.4:34.9	10.9:59.9:29.2	8.7:59.3:32.0
	邹城	11.2:55.3:33.5	8.56:68.33:23.11	6.43:61.61:31.96
泰安	肥城	18:45:37	11.9:63.7:24.4	7.6:58.2:34.2
滨州	邹平	22:50:28	8:74:18	4.9:65.8:29.3
泰州	靖江	10.1:47.3:42.6	6.5:57.8:35.7	3.7:58.4:37.9
惠州	惠阳		6.0:52.7:41.3	5:52:43
江门	新会	14.6:45.2:40.2	9.7:52.0:38.3	7.1:67.0:25.9
邯郸	武安		3.1:74.1:22.8	2.5:69.5:28
唐山	遵化	15:45:40 (2002)	8:56.7:35.3 (2007)	7.2:54.9:37.9 (2011)
	迁安	14.7:51.9:33.4	6.7:58.9:34.4	3.6:69.2:27.2
沧州	任丘		3.4:80.8:15.8	3.7:68.5:27.8
廊坊	三河	16.3:53.5:30.2	12:58.6:29.4	8:56.8:35.2

资料来源:样本县的国民经济和社会发展五年规划、年度国民经济和社会发展统计公报、政府工作报告。

从另一个分支来看，弱地级市及其所辖弱县之间的组合广泛地存在，这使我们可以假定大多数的弱地级市并没有能力扶植其所辖弱县的发展。于是，我们提出第二个假说：

假说2：弱地级市缺乏培育其所辖弱县的能力

为了响应国家统筹城乡发展的战略，地级市一般会向其所辖县伸出援助之手。但是，研究政府间关系的学者却发现，弱地级市在扶持与农业和农村相关的活动上并没有表现出太多的兴趣。如表6.5所示，地级市农林水利事务支出在一般性预算支出中所占的比重非常之低，通常不足以支持其所辖弱县的农业和农村发展。相反，这些地级市的一般性预算支出却大量花费在一般性公共服务、公共安全、公共教育、社会保障和就业等方面，且这些支出大多偏向于地级市所在的中心城区。必须承认，由于发展资金的缺乏，地级市的领导干部特别是主要领导干部急迫地需要从上级和外部争取各种财政、实物和政策资源。在实践中，并不乏有个别地级市的确将大部分争取来的资源分配给了其所辖县，这样的证据在云南和贵州可以找到。然而，不能改变的一个事实是，大多数地级市并没有扮演为其所辖弱县谋发展的角色，它们自身的可支配财力尚且严重依赖于上级政府的补助①，甚至是下级政府的上缴款，何谈以实际行动来践行"以工促农、以城带乡"战略。大多数的弱地级市仅仅扮演着分配上级补助的中间媒介，这就不可避免地滋生了它们的"市卡县"、"市吃县"等行为。

表6.5 弱地级市对其所辖农村地区的支持（2011） 单位：万元

地级市	EAAFWC	GBE	比率	地级市	EAAFWC	GBE	比率
晋中	18448	274269	0.067	莱芜	21164	269459	0.079
朔州	15700	266100	0.059	滨州	18400	332900	0.055
丹东	40000	436000	0.092	黄冈	6709	161759	0.041
朝阳	36830	435166	0.085	荆门	10793	166197	0.065

---

① 1994年分税制改革使得地方政府出现了现金和资本资源约束，尤其是对农村地区和经济欠发达地区更是如此。参见 United Cities and Local Governments, *Local Government Finance: The Challenges of the 21st Century*, Cheltenham and Northampton: Edward Elgar, 2011, p.80。

续表

地级市	EAAFWC	GBE	比率	地级市	EAAFWC	GBE	比率
通化	19870	392605	0.051	郴州	26000	403000	0.065
白城	49000	350000	0.140	清远	20679	300214	0.069
伊春	60955	603000	0.101	阳江	8257	188560	0.044
宿迁	17000	372000	0.046	眉山	15700	183838	0.085
盐城	40187	498599	0.081	乐山	18577	282566	0.066
丽水	17448	295131	0.059	商洛	17896	156188	0.115
衢州	49417	502520	0.098	汉中	30856	329253	0.094
三明	22053	191595	0.115	马鞍山	16007	296111	0.054
新余	6326	239595	0.026	六安	39453	288124	0.137
福州	9000	120400	0.075	邢台	9048	260303	0.035
南阳	23976	650000	0.037	秦皇岛	35589	609107	0.058

资料来源：样本地级市 2011 年预算执行情况和 2012 年预算（草案）报告。

注：EAAFWC 表示农林水利事务支出；GBE 表示地级市本级的一般预算支出；比率为 AAFWC/GBE。

由于不同地区的产业结构和经济发展水平各不相同，县级政府之间的横向财政不平衡十分突出，即县级政府的财政收支差距在不同地区差异很大。一般而言，县的经济实力越弱，它的财政收支差距便越大，这就使得弱县面临着严峻的、入不敷出的财力约束。[①] 此外，作为执行分税制的一个结果，尽管发达省份某些县的财政收入一般会等于或者超过其一般预算支出，但普通县的一般性预算收入基本上都少于其一般预算支出，不管在强县还是弱县均是如此。对于强县而言，政府性基金（主要来自国有企业上缴的收入或集体土地的出让收入）、社会保险基金收入、预算外收入和一般性预算收入加总起来，可以应对其总支出。然而，对大多数弱县而言，如表 6.6 所示，地方一般性预算收入的总量非常之小，一般性预算支出的大部分得由上级转移支付来补贴。同时，由于经济欠发达，除了一般

---

① Larus, Elizabeth Freund, *Politics and Society in Contemporary China*, Boulder and London: Lynne Rienner Publishers, Inc., 2012, p.129.

性预算收入之外，这些弱县的融资工具和渠道十分有限。因此，"补助常常被用来缓解各级政府之间财政能力的差距"①。作为比县高一个行政层级的地方政府，地级市（甚至是弱地级市）或多或少从财政上对其所辖的县有所帮助。然而，考虑到弱县巨大的财政收支差距，其所属的弱地级市所给予的财政援助往往是杯水车薪。这就意味着，省级以上政府必须以政府间补助的形式来弥补下级政府的财政不平衡。不幸的是，在市管县体制下，财政上同样羸弱的弱地级市对这些来自上级的政府间补助存在着强烈的吞噬动机和便利。

表6.6 样本弱县的一般预算情况（2011） 单位：亿元

省	县	一般预算收入	上级补助	一般预算支出	补助/支出
河北	海兴	1.4450	6.0152	7.2869	0.8255
山西	平顺	0.7646	6.0143	6.9268	0.8683
吉林	大安	4.6728（2010）	12.883（2010）	18.000（2010）	0.7157
黑龙江	饶河	0.8348	8.2000	8.9545	0.9157
安徽	寿县	3.7333	27.912	31.9362	0.8740
江西	安源	2.0307	9.5356	11.8280	0.8062
河南	鲁山	5.1756	7.1641	18.1726	0.3942
湖北	麻城	5.3868	5.1493	11.1467	0.4620
湖南	隆回	3.3711	19.5793	20.9861	0.9330
四川	平昌	2.3018	30.1376	32.8358	0.9178
贵州	普定	3.0000	10.3745	14.0366	0.7391
云南	永德	1.6087	13.5538	15.0077	0.9031
陕西	永寿	0.8048	6.6262	7.62180	0.8694
甘肃	庄浪	0.5104	n.a.	13.000	n.a.
青海	湟中	0.9300	19.7468	20.4680	0.9648

资料来源：样本县2011年预算执行情况和2012年预算（草案）报告。

---

① Ahmad, Ehtisham, Jon Craig, and Dubravko Mihaljek, "Implementing and Managing Grants: Institutional and Data Requirements", in Ehtisham Ahmad, Qiang Gao, Vito Tanzi (eds.), *Reforming China's Public Finances*, Washington: International Monetary Fund, 2005, p. 236.

从某样本县一份 2011 年预算执行情况和 2012 年预算草案的报告可以看出，上级政府（主要是中央和省级政府而非地级市政府）的补助包括一般性转移支付、专项转移支付、税收返还等。与一般性转移支付和税收返还的单一的、标准化的计算模式相比，专项转移支付的分配是多样化的、非透明的、复杂的。例如，在湖北省，上级部门向县里下达的有 30 多项财政专项基金，这些专项基金以专项转移支付的名目出现。与一般性转移支付和税收返还的分配由标准化的公式决定不同，专项转移支付的发放和获取是富有弹性的，这种弹性滋生了发放者与接受者之间非正式的、有时甚至是投机的、违法的行为。虽然下级政府的不当行为随着行政层级的提高而增强，发放者被接受者俘获的可能性却随着行政层级的下降而上升。从交易成本增加的角度来说，改革作为"过手"的中间层级的地级市成为现实之需。

除了在财政上没有多少空间可以供所辖弱县依赖之外，弱地级市在要素市场上对其所辖的弱县也没有什么吸引力。首先，欠发达地区农村剩余劳动力没有把其所属地级市作为劳务输出的目的地。如表 6.7 所示，来自安庆市（安徽省西南部的一个弱地级市）的一份人口普查报告显示，包括农民工在内的劳动力很少流向其所属的地级市，而是纷纷流向了发达地区或省内其他大城市，尤其是省会城市合肥。随着近些年来产业向内地转移，尽管流动人员的分布没有太大的改变，长三角和珠三角流域的发达省份仍然是中西部地区农民工流动的主要目的地。[①] 此外，在市场化和全球化背景下，农业生产投入，包括种子、农药、化肥，越来越来自全国市场，甚至是国际市场。虽然地级市的基础设施有助于促进这些生产要素的流动，但是地级市及其所辖县之间的纽带并非唯一的。最后，就土地市场而言，地级市中心城区的扩张和城市化在迅速压缩郊区的农地规模，这反映在地方政府超大的土地财政规模上，它在一定程度上蚕食而非有益于弱县的农业和农村发展进程。

[①] 国家统计局农村司：《2009 年农民工监测调查报告》，见《中国人口与劳动问题报告：后金融危机时期的劳动力市场挑战》，北京：社会科学文献出版社 2010 年版。

表 6.7 安庆市流出人口结构（2000）

县	总人数	TTC	比率 1	CP	比率 2	PP	比率 3	P	比率 4
怀宁	131739	17864	0.136	10156	0.077	4786	0.036	98933	0.751
枞阳	226201	18627	0.082	10737	0.047	19747	0.087	177090	0.783
潜山	70598	11441	0.162	2982	0.042	2933	0.042	53242	0.754
太湖	72534	5842	0.081	1946	0.027	2271	0.031	62475	0.861
宿松	164403	19186	0.117	3680	0.022	4033	0.025	137504	0.836
望江	129538	13962	0.108	3759	0.029	3302	0.025	108515	0.838
岳西	49111	9271	0.189	1957	0.040	3625	0.074	34258	0.698
桐城	147506	28436	0.193	5302	0.036	8675	0.059	105093	0.712

资料来源：安庆市第五次人口普查领导小组办公室编：《人口 经济 未来》，合肥：安徽大学出版社 2003 年版，第 718 页。

注：TTC、CP、PP 和 P 分别表示在本县流动的人数、在本地级市流动的人数、在本省流动的人数、流往外省的人数。比率 1－4 分别表示 TTC、CP、PP、P 在总流动人数中所占的比重。

既然弱地级市不能促进弱县的经济社会发展，或者说，弱县在某些关键方面不能指望其所属地级市的援助，市管县体制有何理由成为弱县追求繁荣富强的动力呢？综合上述假说及其验证，在市管县体制下，大多数的地级市，不管其综合实力如何，的确在统筹城乡发展中扮演着消极的，至少是中立的角色。

第三节　正在进行的省直管县（市）体制改革

遵循渐进式改革的逻辑，在过去 20 年里，借助地方试验和地方模仿，省直管县（市）体制改革试图从财政体制和行政体制上寻求突破。可以说，这项改革已经取得了一定的成绩，但是也在相当大程度上陷入了胶着状态，其根本原因在于对地级市的定位仍然存在争议。

一、财政省直管县（市）体制改革

作为一个影响深远的模式，1953 年至今，浙江省一直实行的是财政省直管县（市）体制。至少在20世纪90年代初期之前，这一体制的潜力似乎没有发掘出来，也并不为全国所看好。然而，20世纪90年代以来，浙江省的地方经济发展展现了突出的优势。不少学者将浙江省地方经济的迅猛发展与其所实行的财政省直管县（市）体制联系起来，尽管二者之间的正向关系并没有得到严密的经验证实。对于这一命题，一个可行的解释是，财政省直管县（市）体制是促进地方经济发展的必要而非充分条件，这可以从如下经验事实看出来：（1）直到20世纪90年代初期引入市场经济之后，浙江省的地方经济才得以起飞，而财政省直管县（市）体制在浙江省自1953年以来就一直存在；（2）江苏、山东、福建等省在引入财政省直管县（市）体制之前，经济发展就已经相当不错了。

有意思的是，未经证实的命题并不妨碍其他省份学习并采用财政省直管县（市）体制的热情，因为这一体制在实践中的确有利于缓解县级政府在支出安排上捉襟见肘的状态。如表6.8所示，福建、安徽、湖北、河南、江西、吉林、山西、陕西、青海、江苏、甘肃、四川、黑龙江、贵州和河北等省在中央政府2009年6月22日明文在全国要求推行财政省直管县（市）体制改革时，就先后独立地开展了财政省直管县（市）体制改革试点工作。尽管各个省份红头文件的政策描述各不相同，财政省直管县（市）体制改革的原则却大致类似，即旨在将县级财政同它们所属的地级市分离出来，并在财政收入下放、财政转移支付、财政平衡、资金运作、专项资金补贴、债务清偿和工作安排上厘清省和县之间的关系。

表6.8　各省财政省直管县（市）体制改革

省份	发布日期	文件名称	县数
浙江	1953	n.a.	所有
福建	2003年10月22日	关于加快县域经济发展的若干意见（闽委发〔2003〕11号）	所有
安徽	2004年1月21日	关于实行省直管县财政体制改革的通知（皖政〔2004〕8号）	57
湖北	2004年4月21日	关于实行省管县（市）财政体制改革的通知（鄂政发〔2004〕20号）	52

续表

省份	发布日期	文件名称	县数
河南	2004年5月19日	关于扩大部分县（市）管理权限的意见（豫政〔2004〕32号）	35
	2009年5月5日	关于完善省与市县财政体制的通知（豫政〔2009〕32号）	加15
江西	2005年1月	关于实行省直管县财政体制改革试点的通知（赣府发〔2005〕2号）	21
	2007年3月5日	关于扩大省直管县财政体制改革试点范围的通知（赣府发〔2007〕12号）	加38
	2009年2月10日	关于进一步扩大省直管县财政体制改革试点范围的通知（赣府发〔2009〕6号）	加21
	2011年10月31日	关于进一步深化省直管县财政体制改革的通知（赣府厅发〔2011〕54号）	所有
吉林	2005年6月24日	关于实行省管县财政体制改革的通知（吉政发〔2005〕17号）	所有
山西	2006年12月19日	关于调整规范省市县财政体制和在35个国家重点扶贫开发县实行"省直管县"财政改革试点的通知（晋政发〔2006〕45号）	35
陕西	2006年12月20日	关于实行省管县财政体制改革试点的通知（陕政发〔2006〕65号）	15
青海	2007年2月8日	关于开展省管县财政管理体制改革试点工作意见的通知（青政办〔2007〕17号）	9
江苏	2007年3月26日	关于实行省直管县财政管理体制改革的通知（苏政发〔2007〕29号）	52
甘肃	2007年7月10日	关于实行省直管县财政管理体制改革试点方案的通知（甘政发〔2007〕51号）	16
四川	2007年7月10日	关于开展扩权强县试点的实施意见（川府发〔2007〕40号）	27
黑龙江	2007年11月18日	关于进一步完善省管县财政管理体制的实施意见（黑政发〔2007〕87号）	所有
贵州	2009	n. a.	31
	2012年9月26日	关于进一步完善省直接管理县财政改革的通知（黔府发〔2012〕35号）	加11

续表

省份	发布日期	文件名称	县数
河北	2009年2月27日	关于实行省直管县财政体制的通知（冀政〔2009〕51号）	64
山东	2009年9月24日	关于实行省直接管理县（市）财政体制改革试点的通知（鲁政发〔2009〕110号）	20
云南	2009年12月26日	关于实行省直管县财政体制改革试点的通知（云政发〔2009〕210号）	3
湖南	2010年1月12日	关于完善财政体制推行"省直管县"改革的通知（湘发〔2010〕3号）	79
广东	2010年7月	关于开展省直管县财政改革试点的通知（粤办函〔2010〕528号）	5
辽宁	2011年6月21日	关于对绥中县实行省直管县财政管理体制的通知（辽政发〔2011〕33号）	1

在各个省颁布的相关文件中，财政省直管县（市）体制改革所设置的目标可总结如下：

（1）理顺省以下地方政府之间的财政关系，以便完善分税制体制；

（2）促进县域经济发展；

（3）压缩行政层级，以便增加财政管理的效率，减少财政管理的成本；

（4）统筹城乡发展，实现全面、协调、可持续发展；

（5）下放资源，增强县级政府的财政能力，缓解县乡财政困难。

中央政府在推进财政省直管县（市）体制改革时设置了一个完成期限，即要求在2012年底前除民族区域自治地区外的其他省份都要实行财政省直管县（市）体制。省级政府完成这一目标的质量如何呢？这类问题引起了学者们对与财政省直管县（市）体制改革，甚至省直管县（市）体制改革进行重新评估的兴趣。具体来说，它涉及人们对相关的官方文件、领导人讲话和白皮书所提到的"在条件成熟的情况下"的"条件"的理解。

对这一问题的探索可以从对浙江案例的分析开始。显然，无人会质疑浙江省采用财政省直管县（市）体制推动地方经济发展的前提条件是独特的。首先，浙江的非公有制经济所占的比重远远超过其他省份，这就使得该省的政府职能要比其他省份简化得多；① 其次，浙江的县的数量比大多数省份要少很多，省与县之间的物理半径使得省直管县（市）成为可能。

更为一般地，财政省直管县（市）体制改革的前提条件是什么呢？联系几十年来的改革经验，有两个前提条件非常突出：一是政府职能转型。计划经济体制向市场经济体制转型是过去20多年中最大的制度变迁。由于在市场化改革的过程中，政府职能经历了一次转型的理想化②，诸如行政审批等行政事务大大压缩了。在没有地级市的情况下，在省和县级政府之间进行地方政府职能的划分基本上是可行的，也更富有效率。二是技术进步。软件技术（例如信息技术）和硬件技术（例如交通基础设施）的快速发展为压缩行政层级提供了前提条件。一方面，原来由地级市承担的区域协调职能如今可以上交给省级政府；另一方面，地级市政府按照分工原则有机会专注于城市治理，而无须在名义上承诺城乡兼顾，而实际上却两头顾不上。

根据市场化改革和技术进步所创造的前提条件，不同省份所涌现的实践经验为在全国范围内推行财政省直管县（市）体制改革奠定了基础。正是广泛的试验推动了全国范围内的财政省直管县（市）体制改革。有两个例子可以用来解释地方试验的功效。首先，当财政部于2009年6月22日颁布的文件为财政省直管县（市）体制改革设置时间表时，一些省的财政部门的高级干部公开表达了他们对履行这一时间表的信心。根据官方声明，在收支划分、财政转移支付、账户往来、预算账户、年度平衡等方面，省可以与县之间发生往来，而不需要通过地级市这个中间层级。其

---

① 经济结构变迁对政府职能转型产生了重要的影响。有的学者指出，在市场化改革之前，机构精简没有改变政府职能而是改变了政府规模，没有减少政府的权力而是改变了政府机构的数量。参见 Gong Ting and Feng Chen, "Institutional Reorganization and Its Impact on Decentralization", in Hao Jia and Zhimin Lin (eds.), *Changing Central-Local Relations in China: Reform and State Capacity*, Boulder, San Francisco, and Oxford: Westview Press, Inc., 1994, pp. 70-71。

② Yang Dali L., "Rationalizing the Chinese State: The Political Economy of Government Reform", in Chienmin Chao and Bruce J. Dickson (eds.), *Remaking the Chinese State: Strategies, Society, and Security*, London and New York: Routledge, 2001, pp. 24-26.

次,除了少数部门,如云南省人民代表大会调研组在 2011 年建议云南省政府应该请求国务院暂缓在该省推行财政省直管县(市)改革①,将地级市财政做空的战略基本上没有遇到什么公开的抵制,即使在不同层级上仍然有一些干部对这项改革抱观望态度,似乎也不能影响此项改革席卷全国的大势所趋。这两个现象表明此项改革在一定程度上正在形成共识。

二、行政省直管县(市)体制改革

在单一制国家中,根据决策与执行相分离的原则,地方政府通常被认为是执行中央政策的行政机构(OECD,2005)。在发展中国家,为了回应分权的全球性浪潮,让地方政府承担更多的支出任务,政策执行的职责逐渐下放给了低层级的地方政府。作为分权的一项实践,推行财政省直管县(市)体制的省同时也会将经济社会管理权限下放给县②,即这几年地方热衷的"强县扩权"和"扩权强县"改革,这两类改革措施被认为是推动省直管县(市)体制改革的第二个重要支柱。如表 6.9 所示,"强县扩权"和"扩权强县"正以下放经济社会管理权限的方式在全国范围内得以推行。与财政省直管县(市)体制改革的集权化战略相反,行政领域的省直管县(市)改革贯彻的是分权化战略。③ 一些省份,例如浙江和安徽,提出了"能下放的权力坚决下放"的原则。④ 此外,这些下放的权力以前都属于地级市。⑤ 在有些先进的县或县级市,例如浙江义乌,下放的行政审

---

① http://news.sohu.com/20110727/n314664366.shtml,2013 年 4 月 17 日登陆。
② 尽管地方政府享有一定的自由裁量权,但是权力下放却没有改变单一制国家下级政府服从上级政府的行权结构。在行政省直管县(市)体制下,权力下放所改变的是,县级政府对省级政府而非地级市政府负责。相应地,由省级政府而非地级市政府监督县级政府的工作。参见 Guo, Sujian, *Chinese Politics and Government: Power, Ideology, and Organization*, London and New York: Routledge, 2013, p. 138。
③ Yusuf 认为,分权有三种形式,即行政分权、财政分权、产业政策和基础设施投资分权。参见 Yusuf, Shahid, "China's Macroeconomic Performance and Management during Transition," *The Journal of Economic Perspectives*, Vol. 8, No. 2, 1994, pp. 75–76。
④ 由于缺少地方问责和制衡,权力向地方政府下放可能会导致意料之外的结果。参见 Bardhan, Pranab, "Decentralization of Governance and Development", *The Journal of Economic Perspectives*, Vol. 16, No. 4, 2002, p. 202。
⑤ http://city.sina.com.cn/city/2009-02-24/110216.html,2013 年 5 月 3 日登陆。

批权的数量占到地级市权力的60%。在权限下放过程中，一旦下放的权力与县的职责不一致，地级市所拥有的其他权力可能会导致地级市与所辖县在行政运转上的冲突。

表6.9 各省下放经济社会管理权

省份	发布日期	文件名称	县数
浙江	1992年6月	扩大萧山、余杭、鄞县、慈溪等13个县（市）部分经济管理权限的通知（浙政发〔1992〕169号）	13
	1997年3月17日	关于在萧山和余杭两市试行享受市地一级部分经济管理权限的批复（浙政发〔1997〕53号）	2
	2002年8月17日	关于扩大部分县（市）经济管理权限的通知（浙委办〔2002〕40号）	17
	2006年11月14日	关于扩大义乌市经济社会管理权限改革试点工作的若干意见（浙委办〔2006〕114号）	1
	2008	关于扩大县（市）部分经济社会管理权限的通知（浙委办〔2008〕116号）	
湖北	2003年6月26日	关于扩大部分县（市）经济和社会发展管理权限的通知（鄂办发〔2003〕35号）	20
福建	2003年10月22日	关于做好扩大县（市）经济社会管理权限工作的通知（闽委办发〔2003〕11号）	所有
山东	2003年12月23日	关于加快县域经济发展的意见（鲁发〔2003〕25号）	30
黑龙江	2004年3月13日	关于扩大十强县（市）经济管理权限的决定	10
	2006年9月25日	关于扩大县（市）经济社会管理权限的实施意见（黑政发〔2006〕75号）	所有
河南	2004年5月19日	关于扩大部分县（市）管理权限的意见（豫政〔2004〕32号）	35
河北	2005年1月30日	关于扩大部分县（市）管理权限的意见（冀政〔2005〕8号）	22
甘肃	2005年6月24日	关于加快县域经济发展的意见	13
吉林	2005年6月24日	关于扩大县（市）经济社会管理权限的决定（吉政发〔2005〕16号）	所有
广东	2005年6月10日	关于扩大县（市）政府管理权限的意见	所有

续表

省份	发布日期	文件名称	县数
湖南	2005年9月1日	关于扩大县（市）经济管理权限的通知（湘办发〔2005〕18号）	88
	2010年11月26日	关于扩大县（市）部分经济社会管理权限的决定（湖南省政府第249号令）	所有
江苏	2006	n. a.	
	2008年6月28日	关于进一步扩大县（市）经济管理权限的通知（苏办发〔2008〕17号）	所有
安徽	2006年12月30日	关于在宁国等12个县（市）开展扩大经济社会管理权限试点工作的通知（皖政〔2006〕126号）	12
	2008年4月25日	关于将蒙城等18个县（市）列为第二批扩大经济社会管理权限试点县的通知（皖政〔2008〕39号）	18
	2009年6月9日	关于全面推开扩大县级经济社会管理权限工作的通知（皖政〔2009〕73号）	61
四川	2007年7月10日	关于开展扩权强县试点工作的实施意见（川府发〔2007〕10号）	27
陕西	2007年7月12日	关于扩大部分县（市）经济管理权限的决定（陕政发〔2007〕25号）	15
云南	2009年6月8日	关于开展扩权强县试点的实施意见	8
辽宁	2010年10月25日	关于扩大绥中县经济社会管理权限的通知（辽委办发〔2010〕33号）	1
	2011年9月26日	关于扩大昌图县经济社会管理权限的通知（辽委办发〔2011〕36号）	1
山西	2011年11月22日	关于开展扩权强县试点工作的意见（晋办发〔2011〕35号）	22
贵州	2012年1月8日	关于扩大县（市、特区）经济管理权限的通知（黔党办发〔2012〕1号）	所有
	2012年6月4日	关于进一步推进扩权强县工作的实施意见（黔府办发〔2012〕24号）	所有

在各个省颁布的相关文件中，扩大县级政府经济社会管理权限的目的包括：

（1）增强县的发展动力，改善县域经济；

（2）统筹城乡发展，促进区域经济协调发展；

（3）深化行政体制改革，提高行政效率，减少行政成本；

（4）在县域范围内促进工业化、城市化、农业现代化；

（5）增强县级政府的自主权；

（6）理顺县级政府的权力和责任，尤其是使县级政府的财力与事权相匹配。

以扩大县级政府经济社会管理权限的形式，除直辖市、少数民族地区和特别行政区之外，全国范围内推行"强县扩权"和"扩权强县"的做法已经进行了 20 年之久。这些举措具有增量改革的特征：（1）一些省份明确提出，试验的先决条件之一是维持现行行政体制，这意味着在市管县体制下，县在行政上仍然隶属于地级市；（2）一些省份将经济社会管理权限在全省范围内下放，而另一些省份则只是在个别地级市根据经济总量、财政能力、产业基础、产业结构、城市化水平、发展潜力、区位优势等指标有选择地下放；（3）下放的只有经济社会管理权，而非所有的权力，尤其是政治权力几乎没有什么下放；（4）在改革试验中，县级政府通常享有的权力包括计划编制、财政平衡、支出安排、税收交割、项目申请、用地批准、许可证发放、价格管理、统计信息收集、政策分工、信息获取等权力；（5）不少省份，如河南、辽宁、黑龙江，在改革中特别强调了干部激励的重要性。在这些省的试点县，党政主要领导干部可以享受或被提拔为副地级市级别的待遇。

如前面提到的，这里需要强调一下省、地级市和县（市）之间财政和行政改革不相匹配的问题。一个最为引人关注的事情是集权化[①]和分权化战略交错运用于这两种体制改革之中。显然，这两种战略在一定程度上会

[①] 与市管县财政体制相反，省直管县（市）财政体制是集权而非分权的。

扭曲省、地级市和县级政府的行为。① 然而，由于改革还处于过渡时期，地级市政府仍然在全辖区的资源分配、行政事务协调上扮演着十分重要的角色。许多地方干部对这种不同步的改革表示怀疑，改革且行且慢，这不可避免地增加了体制转换的交易费用。如果真是这样的话，财政和行政领域的省直管县（市）体制改革可能正在或已经陷入了僵局。越来越多的观察家相信，单一制体制下扮演决策人的中央政府应该厘清政策目标，以便理顺省、地级市、县（市）三级政府间关系。

第四节 省直管县（市）体制改革的悖论

毫无疑问，至少在理论上，由于减少了行政管理层级，省直管县（市）体制有利于避免市管县体制所形成的漏斗效应。通过推行财政省直管县（市）体制改革，中央和省级政府的财政补助可以直接下达到各县而避免地级市的过滤。相比较而言，在全国范围内从经济上和行政上向县赋权使得地级市不能干预县的公共事务。然而，省直管县（市）体制改革离成功尚有很大的距离。基于如下困境，省直管县（市）体制改革甚至出现了僵局。

困境1：像激进式改革会导致干部配备和机构调整的混乱一样，省直管县（市）体制改革的渐进措施不可避免地导致了县级政府运转的困难。

改革、发展和稳定相平衡的压力使得当代中国的中央政府偏好于渐进式改革而非激进式改革。由于采用渐进的方式，财政省直管县（市）体制改革并不能完全斩断地级市同其所辖县的财政联系。尽管在文件上已经规定了省与县之间直接进行财政结算，但一些省份还是要求地级市继续为其辖县提供财政支持、收集预算报表、指导财政事务。此外，有些省份下放

---

① 财政分权和行政分权战略的交叉使用恶化了地方政府的支出责任，这是发展中国家进行分权的一个重要弊端。参见 Martinez-Vazquez, Jorge and François Vaillancourt, "An Overview of the Main Obstacles to Decentralization", in Jorge Martinez-Vazquez and François Vaillancourt (eds.), *Decentralization in Developing Countries: Global Perspectives on the Obstacles to Fiscal Devolution*, Cheltenham and Northampton: Edward Elgar, 2011, p. 3.

给县的权力是不完整的，甚至是次要的。例如，安徽省的例子表明，这些下放的权力主要是经济社会管理权力，而县级副职以下领导干部（包括一般的县级副职非领导干部）的人事权仍然掌握在地级市的组织部门手中，这就在县里造成了新的权责利不对等的格局。

在并行推行财政省直管县（市）体制和行政省直管县（市）体制改革的情况下，这一有意为之的双轨改革措施引发了地级市同其所辖县之间的矛盾。理论上，财政上架空的地级市不应该继续承担其所辖县的支出责任，因为前者不再分享后者的财政收入。可以理解的是，实行财政省直管县（市）体制之后，大多数地级市不愿也无力为其所辖县在执行上级政府安排的教育、公共住房、社会保险、医疗卫生等项目上提供财政补助。尽管在财政省直管县（市）体制下，县财政可以直接与省财政对接，但是一些重要的权力，如人事权，仍然归地级市控制。在这种过渡性制度安排下，县级政府一方面需要同省级政府协商财政事务，另一方面又需要同地级市协商剩余权力的分配[1]，这就增加了整体的交易费用。

全面推行省直管县（市）体制仍在考虑之中。因为这项改革还处在没有时间表的试点阶段，没有人可以预测地级市和所辖县之间这种"剪不断、理还乱"的关系还要持续多久。如果地级市继续扮演中间层级的角色，县不可避免地会陷入两难境地。

困境2：与市管县体制不能解决统筹城乡发展的历史命题一样，省直管县（市）体制也不能完成这一使命。

从改革动力不足，中央决策者不急于迅速地以省直管县（市）体制代替市管县体制来看，地级市在统筹城乡发展中的作用尚没有定论。尽管实行省直管县（市）体制的前提假设是，省和县比地级市在融合城乡资源方面享有更多的优势，但这一假设在实践中还值得商榷。

从市管县体制向省直管县（市）体制过渡可以总结为财政上的集权和

---

[1] 这有点类似于事实联邦制，即中央与省级政府之间的权力关系被描述为中央集权区（centrally dictated zone）、重叠和协商区（overlapping and bargaining zone）、地方集权区（locally dictated zone）。参见 Zheng Yongnian, *De Facto Federalism in China: Reforms and Dynamics of Central-Local Relations*, New Jersey, et al.: World Scientific Publishing Co. Pte. Ltd., 2007, p. 40。

行政上的分权。这就意味着以前由地级市承担的统筹城乡发展的任务现在分解给了省和县。以宏观调控为例，省在规划区域发展、调用财政资源、协调行政资源、避免为内部人俘获等方面比地级市要享有更多的优势。从信息获取的角度来说，赋权给县有利于使政府的决策更符合地方实际。

尽管在统筹城乡发展的过程中省和县具有比较优势，但是，省和县之间信息不对称的程度要高于地级市和县之间信息不对称的程度，这会导致地方治理中的误判和物质资源的误配。必须承认的是，财政上的集权和行政上的分权会放大甚至恶化省和县之间的信息不对称。由于经济社会管理事务的日益扩大，这种放大和恶化了的信息不对称必然会影响到财政转移支付体制的效率和公平，从而抵消省直管县（市）体制改革的初衷。

困境3：尽管废除市管县体制可以减少地级市的行政成本，但无人会质疑这样一种可能，即省直管县（市）体制下省级政府行政成本的增加幅度会超过取消地级市所节省的行政成本。

由于统计测量工作的缺失，行政管理改革的研究者尚不能就省直管县（市）体制改革是否会降低总的行政成本而达成一致意见。可以想象，虽然地级市的行政成本会因为推行改革而大幅度下降，但是省级政府的工作量和财政管理幅度却因此而迅速攀升。综合起来考虑，总的行政成本究竟是下降还是上升，目前还没有肯定的答案。

省级政府增加的行政成本包括财政部门的监督和管理成本。在引入省直管县（市）体制之前，省和县的关系需要通过地级市为媒介。而改革之后，省在各个方面需要直接对县交割。有人可能会认为，省可以采用统一的财政公式来与县打交道。但是，如果考虑到地域差异等因素，通过统一的计算公式来降低行政成本的提议将会不切实际。颇为矛盾的是，如果没有一个统一的计算公式，省级政府与县级政府之间的财政往来将会异常复杂。

对于县级政府而言，增加的行政成本由如下几个部分构成：（1）为承接上级转移的权力和资源而设置的部门和增加编制所增加的行政成本；（2）竞争范围从地级市扩大到省域范围内而增加的交易成本；（3）地级市没有完全转移出去的权力部门和垂直管理部门之间的协商成本。除了第一种成本之外，其他的两项行政成本则高度依赖于制度设计，而它们通常是难以度量的。

第五节 评论性结语

通过构建博弈理论模型，特瑞斯曼质疑诸如蒂博特等经济学家所开发的关于政治分权能够增强经济效率的模型，并回应了反对者的观点[1]。他的质疑在一项挑战政府分权和中国经济增长之间的正向关系的实证研究中得到了展开[2]。考虑到不同的背景，政治分权可能会产生多种结果，它既可能会促进经济增长，也可能会抑制经济增长。在本章中，作者提出了一种综合以结构为中心和以行动者为中心的研究路径，致力于探讨市管县体制的宿命和省直管县（市）体制的前景。通过实证检验发现，在市管县体制下，中央决策者通过地级市来统筹城乡发展的初始目的并没有达到，而财政领域和行政领域的省直管县（市）体制改革同样遇到了挑战。这种转型的不确定性对于理解中国政治经济学具有启发意义。旨在统筹城乡发展的市管县体制未能改善县域经济，同样地，省直管县（市）体制也没有显著地实现这一目的。市管县体制具有协调城乡之间资源分配的优势，由于信息不对称机制的恶化和欠发达的官僚主义经济体制的影响，这一优势恰恰是省直管县（市）体制所缺乏的。然而，地级市摄取上级转移支付的内生倾向使得市管县体制促进农村地区发展的优势大打折扣。当地级市支持其所辖县的能力小到可以忽略不计时，具有更强财政实力的省的协调能力是值得期待的。果真如此，减少地级市这一层级，让省直管县（市）体制来代替市管县体制则具有更大的可能性。

综上所述，市管县体制和省直管县（市）体制的比较分析为未来的研究提供了一个可行的通道。在本章中，跨部门数据被用来分析两种管县体

---

[1] Treisman, Daniel, "Political Decentralization and Economic Reform: A Game-Theoretic Analysis", *American Journal of Political Science*, Vol. 43, No. 2, 1999, pp. 488–515.

[2] Cai Hongbin, and Daniel Treisman, "Did Government Decentralization Cause China's Economic Miracle?", *World Politics*, Vol. 58, No. 4, 2006, pp. 505–535.

制的优势和劣势。尽管时间变量被引入到了比较研究之中，但是由于时间序列数据的缺乏，进行一种完整意义上的经验主义研究是不可能的。随着中国地方治理的现代化和数据质量的提高，探索行政改革动力的研究将会越来越多，也会越来越科学。作为市管县体制的一种替代物，省直管县（市）体制值得研究纵向的政府间关系的学者进行一次更为客观的评估。

第七章 政府间分权与政府行为

第一节 引言

政府行为是政府履行职能的外在表现。既然中央与地方政府各自承担着不同的职能，那么它们的行为便各不相同。在纵向维度上，政府间分权研究的是政府职能在中央与地方政府之间的分工执行。因而，根据学理逻辑推测，政府间分权与各级政府的行为必然存在某种联系。事实上，政府间分权深刻地影响着中央与地方政府行为。那么，政府间分权是如何影响政府行为的呢？这需要回溯到理解当代中国政府间关系的两个基本维度即政治集权与财政分权上。在政治集权的基础上，改革开放以来中国的财税体制虽然顺次采用了财政包干制、分税制和公共财政体系等三种形式，但是作为财税体制基本元素的税政权和财政权始终没有发生太多的变化，表现为，税政权是向上集中的，而财政权是集分结合的。向上集中的税政权和集分结合的财政权相互交织，形成了中国式财政分权。中国式财政分权内生出一定的激励与约束机制，分别对中央与地方政府行为产生了深刻的影响。本章假定这一判断可以从解析中国式财政分权的角度得到实证检验，即向上集中的税政权与集分结合的财政权相结合所形成的中国式财政分权可以内生出相应的激励与约束机制，从而推动中央与地方政府行为的变化。

既有的研究文献表明,从财政分权的角度来研究它对政府行为的影响是大多数学者的选择。的确,政府间分权,特别是财政分权对地方政府行为具有明显的影响。一方面,它可以推动地方经济增长[1],催生地方工业化[2],促进有利于市场化进程的地区竞争[3],改善基础设施[4];另一方面,它却会减损国家财政汲取能力[5],导致政府非正规财政收入规模的膨胀[6];破坏财经纪律,如造成地方政府违规利用政策优惠等工具来招商引资[7],形成地方保护主义、地区封锁、过度投资、重复建设[8],扭曲地方政府行为,如公共服务供给不足、向市场寻租或变相举债[9]。与将地方政府看作一个整体不同,有少量研究注意到了财政分权体制下地方政府行为的差异

---

[1] 陈抗、Arye L. Hillman、顾清扬:《财政集权与地方政府行为变化——从援助之手到攫取之手》,载《经济学(季刊)》,2002年第2卷第1期;王珺:《增长取向的适应性调整:对地方政府行为演变的一种理论解释》,载《管理世界》,2004年第8期;王永钦、张晏、章元、陈钊、陆铭:《中国的大国发展道路——论分权式改革的得失》,载《经济研究》,2007年第1期。

[2] Wong, Christine P. W., "Fiscal Reform and Local Industrialization: The Problematic Sequencing of Reform in Post-Mao China", Modern China, Vol. 18, No. 2, 1992; Jia, Hao and Zhimin Lin (eds.), Changing Central-Local Relations in China: Reform and State Capacity, Boulder: Westview Press, 1994.

[3] 周业安、章泉,2008a:《市场化、财政分权和中国的经济增长》,载《中国人民大学学报》,2008年第1期。

[4] 王石磊、张军:《中国地方官员为什么要改善基础设施?——一个关于官员激励机制的模型》,载《经济学(季刊)》,2008年第7卷第2期。

[5] 王绍光、胡鞍钢:《中国国家能力报告》,沈阳:辽宁人民出版社1993年版;王绍光,1997a:《中国政府汲取能力下降的体制根源》,载《战略与管理》,1997年第4期。

[6] 姚洋、杨雷:《制度供给失衡和中国财政分权的后果》,载《战略与管理》,2003年第3期。

[7] Jin, Jing and Heng-fu Zou, "Soft Budget Constraint on Local Governments in China", in J. Rodden, G. Eskeland, and J. Litvak (eds.), Fiscal Decentralization and the Challenge of Hard Budget Constraints, MIT Press, 2003;郭庆旺、贾俊雪:《地方政府行为、投资冲动与宏观经济稳定》,载《管理世界》,2006年第5期。

[8] Wong, Christine P. W., "Fiscal Reform and Local Industrialization: The Problematic Sequencing of Reform in Post-Mao China", Modern China, Vol. 18, No. 2, 1992;周黎安:《晋升博弈中政府官员的激励与合作——兼论我国地方保护主义和重复建设问题长期存在的原因》,载《经济研究》,2004年第6期;王文剑、覃成林:《地方政府行为与财政分权增长效应的地区性差异——基于经验分析的判断、假说及检验》,载《管理世界》,2008年第1期。

[9] 张永生:《政府间事权与财权如何划分?》,载《经济社会体制比较》,2008年第2期;Lin, Justin Yifu, Ran Tao and Mingxing Liu, "Decentralization and Local Governance in China's Economic Transition", FED Working Papers Series, No. FE20050095, 2005.

性。① 此外，政府间分权对中央政府行为的影响在现有研究中也不鲜见，例如，一些研究认为，在分权情况下，中央政府无力执行自己的政策和法律，也不能监督这些政策和法律在地方上的执行；② 另一些研究认为，只要规则恰当，分权（如分税制）可以使中央政府提升使用税收和支出政策进行宏观经济管理的能力。③

可以做出初步判断的是，改革开放之后，税政权向上集中的总体趋势没有太多的变化，而财政权则经历了财政包干制、分税制、公共财政体系建设等三个主要的阶段，在每个阶段上，中央与地方政府的财政权都处于集中与分散的跷跷板式运动之中。这种建立在政治集权基础之上的财政分权对中央与地方政府行为势必会产生一定的影响。在财政包干制时期，中央与省级政府就税收上缴比例或上缴额达成一定的协议，省级以下政府之间也仿效中央与省级政府的做法达成类似的协议，在这一协议达成后，地方政府为了追求税收收入的增长势必会推动地方经济发展。在分税制时期，中央政府比地方政府取得了较大份额的收入分成，中央政府的财政收入得到大幅度的提升，它凭借雄厚的财政资金可以有效地调控地方政府行为。在公共财政体系建设时期，服务型政府的建设功能日益突出，中央与地方政府的公共服务功能逐渐凸显出来。

根据上述理论设想，本章将以财政包干制、分税制和公共财政体系为背景，实证检验建立在政治集权基础之上的中国式财政分权是如何影响中央与地方政府行为的。在分析之前，我们首先通过对党和国家重要文件的梳理，以税政权和财政权的特征为主线，论述政治集权背景下中国式财政分权的实践形成与发展，随后是它对中央与地方政府行为影响的分析。

---

① 高鹤：《财政分权、经济结构与地方政府行为：一个中国经济转型的理论框架》，载《世界经济》，2006 年第 10 期。

② Jia, Hao and Zhimin Lin (eds.), *Changing Central-Local Relations in China: Reform and State Capacity*, Boulder: Westview Press, 1994.

③ Ma, Jun, b, "The Reform of Intergovernmental Fiscal Relations in China", *Asian Economic Journal*, Vol. 9, No. 3, 1995.

第二节　建立在政治集权基础之上的中国式财政分权

一、向上集中的税政权

一般地，税政权被划分为税收立法权、税收行政权和税收司法权，其中，税收立法权表达的是何种主体在多大程度上可以进行税收立法；税收行政权考察的是何种机构以何种方式来征管税收，因而也称作税收征管权；税收司法权则是法院或国家机关按照相关的法律法规对涉税案件进行仲裁的权力。如前所述，本书对当代中国政府间分权的研究主要集中在纵向的政府间分权上，因而本章主要梳理前两种税政权在建国后的变化轨迹。

建国后至改革开放前，作为政治集权在财税领域的体现，中国的税收立法权是向上集中的，即由中央政府直接制定全国性税收条例和核准地方性税收条例。改革开放后的财政包干制和分税制改革只是将税收立法主体进一步明确为全国人民代表大会及其常务委员会，即便授权国务院及其财税部门制定了大多数的税收法规，但却并没有改变税收立法权向上集中的总体趋势。具体情况见表 7.1：

表 7.1　相关重要文件对税收立法权的表述

时间	文件名称	内容
1950 年 1 月 27 日	《全国税政实施要则》	"凡有关全国性的税收条例法令，均由中央人民政府政务院统一制定颁布实施，各地区应切实遵照执行，如有意见可建议中央考虑；凡有关全国性的各种税收条例之施行细则，由中央税务机关统一制定，经财政部批准实施；凡有关地方性税收之立法，属于县范围者，得由县人民政府拟议报请省人民政府或军政委员会批准，并报中央备案；其属于省（市）范围者，得由省（市）人民政府拟议报大行政区人民政府或军政委员会核转中央批准。"

续表

时间	文件名称	内容
1950年3月3日	《关于统一国家财政经济工作的决定》	"税则、税目、税率，统由中央人民政府财政部提交政务院决定施行；未经批准，各地人民政府不得变动。"
1958年6月3日	《农业税条例（草案）》	对农业税的全国平均税率进行了统一性规定，省级地区的平均税率由国务院根据全国平均税率并结合当地情况制定
1958年9月21日	《工商统一税条例（草案）》	将货物税、商品流通税、营业税和印花税合并简化为工商统一税，详细地列出了工商统一税的税目、税率，并规定"个别税目、税率需要增减、调整的，由国务院确定，公布执行"
1960年12月31日	《关于改进财政体制，加强财政管理的报告》	"凡属工商统一税税目的增减和税率的调整，盐税税额的调整，应当报经中央批准。……凡属开征地区性的税收，地方各税税目税率的变动，以及在中央规定的所得税的税率范围内确定具体税率，必须报经中央局批准。"
1973年试行	《工商税条例（草案）》	"税目的增减、税率的调整、全国统一的减免税规定等权限，仍集中于中央；核定纳税单位的税目和税率、批准个别纳税单位的减税、规定对农村人民公社征税的具体办法等权限，属于省、市、自治区。"
1977年11月13日	《财政部关于税收管理体制的请示报告》	"税收政策的改变，税法的颁布和实施，税种的开征和停征，税目的增减和税率的调整，都属于中央管理权限，一律由国务院统一规定。"
1984年9月18日	《产品税条例（草案）》、《增值税条例（草案）》、《营业税条例（草案）》、《盐业税条例（草案）》、《资源税条例（草案）》	对产品税、增值税、营业税、盐业税和资源税的税目、税率（或税额）做出了具体的规定，而个别税目、税率（或税额）的调整，则由国务院授权财政部或国务院直接确定

续表

时间	文件名称	内容
1991年12月9日	《关于进一步推进依法治税，加强税收管理的报告》	"坚持依法治税，统一税法，集中税权，是发展社会主义有计划商品经济的必然要求，也是税收工作的基本原则。无论在什么情况下，这一原则不能有丝毫动摇。"
1993年12月13日	《增值税暂行条例》、《消费税暂行条例》、《营业税暂行条例》	对税目和税率进行了详细的规定，且增值税的免税、减税项目，以及消费税和营业税的税目和税率调整等事项改由国务院直接决定。同一时期，所得税和其他税种的立法主体是全国人民代表大会及其常务委员会
1993年12月15日	《关于实行分税制财政管理体制的决定》	"中央税、共享税以及地方税的立法权都要集中在中央，以保证中央政令统一，维护全国统一市场和企业平等竞争。"
1993年12月25日	《国家税务总局工商税制改革实施方案》	"中央税和全国统一实行的地方税立法权集中在中央。"
1998年3月12日	《关于加强依法治税严格税收管理权限的通知》	"中央税、共享税以及地方税的立法权都集中在中央，各地区、各部门要依法治税，依法理财，不得超越权限擅自制定、解释税收政策，也不得越权批准减免税收、缓缴税和豁免欠税。"

税收行政权（或税收征管权）的集中与否可以从两个角度来考察：一是税务机构的领导体制；二是税收管理权限的分工，即中央与省级政府在税收征管工作中的权限划分。

从税务机构的领导关系上看，自建国以来，中央以下各级税务机构长期实行的是双重领导体制，在业务上以税务系统内的垂直领导为主，直到1994年为配合分税制改革而组建了国家税务局和地方税务局后，国家税务局系统实行垂直领导；而地方税务局系统在省级层面和省级以下层面仍然实行双重领导，只不过省级地税局以省级政府领导为主，省级以下地税局以上级税务机关垂直领导为主。如表7.2所示，税务机构的管理也带有权力向上集中的特征。

表 7.2 相关重要文件对税务机构设置的表述

时间	文件名称	内容
1950 年 1 月 27 日	《全国税政实施要则》	"全国各级税务机构,受上级局和同级政府之双重领导,税务局长得参加同级政府之政务会议。"
1950 年 1 月 27 日	《全国各级税务机关暂行组织规程》	自中央财政部以下,共设置了六级税务机构,包括直属财政部的税务总局、大行政区的税务管理局,以及省级和省级以下政府设置的税务局直至税务所,这六级税务机构均属中央财政部统一领导,税务总局以下各局(所)除直属上级税务机关领导外,还受同级财政部门的领导
1982 年 3 月 4 日	《财政部关于清查偷漏欠税情况和加强税收工作的报告》	"税务机构实行地方政府和上级税务部门的双重领导,业务上以上级税务部门领导为主。"
1983 年 8 月 24 日	《关于抓紧增收节支确保今年财政收支基本平衡的紧急通知》	"专、市、县税务局的机构设置、干部管理、人员编制和经费开支,原则上应由省、直辖市、自治区税务局垂直管理。"
1987 年 12 月 30 日	国务院机构改革方案(草案)	将财政部税务总局升格为国家税务局,由财政部归口管理
1988 年 12 月 27 日	《关于整顿税收秩序加强税收管理的决定》	"全国税务系统实行上级税务机关和同级政府双重领导,以税务机关垂直领导为主的领导关系。"
1989 年 1 月 5 日	《关于各部门配合税务机关加强税收征管工作的通知》	"各省、自治区、直辖市一级税务局正副局长,由国家税务局考核提名,国务院授权人事部审批任命。"
1993 年 6 月	国务院机构改革方案	国家税务局调整为国家税务总局

续表

时间	文件名称	内容
1993年12月4日	《关于组建在各地的直属税务机构和地方税务局的实施意见》	组建国家税务局和地方税务局,并对这两大系统的征收范围和各自的机构设置进行了明确的划分,规定"国家税务局系统实行国家税务总局垂直管理的领导体制,在机构、编制、经费、领导干部职务的审批等方面按照下管一级的原则,实行垂直管理。省级地方税务局实行地方人民政府和国家税务总局双重领导,以地方政府领导为主的管理体制"
1997年10月21日	《关于地方税务机构管理体制问题的通知》	"对省(自治区、直辖市)以下地方税务局实行上级税务机关和同级政府双重领导、以上级税务机关垂直领导为主的管理体制。"

在中央政府与地方政府之间,税收征管的权限划分自建国以来一直处于动态调整之中。如表7.3所示,税收行政权(或征管权)在中央政府与地方政府之间的划分既有集中,也有分散,但从长期来看,以向上集中为主。

表7.3 相关重要文件对税收行政权(征管权)的表述

时间	文件名称	内容
1950年3月3日	《关于统一国家财政经济工作的决定》	"公粮征收额,包括地方附加公粮征收额在内,统由中央人民政府财政部提交政务院决定实施;未经批准,各地人民政府不得变动。"
1958年4月21日	《关于改进税收管理体制的规定》	"凡是可以由省、自治区、直辖市负责管理的税收,应当交给省、自治区、直辖市管理;若干仍然由中央管理的税收,在一定的范围内,给省、直辖市以机动调整的权限;并且允许省、自治区、直辖市制定税收办法,开征地区性的税收。"
1958年9月21日	《工商统一税条例(草案)》	"在省、自治区、直辖市范围内的减税、免税和个别产品纳税环节的变更,由省、自治区、直辖市人民委员会依据国家规定的管理税收的权限办理。在全国范围内的减税、免税和产品纳税环节的变更,由国务院规定。"

续表

时间	文件名称	内容
1977年11月	《关于税收管理体制的请示报告》和《关于税收管理体制的规定》	将国家税收政策改变、税法颁布和实施、税种开征和停征、税目增减、税率调整等权力统统集中到国务院
1981年1月26日	《关于平衡财政收支、严格财政管理的决定》	"坚决维护国家税收制度，不许随意改变税种、税率和减免税收。需要重申，国家税种的开征和停征，税目的增加与减少，税率的提高与降低，税收的加征与减免，必须统一管理，凡有关这方面的规定统由财政部下达，或者由财政部报经国务院批准下达。"
1982年3月26日	《财政部关于严格财政管理，制止乱开减收增支口子的报告》	要求将涉及减收增支的审批权上收至财政部或由财政部报经国务院批准
1987年4月8日	《关于严肃税收法纪，加强税收工作的决定》	"所有地区和部门都必须严格按照国家规定的减免税管理权限办事，不得越权办事。……国务院重申，今后凡涉及中央管理的减免税权限，各地区、各部门应事先征求财政部意见，报国务院审批；任何地区和部门自行下达超越自己管理权限的减免税文件一律无效，各级税务机关有权拒绝执行，并向财政部报告。"
1988年5月14日	《关于加强税收工作的紧急通知》	"对税收减免一定要从严掌握，按国家规定的减免权限办事，不得层层下放减免税批准权，擅自作出减免税规定。"
1993年7月23日	《关于加强税收管理和严格控制减免税收的通知》	"认真清理违法越权制定的税收优惠政策"
1993年12月15日	《关于实行分税制财政管理体制的决定》	"税收实行分级征管，中央税和共享税由中央税务机构负责征收，共享税中地方分享的部分，由中央税务机构直接划入地方金库，地方税由地方税务机构负责征收。"

续表

时间	文件名称	内容
1998年3月12日	《关于加强依法治税严格税收管理权限的通知》	"除屠宰税、筵席税、牧业税的管理权限已明确下放到地方外,其他税种的管理权全部集中在中央,地方政府不得在税法明确授予的管理权限之外,擅自更改、调整、变通国家税法和税收政策。"
2001年4月28日	《税收征收管理法》(修正案)	"税收的开征、停征以及减税、免税、退税、补税,依照法律的规定执行;法律授权国务院规定的,依照国务院制定的行政法规的规定执行。任何机关、单位和个人不得违反法律、行政法规的规定,擅自作出税收开征、停征以及减税、免税、退税、补税和其他同税收法律、行政法规相抵触的规定。"

二、集分结合的财政权

财政权是指政府在财政收支方面的权力。大多数转轨国家在转轨之前,"财政体制高度集中,地方政府只是执行单位或中央政府的一个部门,它们没有独立的财政或立法权"①。这一判断也适用于中国改革开放之前的"统收统支"财政管理体制。1950年3月3日,政务院发布的《关于统一国家财政经济工作的决定》规定:"除了批准征收的地方税以外,所有关税、盐税、货物税、工商业税的一切收入,均归中央人民政府财政部统一调度使用。"对于统一全国财政经济工作的重要性,陈云在1950年3月10日出版的《人民日报》上发表了题为"为什么要统一财政经济工作"的社论,系统地阐述了对财政经济工作进行统一管理的理由。然而,强调统一管理的重要性并不是说有关财政收支的所有权力都应该集中到中央政府。实际上,从1951年4月起,财政收支就采取了"统一领导、分级负责"

---

① [美]理查德·M.伯德、罗伯特·D.埃贝尔、克里斯蒂·I.沃利克:《社会主义国家的分权化:转轨经济的政府间财政转移支付》,"中国财税进一步改革"课题组成员译,北京:中央编译出版社2001年版,第3页。

的形式，实行中央、大行政区、省（市）财政三级体制①，划分了中央与地方的管理职责②。尽管地方政府不具有税收立法权，但凭借财政管理职权的划分，地方政府拥有一定的财政收支自主权，特别是国务院于1957年11月8日通过的《关于改进财政管理体制的规定》提出的"以收定支，三年不变"（1958年4月改为"五年不变"）体制更是提供了这样的制度便利。不过，这一有利于地方政府财政收支自主权增加的政策并未持续多久，财经纪律涣散的问题便暴露出来，国家便再次上收了财权：1960年12月31日，财政部党组向中央提交《关于改进财政体制、加强财政管理的报告》，提出"国家财权应当基本上集中在中央、大区和省、市、自治区三级"；1961年1月15日，中央批转并同意了这一报告，提出要将"财政大权集中于中央、大区和省、市、自治区三级，认真实行'全国一盘棋'，坚决纠正财权过于分散的现象"；1961年1月20日发布的《中共中央关于调整管理体制的若干暂行规定》继续强调指出，"财权必须集中"。这一集权化的财政管理体制一直维持到20世纪60年代末。

20世纪70年代试行的财政包干办法，即1971年起试行"定收定支、收支包干，保证上缴（或差额补贴）、结余留用，一年一定"财政管理体制、1974年起全国普遍试行"收入按固定比例留成，超收另定分成比例，支出按指标包干"办法、1978年2月17日试行"增收分成、收支挂钩"财政体制、1979年7月试行"收支挂钩、全额分成、比例包干、三年不变"财政管理办法，为地方政府财政收支自主权的扩大重新提供了机会。财政包干办法在20世纪80年代升级为财政包干制并得到全面的推广，即1980年实行的"划分收支、分级包干"财政管理体制规定了中央与地方财政收支范围、地方财政收支包干基数、受援的不发达地区的发展资金的确定办法；1985年实行"划分税种、核定收支、分级包干"财政管理体制，根据利改税第二步改革后的税种设置划分了各级财政收入、继续按隶属关系划分中央与地方财政支出、在权衡地方收支的基础上确定收入的分成比

---

① 参见1951年3月29日政务院发布的《关于一九五一年度财政收支系统划分的决定》。
② 参见1951年5月24日政务院发布的《关于划分中央与地方在财政经济工作上管理职权的决定》。

例或上解、补助数额，规定"地方多收入可以多支出，少收入就要少支出，自求收支平衡"；1988 年实行形式多样的财政包干办法，包括收入递增包干、总额分成、总额分成加增长分成、上解额递增包干、定额上解、定额补助等六种形式。无论哪一次财政包干制改革还是哪一种财政包干办法，只要地方政府的包干规则确定并完成上解任务后，其财政收支自主权都会增加。因此，财政包干制可以激发地方政府增收节支的积极性。不过，由于与生俱来的制度缺陷，财政包干制的推行使得地方政府滋生了道德风险行为，减损了中央政府的财政利益，从而催生了 1994 年的分税制改革。综观分税制的措施和实践，它几乎没有涉及财政支出结构的调整，而只是在中央与地方财政收入的分成规则上引入了按税种税率划分的准则，并建立了中央税收和地方税收体系及各自的征管机构，逐步实行和完善了中央财政对地方的税收返还和转移支付制度。

改革开放之后顺次经历的财政包干制和分税制是在政府系统内的行政性分权和各级政府向企业进行经济性分权的背景下进行的，这两种分权改革都是为了满足地方政府和企业分散化决策的需要，它必然会对地方政府的财政自治能力提出要求。那么，除了税收立法权的向上集中不可改变之外，伴随着分权改革而进行的财政包干制和分税制改革是否使得财政权从集中走向了分散呢？回答这一问题有两种视角：一是从财政预算权力来看，虽然 1992 年 1 月 1 日起施行的《国家预算管理条例》和 1995 年 1 月 1 日起施行的《中华人民共和国预算法》对预算管理职权的规定都有利于地方政府掌握编制和执行地方预算的权力，但中央政府在税收行政和税收司法上所具有的主导地位决定了整个国家的预算格局。一定时期内中央财力的下降并不代表中央预算权力的收缩和地方预算权力的扩张，只要中央政府认为有必要增加其自身的财力，财政管理体制改革都会朝着有利于中央政府的方向发展，例如，由于 20 世纪 80 年代推行的财政包干制改革削弱了中央财政汲取能力和中央财政收入占全国财政收入的比重，通过 1994 年的分税制改革，这两项指标在短短两年内就企稳回升了。二是从财政收支权力来看，转轨经济体中普遍存在的现象是，财政收入层层向上集中，支出责任在政府系统内逐级下移，地方政府在财政收入不足的情况下，会通过"征收欠款、无限制地借贷、挖掘不合理的预算外收入来源，或干脆不提供必要的服务"来应对财政支出责任下移所带来的财政压力①，改革开放后中国的情况大体与此类似。为了缓解地方财政危机，财政转移支付和专项补助就变得十分重要，这种财政支出的集权化要求如成为现实将有利于严肃地方财经纪律，而这需要以强大的中央财力作为支撑。

不难总结，（由财政包干制和分税制表现出来的）财政分权一方面增加了地方政府的财政自治权②，包括财政预算权和财政收支权的扩大；另一方面，中央政府的财政权力在纵向上并没有削弱，姑且不论税收立法权向上集中的局面从来没有改变，仅就地方财政平衡对财政转移支付和专项补助的要求而言，中央宏观调控权的增加也从财政包干制时期的主观愿望变成了分税制下的客观现实。这种地方政府财政自治权和中央政府财政权力双双增加的现象可以由各级政府在财政收支方面的权力发生了增量变化来解释，也正因如此，我们可以将改革开放以来财政权的变化特征概括为集分结合。

三、税政权与财政权的关系

在政治集权的背景下，税收立法权和税收行政权（或征管权）的向上集中是必然的，原因有两点：一是政治单一制下的各级政权组织具有在本辖区范围内贯彻其统治意志的强烈意愿；二是地方税务机关至少在业务上受上级税务机关的垂直领导。而财政权在中央政府与地方政府之间的分配则比较机动，有集中的成分，也有分散的实践。税政权和财政权的向上集中不仅是为了便于中央政府掌握更多的财力，以便使用财政转移支付或专项补助等手段弥补地区和城乡差距、实现全国性公共物品或服务提供的规模经济效应，而且可以使中央政府凭借发动税制和财税体制改革的主动权

---

① ［美］理查德·M.伯德、罗伯特·D.埃贝尔、克里斯蒂·I.沃利克：《社会主义国家的分权化：转轨经济的政府间财政转移支付》，"中国财税进一步改革"课题组成员译，北京：中央编译出版社2001年版，第6页。

② 黄佩华、迪帕克等：《中国：国家发展与地方财政》，吴素萍等译，北京：中信出版社2003年版，第2页。

来维护经济社会发展的政治稳定。尽管税政权,特别是税收行政权的自由裁量是可能的,但在政治单一制下,它的分散在理论上的理由没有财政权的分散那么充分,其原因在于,对于财税体制而言,可供决策的信息和实际权力及其自由裁量权在中央政府与地方政府之间是不对称的,这种不对称性决定了从制度效率、行政成本等方面考虑,分权化的财政管理体制更有理论和现实基础。正如有些学者所总结的那样,分权化的财税体制既有利于在货币集权的配合下硬化地方政府的预算约束[1],又能激发地方政府推动地方经济发展的积极性,取得中国渐进式改革的成功[2]。

从总体上看,税收立法权和税收行政权的向上集中有利于财政收入的向上集中,尽管这一传导机制会受到不同财税体制所限定的收入分成规则的影响而出现不同的结果。例如,改革开放之前的"统收统支"、20世纪80年代的财政包干制与1994年的分税制所代表的不同的收入分成规则,使得中央政府集中财政收入的努力在不同制度设计下出现了不同的效果。改革开放之前,中央政府直接规定政府间的收入分享比例,并通过收入征收、支出计划、财政运作和会计程序来规范和控制省级政府的财政收支;[3] 20世纪80年代的财政包干制改革开启了财政分权的真正序幕,尽管税收立法权仍然向上集中、中央政府掌握着与地方政府进行收入分成比例谈判的主动权,但地方财政自治的空间因财政收入剩余索取权的取得而有所扩大,中央政府集中财政收入的努力在实践中逐渐落空了;1994年的分税制改革改变了收入分成规则,通过税种税率的分成而实现了财政收入的集中,一方面使中央政府重新获得了对宏观经济的控制力,进而巩固了政治权力集中的物质基础;[4] 另一方面使中央以下各级地方政府的财政地位没

---

[1] Qian, Yingyi and Gérard Roland, "Federalism and the Soft Budget Constraint", *American Economic Review*, Vol. 88, No. 5, 1998, p. 1143.

[2] Blanchard, Olivier and Andrei Shleifer, "Federalism with and without Political Centralization: China versus Russia", *IMF Staff Papers*, Vol. 48, 2001, p. 171.

[3] Oksenberg, Michel and James Tong, "The Evolution of Central-Provincial Fiscal Relations in China, 1971-1984: The Formal System", *The China Quarterly*, No. 125, 1991.

[4] Bahl, Roy, "Implementation Rules for Fiscal Decentralization", Paper Presented at the International Seminar on Land Policy and Economic Development, Land Reform Training Institute, Taiwan, November 17, 1998.

有财政包干制时期那么强大了。① 从这几个阶段的运行结果来看，税政权与财政权之间没有直接的对应关系。

如果说税政权的向上集中反映了政治集权的要求，而财政权在地方层面带有自治的成分，那么，同处政治单一制的背景下，税政权的向上集中与财政权的集分结合并不矛盾，且前者对后者也无制度或操作上的障碍。在对这一问题的分析上，列宁转引的恩格斯的观点是适用的："在恩格斯看来，集中制丝毫不排斥这样一种广泛的地方自治，这种自治在各个市镇和省自愿坚持国家统一的同时，绝对能够消除任何官僚制度和任何来自上面的'发号施令'。"② 这就不难理解，尽管学术界大都赞成将中国改革开放后进行的财税体制改革，无论是财政包干制还是分税制，都归类为分权化的财税体制改革③，但这不妨碍提出这样一种观点，即将改革开放之后的中国体制概括为政治集权下的地方经济分权制④。一方面，与财政联邦制条件下地方政府自行征税、在自己的权限内进行财政支出⑤不同，中国的财税体制虽然也将上级政府的职责范围限定为设置更大的政策目标，而将做出具体决策的权力以一套明确的奖惩措施移交给下级组织⑥，但是中央政府只是部分地将财政权力和支出责任转交给地方政府，以便提高经济效率⑦，这为财政权的集分结合找到了实践上的依据；另一方面，出于严

---

① [美] 罗伊·鲍尔：《中国的财政政策——税制与中央及地方的财政关系》，许善达等译，北京：中国税务出版社 2000 年版，第 151—153 页。
② 列宁：《关于民族问题的批评意见》，见《列宁全集》（第 24 卷），中央编译局译，北京：人民出版社 1985 年版，第 69 页。
③ 杨光斌：《中国经济转型时期的中央与地方关系新论——理论、现实与政策》，载《学海》，2007 年第 1 期。
④ 许成钢：《政治集权下的地方经济分权与中国改革》，见青木昌彦、吴敬琏主编：《从威权到民主：可持续发展的政治经济学》，北京：中信出版社 2008 年版。
⑤ Maskin, Eric S., "Recent Theoretical Work on the Soft Budget Constraint", *American Economic Review*, Vol. 89, No. 2, 1999, p. 423.
⑥ Heins, A. James, "State and Local Response to Fiscal Decentralization", *American Economic Review*, Vol. 61, No. 2, 1971, p. 449.
⑦ Lin, Justin Yifu and Zhiqiang Liu, "Fiscal Decentralization and Economic Growth in China", *Economic Development and Cultural Change*, Vol. 49, No. 1, 2000, p. 1.

肃全国财经纪律,提高中央政府控制经济能力的需要①,组成税政权主要内容的税收立法权和税收行政权是向上集中的。

如前所述,当代中国财政收支方面的分权改革始于20世纪80年代的"分灶吃饭"财税体制改革,此后的财政包干制和分税制都是为了增强地方政府的财政能力,让地方政府真正享受到经济增长的好处。诚然,分权化的财税体制使得地方政府的财政收支权力有所增加,但是,有研究者却提出,中国的财政分权改革减少了地方政府可支配的预算资源,地方政府所获得的好处远没有人们想象的那么大,而且省级以下地方政府负责承担所有重要的社会支出或提供几乎所有的公共服务,因而与相对增加的财政收入比较,其支出任务不减反增了。② 相反,另一些研究者认为,分权化的财税体制改革使得中央权力走向了崩溃的边缘,因为中央政府无力使自己的政策和法律在地方顺利地执行,地方变成了诸侯。③ 也就是说,从实践的角度判断税政权和财政权的集中与否与理论上的判断还有一定的差距,因为实践上的衡量指标可能更为主观、更为多元。

综上所述,受政治集权的影响,税政权的向上集中与财政权的集分结合在当代中国财税领域表现得非常显著,二者交织在一起,共同构成了中国式财政分权。

第三节 政治集权基础上的财政分权与中央政府行为

一、政治集权基础上的财政分权对中央政府行为的影响机制

政治集权赋予了中央政府以实现其战略目标的能力,通过税政权的向上集中和财政权的集分结合,中央政府可以有效地实现对地方政府的激励

---

① Montinola, Gabriella, Yingyi Qian and Barry R. Weingast, "Federalism, Chinese Style: The Political Basis for Economic Success in China", *World Politics*, Vol. 48, No. 1, 1995, p. 79.
② 黄佩华、迪帕克等:《中国:国家发展与地方财政》,吴素萍等译,北京:中信出版社2003年版,第3页。
③ Lin, Sen, "Review on Changing Central – Local Relations in China: Reform and State Capacity", *Pacific Affairs*, Vol. 68, No. 1, 1995, p. 102.

与约束，同时使得中央政府的财政收入可以得到充分的保障。尽管由于制度缺陷而出现过财政包干制时期中央财力相对下降的事实，但中央政府发动有利于自身财力提高的财税体制改革的能力和权威依然存在。这种由中央政府掌握政治资源，地方政府控制经济资源的政治经济体制减少了地方政府官员被地方利益集团俘获的可能性，从而维护了宏观经济稳定。[1]

根据前面的论述，在税政权向上集中和财政权集分结合的共同作用下，减税与免税、税种和税率决定、预算编制控制等权力在中央政府层面得到了有效的行使，从而为严肃财经纪律、保障中央政府的财政汲取能力和硬化各级政府的预算约束提供了制度保障；同时，税收征管权限的划分和税务机构的领导体制呈现权力向上集中的倾向，这为中央政府加强宏观调控能力、向下转移支出责任提供了制度便利。改革开放以来，中央政府的财政支出项目虽然没有发生太大的变化，但是各主要支出项目的份额却发生了很大的变化，这是中央政府行为变化的最直接体现，而这些变化又与不同阶段实施的财税体制高度相关。

第一个阶段：1980 年至 1993 年

财政包干制在 20 世纪 70 年代就开始探索，但直到 20 世纪 80 年代的三次财政管理体制改革，才真正得到了推行。1980 年的"划分收支、分级包干"财政管理体制暂行规定按照经济管理体制规定的隶属关系，明确划分了中央和地方财政的收支范围；1985 年的"划分税种、核定收支、分级包干"财政管理体制进一步明确了各级政府的财政权利和责任；1988 年的地方财政包干办法为分税制改革做好了铺垫。这三次财政管理体制改革都可以被认为是分权化的财税体制改革，即便它们与联邦制国家的财政分权大不相同。同一时期，政治集权的背景没有改变，人事权、立法权均延续了计划经济时期的传统，都体现为权力向上集中。

受政治集权的影响，在财政包干制时期，归中央政府所有的财政权力及其变动情况如下：

---

[1] Huang, Yasheng, *Inflation and Investment Controls in China: The Political Economy of Central-Local Relations during the Reform Era*, Cambridge: Cambridge University Press, 1996.

（1）税收决定权。前已述及，全国税收政策的制定权、税法的颁布和实施权、税种和税目的决定权是向上集中的。1981 年国务院颁布的《关于平衡财政收支、严格财政管理的决定》第二条规定，"坚决维护国家税收制度，不许随意改变税种、税率和减免税收"，税收决定的权威机构排名分别是全国人大、国务院、中央各部委，而地方无法调整税种、税率，即使可以调整，其调整范围也极其有限。

（2）中央财政收入支配权。在"两步利改税"改革之前，按照经济管理体制规定的企业的隶属关系或所有权关系，中央政府有权支配的财政收入包括中央所属企业的上交收入，不过收入的上交可以讨价还价；"两步利改税"改革之后，按企业隶属关系划分中央与地方财政收入的格局被打破，国家与国有企业的分配关系进一步理顺，中央政府享有所得收入的支配权。

（3）税收行政权（或征管权）。"两步利改税"改革之后，税收行政权（或征管权）在实践上已下放到地方，除了几个小税种归中央政府征管外，几乎所有税种的征缴都由地方政府负责①，即由地方税务机关代征所有的税收并上交给中央政府，中央政府放弃了对税务信息的采集以及根据这些税务信息进行决策的权力，地方政府藉此享有很大的自由裁量权。这种自由裁量权的实际存在使得中央政府制定的财经纪律遭到了一定程度的破坏。②

（4）分成契约制定权。中央政府因拥有发动有利于中央财政利益的财政改革的主动权，从而掌握着与地方政府签订收入分成比例和上解或补助数额协议的主动权。地方政府只是充当了财政收入的征缴机关，但与地方政府分享的收入只有预算内收入，且取决于谈判而决定的收入分成比例、契约年限以及地方政府的征税努力程度，从而最大限度地控制了省级政府

---

① 王绍光，a：《中国政府汲取能力下降的体制根源》，载《战略与管理》，1997 年第 4 期，第 3 页。

② Liew, Leong H., "Gradualism in China's Economic Reform and the Role for a Strong Central State", *Journal of Economic Issues*, Vol. 29, No. 3, 1995, p. 891.

的财政收入。不过,由于地方政府的道德风险行为[1],中央政府的财政控制能力越来越弱。

(5) 预算资金支配权。预算资金的分配处于集权状态,而预算外资金和制度外资金处于分权和监督不力的状态,因为中央与地方政府进行收入分成的只有预算资金,而预算外资金或制度外资金的征收和使用不会像预算资金那样有严格的计划和财政控制,因而除了能够控制本级预算外资金和制度外资金之外,中央政府不能控制地方政府的预算外资金和制度外资金。随着预算外资金和制度外资金的增加,中央政府可控的财权在逐步消减。考虑到需要取得地方政府对税收分成比例的认同,中央政府容忍了预算外资金和制度外资金的存在。

(6) 财政转移支付权。由于财政包干制的制度缺陷使得地方政府有动力和便利将与中央政府进行收入分成的预算资源转移到无需与中央政府进行收入分成的预算外或制度外渠道,中央政府的财政汲取能力逐渐减小了。中央财力因此而相对下滑,中央政府的财政转移支付能力也受到了严重的挑战[2],从而利用转移支付这一手段来控制地方政府行为(如维护和加强地区统一、减轻地区财政差异)的权力和能力越来越小。

(7) 强制性财力汲取权。在财政包干制时期,不仅地方政府有道德风险行为,中央政府也采取了特殊的财政手段来增加自己的财政权力,例如,中央政府通过强制地方政府购销国库券和冻结地方银行账户来索取省级政府的财政盈余资金[3],通过这种强制性借款的方式从省级政府那里得到一部分剩余资金,这取决于中央对地方财力的判断和谈判与游说的结果。

---

[1] 地方政府以如下两种方式控制着有效的税率和税基:第一,通过给予不同程度的税收减让,地方政府控制着税收征管权。第二,他们找到了将预算资金转移到预算外资金的途径,因此,可以避免与中央政府共享税收收入。参见 Ma, Jun, b, "The Reform of Intergovernmental Fiscal Relations in China", *Asian Economic Journal*, Vol. 9, No. 3, 1995, pp. 205 – 231。

[2] 王绍光:《中国财政转移支付的政治逻辑》,载《战略与管理》,2002 年第 3 期,第 48 页。

[3] Oksenberg, Michel and James Tong, "The Evolution of Central-Provincial Fiscal Relations in China, 1971 – 1984: The Formal System", *The China Quarterly*, No. 125, 1991, p. 4.

(8) 税收收入的分配权。中央政府有权决定税收收入如何在全国性和地方性公共服务提供中进行分配和再分配①，但是这些分配和再分配活动的试验性较强，随机性较大，它取决于中央与各省的个别谈判和协商，没有制度化、规则化，不够透明，既容易遭到中央政府单方面的违约（在实践中，中央政府经常修改已经达成的承诺——三年或五年不变的包干合同可以被中央政府单方面修改），又会影响到税收征缴的质量和效率。

(9) 财政支出决定权。在单一制条件下，中央政府可以通过行政系统将公共物品或服务的强制性或指令性供给任务下达给地方政府，以此控制地方政府的支出结构和水平，因为地方财政预算虽然由地方政府编制，但是，它们都采取相同的预算科目、单位支出标准、财务报告格式和审计程序，特别是必须上报上级财政部门审批。

(10) 财政自由裁量权的监管权。中央政府一再强调财经纪律，如《国务院关于地方实行财政包干办法的决定》（国发〔1988〕50号）第四条对地方政府的税收减免权、预算内收入转移为预算外收入、收支报账等财务制度、会计制度提出了严格的要求，规定国家审计部门可以查处违反财经纪律或弄虚作假的行为。

反观地方，在这一时期，地方政府被赋予了地方财政收入"剩余索取者"的角色，为了增加地方财政收入，提高与中央政府进行收入分成谈判的实力，地方政府积极推动了地方经济发展（财政分权的激励效应），而经济绩效成为中央政府对省级政府主要领导干部的考核依据，这就从政治上激发了他们推动地方经济发展的热情（政治集权的激励效应）。② 不过，要想让财政分权和政治集权的激励机制同时发挥作用，需要满足三个条件，一是中央政府给出明确的激励计划；二是中央政府可以有效地衡量地

---

① Jin, Jing and Heng-fu Zou, "Soft Budget Constraint on Local Governments in China", in J. Rodden, G. Eskeland, and J. Litvak (eds.), *Fiscal Decentralization and the Challenge of Hard Budget Constraints*, MIT Press, 2003.

② 王孝松、高乐咏：《中央政府的激励机制与地方经济增长》，载《财经问题研究》，2009年第2期，第15页。

方政府绩效；三是地方经济状况相似。① 这三项条件通常不容易满足，因为官员不是同质的，以及地区禀赋是不同的，在相同的激励强度下，不同的地方官员推动当地经济发展的偏好和能力各不相同，从而不同地区的经济增长状况也会出现较大的差异。理论研究表明，仅就财政分权的激励效应来说，其效果并没有理想中的那么高，比如财政包干制为地方政府之间的财政竞争留下了隐患，它会导致地方政府采取以邻为壑的地方保护主义、市场分割等损人利己的措施，并争相出台优惠政策来吸引辖区之外的投资。同时，中央政府囿于财力的分散，对地方财政特别是富裕省份又高度依赖，从而失去了对通货膨胀、经济过热的调节能力。正如1989年11月9日党的十三届五中全会通过的《中共中央关于进一步治理整顿和深化改革的决定》所提出的那样，"在财权如此分散的情况下，国家对需求膨胀想控制也控制不住，对结构恶化想调整也调整不动，一般加工工业的重复生产、重复建设越来越突出，薄弱环节和重点建设则越来越困难。"在这一时期，财政转移支付、税收返还和补助与中央与地方的分成比例一样，均取决于双方的一对一谈判，失去了应有的调节功能。同时，基本建设投资、科教文卫支出等虽然也可以通过事权下移的办法转移给省级政府，但仅凭人事权的控制不足以实现其目标。

第二个阶段：1994年至2006年

1994年启动的分税制改革是基于中央政府提高中央财政收入，增强中央政府宏观调控能力的需要，由中央政府发动的一次以划分税种税率为特征的财税体制改革。这次改革只是对财政收入划分规则进行了深刻的调整，而基本上保留了财政包干制时期的财政支出结构。在新的财税体制中，中央政府的财权，包括税种与税率的决定权、税收征管权、预算编制权等，都得到了强化，中央政府的财政能力经历了短暂的回落后迅速提高，中央政府的宏观调控能力在中央财政汲取能力提高的前提下也顺利地得以提升，从而实现了分税制改革的初衷。具体来说，在这一时期，归中

---

① 许成钢：《政治集权下的地方经济分权与中国改革》，见青木昌彦、吴敬琏主编：《从威权到民主：可持续发展的政治经济学》，北京：中信出版社2008年版，第194—195页。

央政府所有的财政权力及其变动情况如下:

(1) 税收决定权。为了保证税法统一、严肃财经纪律、保障中央财力增长,中央税、中央与地方共享税和地方税的立法权几乎全部集中在全国人民代表大会及其常务委员会或授权国务院立法,因而它受中央政府的影响或偏向中央政府的可能性显然要远远大于地方政府,地方政府仅有少量的权力可以调整税率,且调整和更改的范围极其有限。可以说,在税收收入的决定方面,中央政府是集权的,这就增强了中央政府对全国财政收入的控制权。

(2) 税收行政权(或征管权)。通过税收划分和共享公式的确立,分税制改革改变了以合同或契约决定中央与地方财政分配的历史,税收行政权向中央政府相对上收,即通过设立独立于各省区的中央税务机构即国税局,原则性地将占税收大头的中央税和中央与地方共享税的行政权收归中央政府享有,前者直接进入中央国库,后者则先由中央税务机构征收,再根据既定的共享公式直接划入地方国库,此举增强了中央政府的税收行政权和控制整个国家财政收支的权力,相应地避免了地方政府的税收减免等道德风险行为。

(3) 税收豁免权。税收豁免权收归中央政府,作为过渡,对1995年前没有到期的减免税项目和企业实行先征税后退还的办法,之后减免税的权力绝大部分集中于中央政府。

(4) 财政转移支付权。由于负有救济地方政府破产、解决地方债务危机的任务,中央政府在财政转移支付的数量和管辖权的分配上享有相当大的自由裁量权[1],它可以控制财政转移支付的性质、使用方向、结构和强度,只要地方政府接受中央政府的转移支付,则地方政府的支出行为势必会受到中央政府的干预,地方支出自治空间便会受到影响。这与联邦制国家的财政分权体制有着很大的不同,因为在联邦制国家的财政分权体制中,即使地方支出中有90%是由财政转移支付来融资的,只要转移支付制

---

[1] Garman, Christopher, Stephan Haggard, Eliza Willis, "Fiscal Decentralization: A Political Theory with Latin American Cases", *World Politics*, Vol. 53, No. 2, 2001, p. 207.

度的设计合理,它也由地方政府来支配。①

(5) 预算编制权。根据分级预算原则,中央政府仅掌握本级政府的预算编制权,而不再代编地方预算,也就是由国务院每年提前向地方提出编制预算的要求,地方根据要求编制自己的预算,并报财政部汇总成国家预算,因而中央政府下放了地方政府的财政预算权。

尽管分税制条件下中央政府仍然掌握着相对集中的财政权力,但是中央政府的相对信息劣势使得它的监察成本过高,而且为了鼓励企业投资,中央政府缺乏对地方政府违规行为严肃查处的意愿,使得中央政府放任了地方政府的投资扩张行为,从而引发了经济过热,危及到宏观经济稳定。② 既然财政分权在发挥激励效应的同时,也有诸多弊端,特别是中国的财政分权体制并没有像东欧转轨国家一样更加接近于西方财政联邦制,但转轨的绩效却好于东欧③,这其中应当有其他的因素作补充性解释,否则难以理解中国经济快速增长之谜。这引起了学术界从政治集权所产生的激励机制来理解它对财政分权的弥补作用。改革开放之后,政治上权力集中的现状并没有根本性的变革。在这种体制下,中央对地方政府官员的激励与约束一如既往地存在,借此,中央政府可以很好地保证将其意志影响到地方政府行为,以便保持上下一致。④ 1995年和2002年先后出台的党政领导干部管理办法也强化了中央政府对省级政府主要领导干部的人事任免权,包括干部选拔、任免、交流、考核等方面的权力。人事权的进一步集中有利于中央政府采取附加条件的方式,利用财政转移支付、税收返还、专项补助等办法,使得地方政府遵从中央政府的宏观调控目标,从而实现宏观经济的稳定。此外,基本建设投资、科教文卫等支出也可以顺利地下移给省

---

① Bird, Richard M. and Michael Smart, "Intergovernmental Fiscal Transfers: Some Lessons from International Experience", Paper Prepared for the Symposium on Intergovernmental Transfers in Asian Countries: Issues and Practices, Asian Tax and Public Program, Tokyo, Japan, February, 2001.

② 郭庆旺、贾俊雪:《地方政府行为、投资冲动与宏观经济稳定》,载《管理世界》,2006年第5期,第21页。

③ Jeffrey Sachs、胡永泰、杨小凯:《经济改革和宪政转轨》,载《经济学(季刊)》,2003年第2卷第4期,第971页。

④ 王贤彬、徐现祥:《转型期的政治激励、财政分权与地方经济行为》,载《南开经济研究》,2009年第2期,第58—61页。

区政府,尽管这样的做法在理论上违反了以受益范围和外溢性特征来划分中央与地方政府纵向职能分配的原则。①

第三个阶段:2006 年至今

关于中国的公共财政体系建设,它起始于 1998 年末全国财政工作会议的讨论,于 2006 年正式写进了 2006 年 3 月 14 日第十届全国人民代表大会第四次会议通过的《国民经济和社会发展第十一个五年规划纲要》。从制度设计上看,公共财政体系建设是对分税制改革的完善而非否定,因为最能体现分税制特点的按税种税率划分中央与地方财政收入的规则没有改变。由于分税制并没有改变税收立法权和税收行政权向上集中的倾向,它所改变的只是中央与地方政府之间关于财政权的划分,中央与地方政府的支出内容并未发生太大的变化。公共财政体系建设在财政收入权方面完全继承了分税制的框架;而在财政支出权方面则更加强调财政转移支付的作用,因此,它是对分税制的改进而非否定。

公共财政体系建设沿用分税制改革关于财权和事权的划分框架,中央与地方政府按税种税率分享收入的格局没有改变,只是在中央与地方政府的财政支出结构上更加注重以公共服务性支出为导向。自 2006 年中国真正进入公共财政体系建设时期以来,"加强宏观调控"、"推动改革开放"、"改善民生"等成为中央政府工作的主题词。公共财政体系建设时期中央政府的这些行为取向与如下因素相关:第一,在政治集权的背景下,中央政府具有在土地调控、货币信贷管理、物价控制等领域的宏观管理权能,它可以通过行政控制而对市场失灵进行宏观调控;第二,政治集权决定了中央政府是改革开放的发动机,可以在政治体制保持稳定的前提下对财税、金融、农村综合体制、外贸体制等进行改革,因为改革开放逐步取代革命而成为政府获得行政动力的重要基础,它能够加快富民强国的步伐,进而促进社会稳定和谐,以获得老百姓的拥护和支持;第三,政治集权进而税收立法权集中保证了财政收入向中央政府相对集中,中央政府有财力

---

① 张斌、杨之刚:《政府间职能纵向配置的规范分析》,载《财贸经济》,2010 年第 2 期,第 42 页。

在就业和社会保障、教育公平、医药资源广覆盖、文化体育事业发展上更好地实现全社会的公平发展。

二、政治集权基础上的财政分权与中央政府行为的变化

（一）从赤字财政向盈余财政转变

尽管从整体上看，中国式财政分权的特征可以概括为税政权的向上集中、财政权的集分结合，但在不同的历史时期，尤其是中央与地方财政收入的分成规则发生变化前后（即分税制改革前后），中央财政运营情况发生了很大的变化。

根据数据可得性，图7.1描述了1953—2013年中央财政支出与中央财政收入之比的变化趋势。显然，这一变化趋势可以被划分为两个大的阶段：第一个阶段是1953—1993年，除1958年中央财政略有盈余之外，在其余年份，中央财政收支要么短暂地处于基本平衡状态（1953—1957年和1985—1990年），要么处于入不敷出状态，且在有的年份，中央财政支出竟然达到中央财政收入的四倍之巨；第二个阶段是1994—2013年，中央财政收支扭亏为盈。可见，在1994年分税制改革之前的绝大部分时间里，中央政府都处于赤字运营的状态，中央政府的支出责任较大，中央财政收入不足以应付过大的支出需求。由于所用数据均是中央本级财政收入和中央本级财政支出，所以，为了履行支出责任，中央政府需要依靠地方政府的上解收入来弥补财政收支的缺口。在这种情况下，中央政府的宏观调控能力至少在财政力量的支撑上受到了一定的挑战。1994年之后，由于分税制改革的推行，它改变了中央政府与地方政府之间的收入分成规则，从而扭转了长达30年之久的中央财政赤字运营状态，中央财政收支抵消后出现了盈余，凭借盈余的财政收入，中央政府的宏观调控能力得以增强，这为1998年之后在全国范围内实施公共财政体系建设作好了准备，因为公共财政体系建设要求中央政府具有弥补地方财政收支缺口的能力，且能够提供尽可能多的基本公共服务，而这些支出需求需要以中央政府的强大财力作为保障。

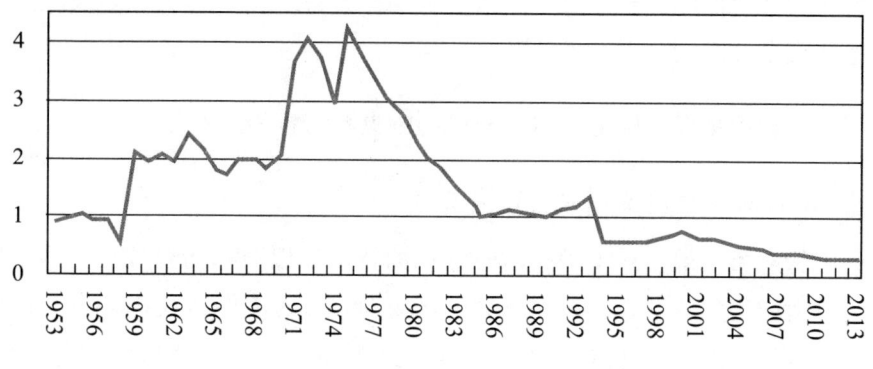

图7.1　中央财政支出与中央财政收入之比

资料来源：根据历年《中国财政年鉴》相关数据整理而得。

税政权的向上集中有能力扭转中央财政赤字运营的状态，但为什么它能够容忍中央财政长达30年之久的赤字运营呢？财政权的集分结合可以回答这一问题。

在1985年之前，"统收统支"的财政管理体制及其制度惯性使得中央政府过多地承担了基本建设支出和公共物品或服务的提供任务。这种赤字运营的状态使得中央财政处于极度虚弱的状态，其弊端日益显露，20世纪70年代试行、并在80年代推行的财政包干制改革便是应对这一突出问题的举措。财政包干制的推行的确起到了明显的作用，在1985—1993年，中央财政收支仍然有少量缺口，但与之前的缺口相比，已经大大缩小了。按照财政包干制的制度设计，通过与地方政府进行谈判以签订各种收入上解的契约，中央政府的财政收入原本可以得到确保。但是，这一制度只要求中央政府与地方政府就预算内收入进行分成，在地方政府用实际行动将预算内财政资源转移到预算外或制度外后，中央财政收入大幅增长的可能性变得很小。与此同时，20世纪80年代进行的三次财政包干制改革没有改变中央政府与地方政府的财政支出内容，中央政府不仅依旧承担着全国性公共物品或服务的提供任务，而且需要负责绝大部分的基本建设支出，建设性财政居于主要地位。在财政支出呈刚性状态，而财政收入又受到地方政府道德风险行为减损的情况下，中央政府的财政收支缺口没有得到实质性改善便成为必然了。

在财政包干制的制度绩效发挥到一定程度后,其制度缺陷逐渐显性化,与其修补这一制度,不如从根本上改革中央政府与地方政府之间进行一对一谈判以决定收入分成比例的做法,改由对税种和税率的分成来决定中央政府与地方政府的收入分配。1994—2013年中央财政支出与中央财政收入之比的变化趋势说明,分税制改革产生了明显的效果,中央政府的财力得到了迅速增强。

如图7.2所示,税政权向上集中不能确保财政收入向上集中,只有在1953—1958年间,中央财政收入占全国财政收入的比重达到80%,而在其余年份,这一比重都小于或接近于50%。因此,税政权的向上集中并不必然对应财力的向上集中,或者说,税政权的向上集中不是财力向上集中的必要条件。其实,财政权的划分才对中央政府与地方政府的财政收支结构起决定性作用,即决定中国式财政分权具有分权特性的关键在于财政权的集分结合。当财政收入方面的权力即财权向上集中的时候,中央政府的财政收入有向上集中的倾向,而当事权下移,即财政支出方面的权力向下转移时,中央政府的支出责任将趋于减少。之所以要进行财权和事权的划分,特别是财权和事权的分权行为,其主要原因在于,根据分权定理,地方政府在提供公共物品或服务时的效率和效果要比中央政府更有优势。

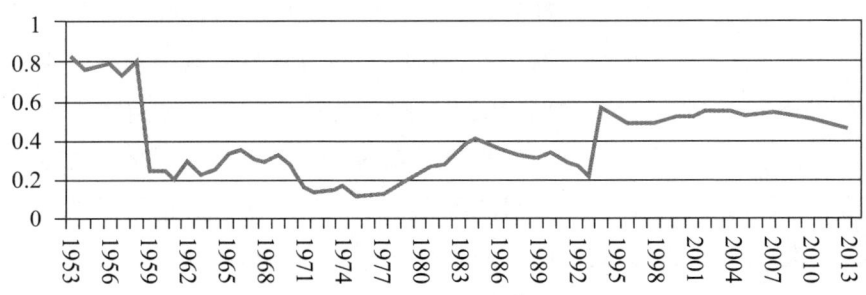

图7.2 中央财政收入占全国财政收入的比重

资料来源:根据历年《中国财政年鉴》相关数据整理而得。

（二）从财政依附向财政自给转变

如图 7.3 所示，1990—2012 年地方上解到中央的收入占中央财政收入的比重和中央补助给地方的支出占中央财政支出的比重发生了一些显著的变化。

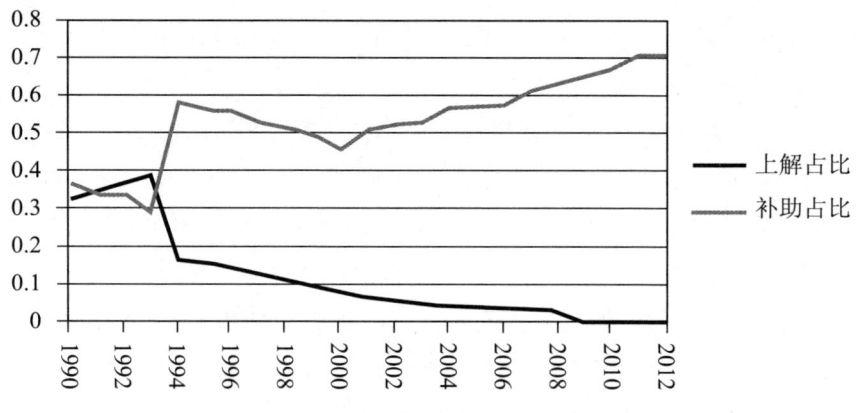

图 7.3　地方上解收入和补助地方支出占中央收支合计的比重

资料来源：根据《中国财政年鉴 2013》相关数据整理而得。

图 7.3 清楚地表明，在 1994 年分税制改革之前，中央对地方进行支出补助与地方对中央进行收入上解交叉进行。中央对地方进行支出补助是制度化的，在历次财政包干制改革的政策文件中都以公式固定下来，因此，中央政府的这一项支出是刚性的。但是，地方对中央进行收入上解则没有统一的规定，相反，中央政府与省级政府之间通常是采取一对一谈判的方式来决定彼此的收入分成比例。由于分税制改革之前中央政府大多处于赤字运营状态，它高度依赖于地方政府对其的上解收入，特别是相对富裕省份的上解收入。为了保证中央财政收入，中央政府在与富裕省份进行谈判时，其谈判能力因中央财政收入对地方上解收入的依赖而受到削弱。1994年分税制改革之后，中央财政汲取能力迅速增强，中央财政收入也得到迅速提高，中央对地方补助支出占中央财政支出的比重逐年增加，而在财政收入方面则无需再像财政包干制时期那样过度依赖于地方上解收入（如图 7.3 所示，1994 年分税制改革后，中央对地方的补助占中央财政支出的比

重在逐年增加，而地方对中央的上解收入占中央财政收入的比重在逐年下降)，中央政府掌握着分配财政支出补助的财政权力，它可以藉此附加相关的条件，并以此增强了中央政府的宏观调控能力。可见，1994年分税制改革前后，中央财政收支由财政依附向财政自给的转变趋势非常明显。

(三) 中央财政支出结构的变化

分税制改革并没有改变中央与地方政府之间关于支出项目的划分，但其主要支出项目的份额即中央财政支出结构发生了一些变化。

如图7.4所示，分税制改革前后，中央财政支出项目没有发生太大的变化，但各自占中央财政支出的比重却有所变化，例如，基本建设支出占中央财政支出的比重在总体上呈下降趋势；国防支出占中央财政支出的比重在1996年之前变化不大，但1996年之后，此项支出逐年下降，直到2000年开始有了小幅回升；政策性补贴支出的变化在1996年之前比较平稳，而此后则有所波动，但维持在较低的水平上；支农支出和科教文卫支出占中央财政支出的比重几乎没有发生什么变化。总体而言，分税制改革只是在中央与地方财政收入分成的规则上进行了重大的调整，但对中央与地方政府的财政支出项目并未作太多的改变，这也正是中央财政支出结构变化程度不及中央政府财政收入变化的主要原因。

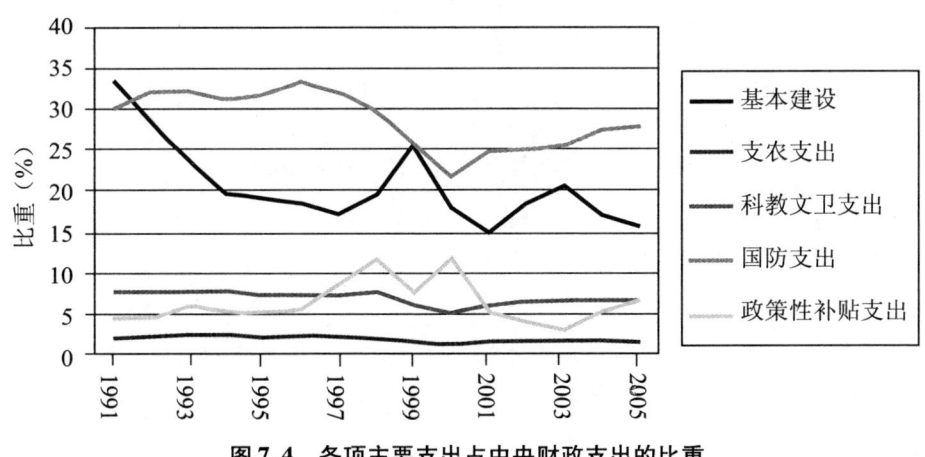

图7.4　各项主要支出占中央财政支出的比重

资料来源：根据历年《中国财政年鉴》相关数据整理而得。

（四）中央预算外收支行为的变化

如图 7.5 所示，改革开放之后至 1993 年之前，中央预算外资金收支分别占全国预算外收支的比重呈小幅上升的趋势，其原因在于中央财政收入受到地方政府道德风险行为的影响，中央财政收支出现较大缺口，中央财政支出的压力很大，中央政府只有通过预算外的收支活动来弥补中央财政收支的缺口；1993 年之后，除 1996 年之外，中央预算外资金收支分别占全国预算外收支的比重在迅速缩小，这一方面是因为 1993 年党的十四届三中全会确立了建设社会主义市场经济体制的目标，在中央政府层面上规范了预算外收支行为，中央财政收支朝着制度化、规范化的方向运行，另一方面是政治集权确保了中央政府可以通过发动财税体制改革而改变中央与地方政府的收入分成规则，从而确保中央财政收入不至于进一步下降，以减少对预算外收支活动的依赖。

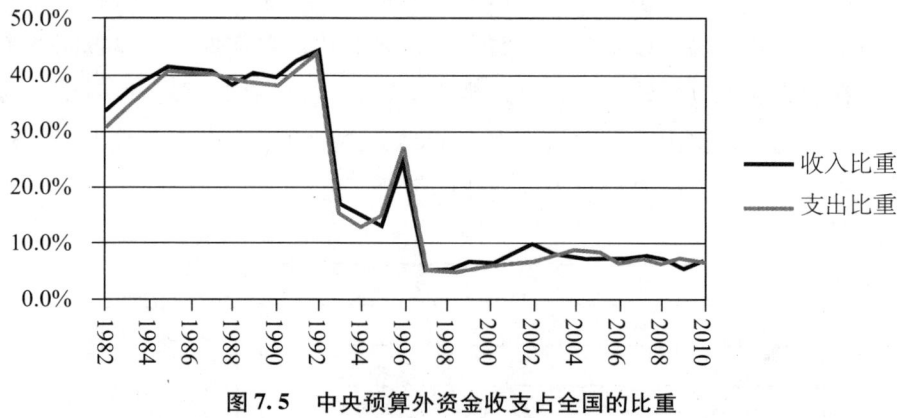

图 7.5 中央预算外资金收支占全国的比重

资料来源：根据历年《中国财政年鉴》相关数据整理而得。

（五）财政转移支付行为的变化

无论在单一制国家还是联邦制国家，中央政府对地方政府进行财政转移支付都是必要的，这是为了平衡各地经济发展差异、加强中央政府宏观调控能力的需要。财政转移支付一方面会受到财税体制的影响，另一方面会受到中央政府财政能力的影响。从"统收统支"的财政管理体制过渡到财政包干制,再过渡到分税制,中央政府的财政转移支付情况发生了很大的变化,尤其在后一种过渡中更是如此,这一点可以从图7.6清楚地看出。

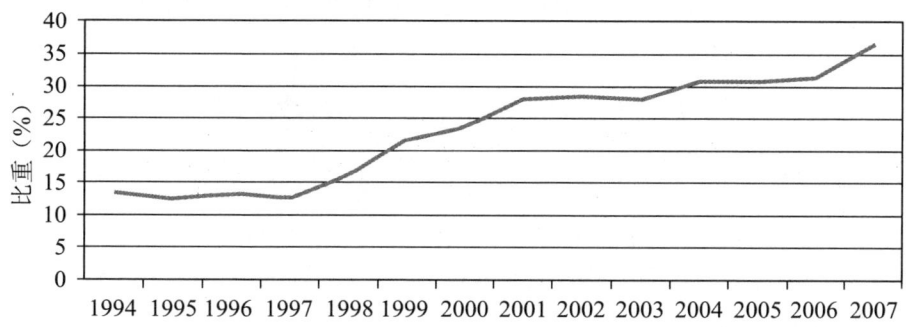

图7.6 中央对地方转移支付比重的变化

资料来源:根据历年《中国财政年鉴》相关数据整理而得。

分税制改革在一定程度上改变了中央对地方政府进行财政转移支付的强度。如图7.6所示,在1994年分税制改革之前,中央政府虽然也对地方政府进行财政补贴,但与地方收入上解对冲后,中央政府对地方政府的收入净转移份额不大。在相当长时期内,至少有30年时间,中央政府疲于应付向上集中的支出任务,中央财政处于入不敷出的状态,以确保中央财政收入稳定增长的财政包干制改革未能解决这种困境。1994年分税制改革之后,由于中央政府与地方政府之间关于收入分成的规则发生了变化,中央财政收入得到了迅速的提高,除了安排本级财政支出外,还有足够的盈余去弥补地方政府因分税制改革所造成的财政收支缺口。同时,1994年分税制改革后,地方政府在财政上对中央政府的依附度逐渐增强,为了应对地方财政支出的压力和弥补地方政府的财政收支缺口,中央政府加大了对地方政府的财政转移支付力度。在1994—1997年间,中央政府的财政转移支付占中央财政支出的比重维持在10%—15%的水平;但1998年开始提出并于2006年全面实施公共财政体系建设后,中央政府对地方政府进行财政转移支付的强度明显加大且呈逐年递增的趋势,到2007年为止，中央政府对地方政府的财政转移支付占中央财政支出的比重达到近40%之高。

第四节　政治集权基础上的财政分权与地方政府行为

一、政治集权基础上的财政分权对地方政府行为的影响机制

改革开放以来，我国政治集权的总体趋势没有太多的变化，而财税体制改革则顺次经历了财政包干制、分税制和公共财政体系建设等三个阶段。在政治集权的背景下，不同阶段的财政分权所内生出的激励与约束机制直接或间接地影响到地方政府的行为选择，并因各地实际情况和制度惯性而有所不同。

第一个阶段：1980年至1993年

1980年的"划分收支、分级包干"、1985年的"划分税种、核定收支、分级包干"、1988年的"财政大包干"，旨在以中央与地方签订契约的方式确保中央政府的财政收入不致下降，同时将财政收入的"剩余索取权"赋予地方政府，是承包制思想在财税领域的体现。

尽管改革开放以来人事权、决策权和立法权等政治权力仍然向上集中，地方政府官员向上负责的行动偏好大于向下负责，但是他们在如下两种经济和政治激励机制的作用下，力图将经济利益和政治利益统一起来，以便实现自身综合利益的最大化。一方面，在与中央政府商定好税收上缴额度或比例的前提下，地方经济增长速度越快，可供征税的税基提升的空间就越大，从而地方政府的财政收入就越多，进而地方财政支出的自由支配权就越大；另一方面，在以经济绩效为导向的干部考核体系下，较高的地方经济增长率是地方官员政治晋升的筹码[①]，这种双重激励促使地方官

[①] 周黎安认为，地方官员在考虑竞争利益时不仅需要计算经济利益，而且还要计算晋升博弈中的政治利益，两者总合才构成对他们行为的激励。且对政府官员来说，政治收益的计算也许更为重要。参见周黎安：《晋升博弈中政府官员的激励与合作——兼论我国地方保护主义和重复建设问题长期存在的原因》，载《经济研究》，2004年第6期，第39页。

员自觉或不自觉地萌生出推动地方经济增长的积极性。而发挥这种积极性的前提条件是地方政府在行政上、经济上和财政上必须拥有一定的自治权力。显然，这一前提条件在高度集中的传统计划经济时期很难得到满足。

改革开放为这一前提条件的形成提供了契机。尽管依然沿袭政治上权力相对集中的传统，但是这并没有妨碍行政权力和经济权力的下放。相反，与传统计划经济时期单纯的行政性分权不同，在财政包干制时期，经济性分权也得到了重视。正是行政性分权和经济性分权的交叉进行改造了地方政府的权力结构，表现为，地方政府除了借助行政性分权部分地掌握了地方国有企业的经营管理权外，还通过经济性分权在固定资产投资、城乡基本建设投资、外汇使用、经济管理等方面获得了一定的经济性权力，这为它们摆脱传统计划经济时期形成的"条条"对"块块"[①] 的牵制提供了机会。与此同时，通过财政包干制，地方政府在财政收支方面的权力也有了提高，一方面，财政包干制的推行使得地方政府在事实上享有一定的税收减免权，即税收减免的自由裁量权，这种权力将直接演变为地方政府之间进行财政竞争的手段，各地争相出台税收优惠政策以吸引外部资金的流入；另一方面，财政包干制扩大了地方政府的财政支出权，积极作为的地方政府借助自身财力的增强提高了与中央政府讨价还价的谈判能力，为本地赢得了更多的优惠政策和发展空间。正是利用这些得自分权化改革的权力，地方政府才有了动力和能力从事推动地方经济增长的活动。[②]

提高地方财政收入被认为是财政包干制为地方政府带来的财政激励，

[①] "'条条'代表部门利益，部门不是一级政权组织，它是国家的职能管理机构，代表着中央在某个局部环节的利益，反映了中央政府集中领导的要求；'块块'代表地区利益，它是一个行政区划中的政权机构，反映了分权体制的要求。"参见关山、姜红主编：《块块经济学——中国地方政府经济行为分析》，北京：海洋出版社1990年版，第11—13页。

[②] 例如，通过与中央分享的定价权来提价增收；通过新建企业来增加税源；通过减免税等手段藏富于企业；通过招商引资来发展地方经济；通过土地批租等形式开辟财源。参见周振华：《地方政府行为方式与地方经济自主发展》，载《学习与探索》，1999年第3期，第36—37页。

而提高地方财政收入的压力变成动力,催生了地方工业化。①为了推动地方经济增长,地方政府会凭借得自分权化改革中的行政和经济权力,在私营经济发展过程中伸出"援助之手"②,在公有制经济成分之外实施增量改革;或极力扩大花钱少、周期短、见效快的项目投资③,从而带来了明显的经济成效。

财政包干制所内生的激励机制在促使地方政府推动经济增长方面的成就固然值得称道,但是,这项制度却无法阻止地方政府的道德风险行为。例如,在中央政府缺乏约束地方政府手段的情况下,地方政府将预算内收入转化为预算外收入或制度外收入,从而减损了向中央政府按商定比例缴纳收入的基数。此外,由于政府向微观企业进行经济性分权的不彻底,地方政府不可避免地充当了地方经济增长的微观主体,这种由地方政府主导经济增长的做法可以在短期内提高经济增长速度,解决许多依靠经济增长速度的提高就可以解决的问题,如就业、生活水平的提高,等等。但是,从长远来看,地方政府主导经济增长的弊端很大,它既扭曲了政府与市场之间的关系,又弱化了中央政府对地方政府的监督与约束,从而滋生了地方保护主义和地方封锁等不良现象,造成大量重复建设和资源浪费,这种反市场行为对地方经济的持续发展是个严峻的挑战。

第二个阶段:1994 年至 2006 年

20 世纪 80 年代的财政包干制改革虽然极大地调动了地方政府推动地方经济增长的积极性,但却造成了中央财政收入的显著衰减,进而在相当大程度上危及到中央政府的宏观调控能力。为了从制度上阻止中央财政收入继续下降,从 1994 年 1 月 1 日起,国务院在各省、自治区、直辖市以及计划单列市推行了分税制改革。在政治集权的背景下,分税制改革没有采

---

① Wong, Christine P. W., "Fiscal Reform and Local Industrialization: The Problematic Sequencing of Reform in Post-Mao China", *Modern China*, Vol. 18, No. 2, 1992; Oi, Jean C., "Fiscal Reform and the Economic Foundations of Local State Corporatism in China", *World Politics*, Vol. 45, No. 1, 1992.

② Frye, Timothy and Andrei Shleifer, "The Invisible Hand and the Grabbing Hand", *American Economic Review*, Vol. 87, No. 2, 1997.

③ 沈立人:《地方政府的经济职能和经济行为》,上海:上海远东出版社 1998 年版,第 117—119 页。

取推倒重来的方式，而是在沿用财政包干制时期某些传统的同时，对另一些方面进行了改进，表现为：（1）财政支出结构没有太大变化，变化的只是财政收入结构。比照国务院发布的《关于实行分税制财政管理体制的决定》（国发〔1993〕85号）与《关于实行"划分收支、分级包干"财政管理体制的暂行规定》（国发〔1980〕33号）、《关于实行"划分税种、核定收支、分级包干"财政管理体制的规定》（国发〔1985〕42号）、《关于地方实行财政包干办法的决定》（国发〔1988〕50号）关于地方政府事权和财政支出内容的规定，财政支出结构的变化不大。而中央政府凭借发动财税体制改革的主动权，为了实现增强其自身财政收入的目的，此次改革在财政收入结构的变动方面力度较大，影响也较为深远。（2）收入分成的本质没有变化，变化的只是收入分成的方式。财政包干制和分税制都是中央政府与地方政府就财政收入进行分成，只不过前者采用的是按协议上缴额或比例分成，而后者则采用的是按税种和税率分成。（3）税收立法程序没有变化，变化的只是税收征管的方式。分税制改革没有改变税收立法权向上集中的传统体制，而在税收征管方面，由于建立了自己的税收征缴机关，中央政府的税收不再依赖于地方政府先征收后上解，而是自行征收中央税和共享税，并返还归地方政府分享的部分共享税收入。（4）税收减免的权力没有变化，变化的只是税收减免的可能性或自由裁量权的大小。虽然财政包干制时期地方政府的税收减免权也非常有限，但是地方政府可以通过变通的方式来实施税收减免行为。与财政包干制相比，分税制改革严肃了财经纪律，减少了地方政府在税收减免上的自由裁量权。正是因为财政收入、税收立法权、税收征管权、税收减免权的相对向上集中，相比于财政包干制时期，分税制时期地方政府的财政自治能力大为减小，这必然会导致地方政府行为的某些变化。

不过，为了让在财政包干制中谈判能力得到增强的地方政府愿意接受这项制度安排，分税制改革也考虑到了地方政府的相关利益，例如，承诺并建立了制度化的中央政府对地方政府的税收返还和财政转移支付制度；将一些有增收潜力的税种（如个人所得税、营业税和房地产税）

划为地方税①。同时，在经济转型的关键时刻，以经济建设为中心的发展战略仍然贯穿于各级政府的各项决策，与此相适应的以经济增长速度为导向的干部考核体系没有发生根本性的变化。因此，分税制形式的财政分权仍然保持着对地方政府的激励作用，财政包干制条件下形成的诸多地方政府行为在分税制时期依然存在。

即便如此，分税制改革对地方政府行为的影响还是很明显的。在分税制条件下，财政收入向中央政府相对集中短期内会压缩地方政府的财政收入，虽然中央政府承诺向地方政府进行税收返还和财政转移支付，但是地方政府财政收入减少的相对份额远远大于税收返还和财政转移支付之和，这严重地影响到了地方政府的财政支出能力。在这种情况下，地方政府充当经济主体推动地区经济增长的动力不再如实行财政包干制时期那么强烈，因为发展地方经济的努力成果越来越不能直接转化为本辖区的财政收入。由于财税体制规范化、制度化水平的提高，为了减少财政支出压力，地方政府不能再像财政包干制时期那样轻易地通过将预算内收入转移到预算外或制度外而增加自己的财政收入，它们只有将支出范围逐渐收缩到主要提供基本公共服务上来，例如，地方政府将有限的财政资金用于基础设施建设、医疗卫生服务、环境治理等方面。地方政府的这种经济职能向公共职能转化的逻辑符合建立社会主义市场经济体制的要求。从这个意义上说，分税制改革在制度设计上领先于财政包干制，因为它考虑到了妥善处理政府与市场关系的重要性，自觉地推动了国家的市场化改革进程。

第三个阶段：2006 年至今

回顾历史，1994 年推行的分税制改革如期改善了中央与地方政府的财政收入分配格局，但却未对财政包干制时期中央与地方政府的事权和财政支出结构做出根本性的变革。随着时间的推移，虽然有制度化的税收返还和财政转移支付作为纽带，但是这种变动财政收入方而固定财政支出方的

---

① 黄佩华：《中国地方财政问题研究》，彭龙远等译，北京：中国检察出版社1999年版，第2页。

改革措施必然导致地方政府财力与事权不对称困境的出现。在政治集权的背景下，税收立法权依然高度集中，地方政府依靠自身的征税努力而改变其财力与事权不对称困境的可能性很小，一方面是因为分税制改革所形成的不利于地方政府财政收入增加的税种税率基本不会改变；另一方面则是推动地方经济增长的财政收入增量大部分被中央政府取得。在政治集权的约束下，地方人民代表大会及其权力执行机关（地方政府）不能获得税收立法和税收行政法规制定的权力，也就是说，政治集权下的地方政府在收入方面难以实现财政自治。因此，为了减少地方政府的财政支出负担，在现行财政管理体制的基础上，还需要从如下两个方面来对分税制进行完善：一是加大中央政府对地方政府的税收返还和财政转移支付力度，以增强地方政府的财政支出能力；二是调整地方政府的财政支出结构，特别是转变地方政府职能，以减少地方政府的财政支出压力，这是公共财政体系建设努力的方向。

在公共财政体系建设时期，地方政府工作的重点不再是从事带有营利性质的经济活动，而是更加注重民生建设，例如地方公共财政预算优先安排在农村义务教育、公共卫生、农业科技推广、职业教育、农村劳动力培训、促进就业、社会保障、减少贫困等方面[1]。这种从经济主体向服务主体的转化意味着地方政府职能的转型，它改变着地方政府的行为方式。

在政治集权的背景下，地方官员为满足地方居民的公共需求而提供基本公共服务的愿望显然不如联邦制条件下的地方官员那么强烈，他们会努力贯彻执行上级政府的战略规划，以获得政治晋升的资本。这就造成了财政转移支付占地方政府财政支出的比重越高，地方政府越有激励按照上级政府的偏好来进行支出决策。

财政转移支付的增加固然可以弥补地方政府的财政支出缺口，但它却加强了地方政府对中央政府的财政依赖程度，这为中央政府实施对地方政

---

[1] 《中华人民共和国国民经济和社会发展第十一个五年规划纲要》，人民出版社 2006 年版，第 79 页。

府的财政控制提供了方便。① 与税收返还采用既定的公式和法则不同,中央政府在对地方政府进行财政转移支付时享有很大的自由裁量权,它能够决定财政转移支付的额度和使用去向。这至少会带来三种不良的后果:一是地方政府的财政支出决策不再依据最优的投入产出比率行事,因为相当一部分的支出资金来源于上级政府的财政转移支付,这就软化了地方政府进行财政支出决策的预算约束;二是破坏了地方政府推动地方经济增长以培育地方税基的财政激励机制②,影响了地方政府自力更生的能力③,因为财政转移支付可以部分地解决地方政府的财政支出需求;三是中央政府有机会凭借财政转移支付数额和用途的决定权而干预地方政府的财政支出决策,从而破坏地方政府分权决策的自主性和活力④,因为在政治集权条件下,中央政府有对财政转移支付附加相关使用条件的倾向和可能性。因此,分税制改革造成的地方政府在收入方面的财政自治能力本已十分微弱,而经由财政转移支付而受制于中央政府的财政控制后,地方政府在财政支出上的自治空间也越来越小。由于财政自治空间的缩小,地方政府的最优选择是顺应中央政府的号召,转变政府职能,从而逐渐地实现公共财政改革的目标。

二、政治集权基础上的财政分权与地方政府行为的变化

(一) 地方政府财政收支行为的变化

1. 从经济性投资向公共性投资转变

中国式财政分权是财税领域的动态分权,这种动态形式的分权为地方政府的财政收支行为带来了新的变化。从财税体制改革的三个阶段来

---

① Bahl, Roy and Johannes Linn, "Fiscal Decentralization and Intergovernmental Transfers in Less Developed Countries", *Publius*, Vol. 24, No. 1, 1994.

② Alexeev, Michael and Galina Kurlyandskaya, "Fiscal Federalism and Incentives in a Russian Region", *Journal of Comparative Economics*, Vol. 31, No. 1, 2003, p. 20.

③ McKinnon, Ronald I., "The Logic of Market - Preserving Federalism", *Virginia Law Review*, Vol. 83, No. 7, 1997, p. 1580.

④ Oates, Wallace E., "Fiscal Decentralization and Economic Development", *National Tax Journal*, Vol. 46, No. 2, 1993, p. 241.

看，这种变化带有一定的规律性。财政包干制下地方政府财政增收激励和以经济绩效为中心的干部考核机制对地方政府的经济性投资行为起着重要的导向作用。地方政府为了增加财政收入和加快经济发展，主动利用中央政府下放的经济管理权，与所属企业形成利益共同体，直接参与经济活动，其投资倾向于微观经济领域，地方政府和企业的投资决策权有了一定程度的扩大。[①] 分税制改革后，地方政府从经济活动中直接获得的财政收入与财政包干制时期相比大打折扣，这在一定程度上打消了地方政府直接参与经济活动的积极性，地方政府的财政能力被相对削弱，其自主投资行为有所收敛。与此同时，分税制明显地改变了中央政府与地方政府的财力结构，1994年中央与地方政府的财政收入和支出比例发生了逆转[②]，地方政府的财政收入占全国财政收入的比重大幅缩小，地方政府的经济性投资行为受到财政资金的限制。与财政包干制相比，分税制的推行减少了地方政府的财政支出能力。国家弥补地方政府财政能力损失的主要手段是财政转移支付，这是一项带有平衡地方财政收支缺口目的的制度安排，地方政府在中央政府的政策影响下逐渐收缩自己在经济领域的投资战线。2006年全面开展公共财政体系建设后，政府职能的公共性导向越来越明显，地方政府在基本公共服务方面投资力度的加大充分表明，地方政府投资的领域正在从以经济性投资为主转向以公共性投资为主。如图7.7和图7.8所示，以地方经济建设费占地方财政支出的比重和社会文教费占地方财政支出的比重为例，前者呈明显的下降趋势，而后者则呈上升趋势。

[①] 改革开放后，经过政府投资体制的一系列改革，整个投资领域发生了重大变化：一是投资主体多元化；二是资金来源渠道多元化；三是投资决策分散化；四是投资方式多样化。参见董辅礽主编：《中华人民共和国经济史（下卷）》，北京：经济科学出版社1999年版。

[②] 统计数据显示，1994年之前，中央本级财政收入一直小于中央本级财政支出（有的年份后者与前者之比达到3倍之大），而1994年之后，情况发生了逆转，中央本级财政收入首次超过其支出并保持领先地位；1994年之前，地方本级财政收入与地方本级财政支出基本持平（1978—1985年间地方财政略有盈余），但1994年之后，地方本级财政收入呈明显小于其支出的趋势。

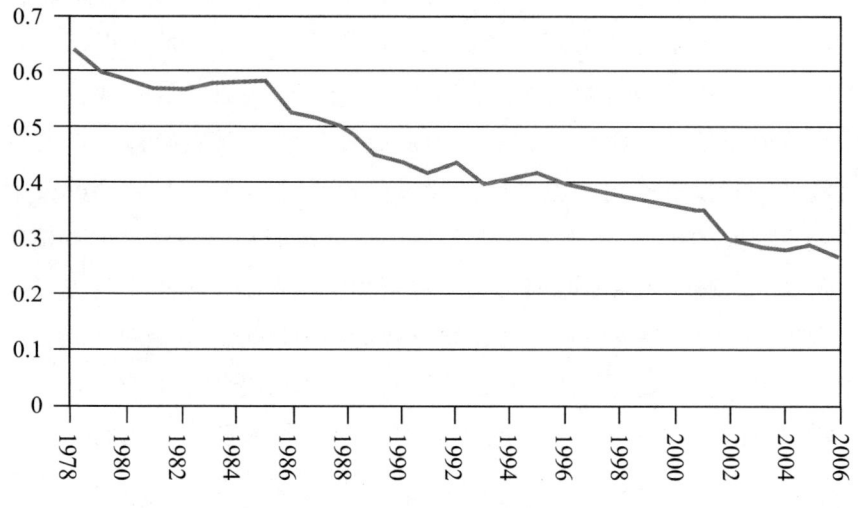

图 7.7 经济建设费占地方财政支出的比重

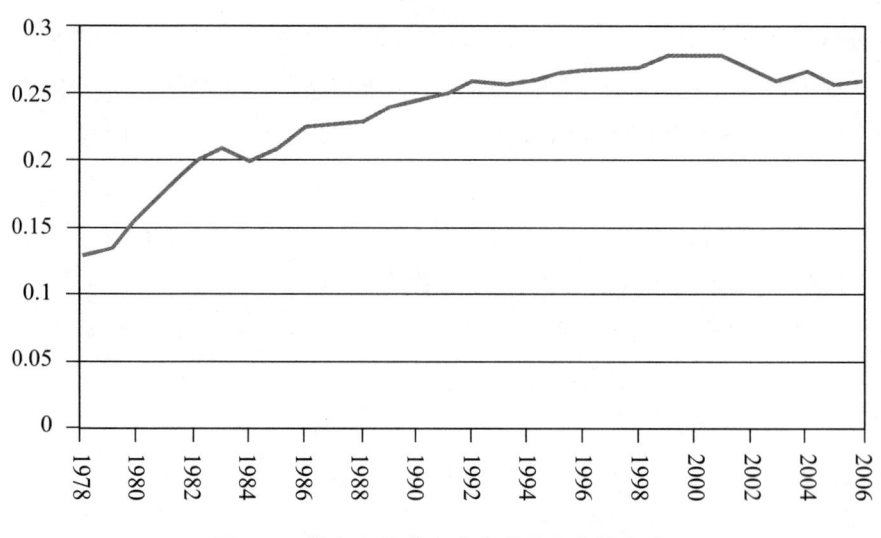

图 7.8 社会文教费占地方财政支出的比重

资料来源：根据历年《中国统计年鉴》相关数据整理而得。

注：2007 年之后，财政支出项目采用新的分类指标，经济建设费、社会文教费等项目的数据不再可得。

2. 从财政自给向财政依附转变

如表 7.4 所示，地方政府在 1994 年之前几乎都处于财政盈余状态，即在财政包干制时期，地方政府的财政收入可以维持财政支出；而分税制改革后，地方财政收入已不能保证财政支出的需要，且财政收支缺口呈逐年递增的趋势，这就加重了地方财政的支出压力，中西部地区的地方财政陷入困境，地方公共品供给陷入瘫痪状态；在公共财政体系建设过程中，缺口部分逐渐由中央政府的财政转移支付来弥补，这又反过来加重了中央政府的财政负担。这种财政收支缺口扩大和财政转移支付数量逐渐递增的趋势表明，地方政府对中央政府的依附性在与日俱增。通过财力的向上集中，中央政府的宏观调控能力得到了增强，地方政府的行动方向受到中央政府的调节。在财政包干制时期，地方政府由于地方经济发展而财力有所增强，其财政支出的自主性较大，但是通过分税制改革，地方政府发展经济的积极性面临着一定的负激励，因为地区经济发展水平越高，经济发展带来的税收增量绝大部分收归中央政府，地方政府只能通过财政资金的再分配才能应付日益增长的财政支出。随着公共财政体系建设步伐的加快，地方政府在财政上依赖中央政府的稳定机制逐渐形成。

表 7.4　地方政府财政收支缺口　　　　　单位：亿元

年份	收入	支出	缺口	年份	收入	支出	缺口
1978	956.49	589.97	-366.52	1996	3746.92	5786.28	2039.36
1979	915.04	626.71	-288.33	1997	4424.22	6701.06	2276.84
1980	875.48	562.02	-313.46	1998	4983.95	7672.58	2688.63
1981	864.72	512.76	-351.96	1999	5594.87	9035.34	3440.47
1982	865.49	578.17	-287.32	2000	6406.06	10366.65	3960.59
1983	876.94	649.92	-227.02	2001	7803.30	13134.56	5331.26
1984	977.39	807.69	-169.7	2002	8515.00	15281.45	6766.45
1985	1235.19	1209.00	-26.19	2003	9849.98	17229.85	7379.87
1986	1343.59	1368.55	24.96	2004	11893.37	20592.81	8699.44

续表

年份	收入	支出	缺口	年份	收入	支出	缺口
1987	1463.06	1416.55	-46.51	2005	15100.76	25154.31	10053.55
1988	1582.48	1646.17	63.69	2006	18303.58	30431.33	12127.75
1989	1842.38	1935.01	92.63	2007	23572.62	38339.29	14766.67
1990	1944.68	2079.12	134.44	2008	28649.79	49248.49	20598.7
1991	2211.23	2295.81	84.58	2009	32602.59	61044.14	28441.55
1992	2503.86	2571.76	67.9	2010	40613.04	73884.43	33271.39
1993	3391.44	3330.24	-61.2	2011	52547.11	92733.68	40186.57
1994	2311.60	4038.19	1726.59	2012	61078.29	107188.34	46110.05
1995	2985.58	4828.33	1842.75	2013	68969.13	119272.51	50303.38

注：缺口＝地方财政支出－地方财政收入

资料来源：根据历年《中国统计年鉴》相关数据计算而得

3. 财政内生动力向外生压力转变

财政包干制的推行调动了地方政府推动地方经济发展的积极性，使得地方政府的经济性投资行为焕发出来。在改革开放之初，地方政府在微观经济活动中的过度作为，使得市场经济因素受到很大的制约，地方政府不适当地充当了微观经济活动的主体，这固然促进了地方经济的快速增长，但是这种不符合市场经济规律的经济活动是不可持续的。在政治集权的背景下，分税制改革继续维持税收立法权向上集中的态势，但改变了中央与地方政府的收入分成规则。在新规则下，地方政府推动地方经济发展的成果大部分不归地方政府所享有，因而地方政府不再把地方经济增长作为唯一的追求目标，而是顺应中央政府的宏观经济政策，慢慢地从微观经济活动中撤离出来，并成为微观经济活动的服务主体，这种从经济目标为主到服务目标为主的转变是地方政府主动适应市场经济体制改革的结果。在财政收入减少的情况下，地方政府的支出责任并未减少，反而随着经济社会的发展，人们对公共服务的需求在逐渐增加，依靠中央政府的财政转移支付远远不能适应地方财政支出扩大的需要，因而，地方政府萌生了许多预算外和制度外的收费行为①,以弥补体制内财政收入的不足。如图 7.9 所示,地方预算外收支占全国预算收支的比重在财政包干制时期逐年递减,而在分税制改革后则先呈明显的递增趋势,然后趋于稳定。预算外和制度外收费行为是不规范的,即便它们在短期解决了地方财政困境问题,也不能被认为是一条良性的解决途径。

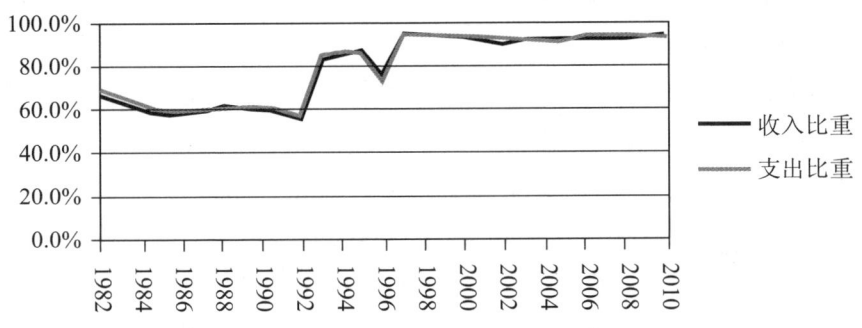

图 7.9　地方预算外资金收支占全国预算收支的比重

资料来源:根据历年《中国统计年鉴》相关数据整理而得。

(二) 地方政府之间的财政竞争与合作

1. 地方政府之间的财政竞争

地方政府之间的财政竞争贯穿于整个改革开放过程,尤其以 20 世纪 80 年代的财政包干制时期和经济欠发达地区为盛。在改革开放初期,地方政府一方面为了保护本地区的经济利益而建立起形式多样的行政壁垒,另一方面阻止外部力量对本地经济资源的涉足,从而形成了独特的"诸侯经济"现象。诸侯经济起因于"条块"分割的制度遗产,但其直接动因是财政包干制下地方政府为追求本地经济的高速增长而导致的行为扭曲。为了提高本地区的财政收入,加快经济发展,各地掀起了招商引资的热潮,它们竞相在税收征管自由裁量权的限度内变通地提供税收优惠政策,发展地

---

① 有学者认为,在中央与地方收税压力下,地方政府被允许在预算外收费。参见陈抗、Arye L. Hillman、顾清扬:《财政集权与地方政府行为变化——从援助之手到摄取之手》,载《经济学(季刊)》,2002 年第 2 卷第 1 期,第 116 页。

方经济,从而扩大税基。这种由于地方政府之间对外部资金的追求而形成的财政竞争机制对地方政府行为的扭曲作用为学界所广泛讨论。在财政竞争机制的作用下,地方政府之间的经济竞争变得十分剧烈。作为主导经济发展的行政力量,地方政府会竭尽全力利用本地的资源和优势发展本地经济,同时想方设法阻止其他地区对本地资源的摄取,这就阻碍了全国统一市场的形成,造成价格机制不能灵活反映市场供求状况,市场配置资源的效率也得不到提高。

作为正反馈的财政激励机制,地方政府之间的财政竞争机制助长了地方政府的经济性行为,而限制了其公共职能的发挥。一是加重了地方政府直接投资的倾向。为了追求地方经济发展和财政收入的提高,地方政府争相发展地方经济,提高自身财政收入,最直接的方式就是自主投资,而政府投资的低效率已为历史所证明。二是鼓励了地方政府涸泽而渔,破坏了经济社会可持续发展的环境和条件。地方政府行为在很大程度上取决于地方官员的行为。在以经济绩效为中心的干部政绩考核机制指引下,地方官员会采取各种手段推动地方经济增长,而这些手段往往在短期内很见成效,但却是以牺牲经济的长期发展潜力和资源环境为代价的。三是地方政府的主要精力集中于推动地方经济增长,而对社会建设和公共服务的提供有所忽视。地方政府规模和力量毕竟有限,地方官员将更多的精力用于从事投资活动,必然减少了对地方公共服务的提供,这对改善地方民众的福利来说是一种很大的损失。可见,地方政府之间的财政竞争机制充当了地方政府行为的指挥棒,地方政府在这根指挥棒的指挥下不自觉地扮演了经济参与主体的角色。

2. 地方政府之间的财政合作

在政治集权的背景下,地方政府之间的财政合作是通过中央政府而实现的。在分税制条件下,地方财政自给能力不足,而地方政府又不能大幅度地直接从当地经济中获得所需的财力,因而在正规渠道上只能依赖从中央政府那里获取税收返还和财政转移支付。在市场化改革进程中,市场经济力量有效地突破了地区封锁和地方保护主义。为了获取合作利益,地方政府之间的横向联合、结对帮扶近些年来成为热门话题。随着国家西部大开发、振兴东北、中部崛起战略的提出，地方政府之间逐渐从财政竞争走向了战略合作的轨道。如图 7.10 所示，各地支援不发达地区的支出总额在不断增加。这不仅表现在经济合作的领域不断拓宽上，而且在基本公共服务方面也在逐渐加快合作步伐。特别是以基本公共服务均等化为目标的公共财政体系建设任务提出后，地方政府之间的合作更加紧密了。

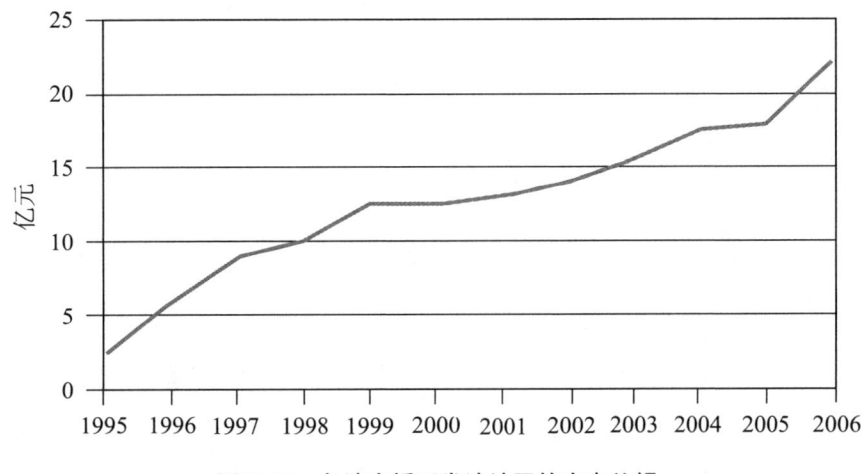

图 7.10　各地支援不发达地区的支出总额

资料来源：根据历年《中国统计年鉴》整理而得。

分税制改革将财力相对集中到中央政府，从而造成地方政府的财政困境，而地方居民日益增长的公共需求也加剧了地方财政支出缺口的扩大。正是在这种双重压力下，地方政府采取了财政合作的方式以求得更多的发展机会。打破地域界限，形成全国统一市场，进行充分的市场竞争是市场经济体制的本质要求。中西部欠发达地区为了获得更多的发展机会，或争取更多的外部资金来进行基础设施建设，便创造出更好的软、硬件环境来增加合作的筹码。同时，东部发达地区将剩余生产能力转移到中西部地区，利用当地丰富的自然资源和廉价劳动力资源来从事生产经营活动，从而达到双赢的目的。

通过财政合作，地方政府行为会发生了如下变化：一是利己行为向利他行为转变。财政合作机制不同于财政竞争机制，前者是激励与约束并举,而后者是激励有余而约束不足。因为在财政合作情况下,地方政府之间通过共同努力可以创造出更多的经济价值,并且相互之间通过利益博弈达到利益均衡状态;而在财政竞争情况下,地方政府往往只考虑到自己的局部利益,对竞争对手采取损害行为而不是互利行为。二是地方政府与企业的关系逐渐厘清。在财政合作条件下,地方政府不再直接干预企业的具体经济活动,而是为企业提供必要的市场竞争秩序和良好的外部环境。三是省级以下政府之间的关系日趋紧密。分税制改革只解决了中央政府与省级政府之间的分税问题,而省级以下政府之间的财政管理体制却未理顺。作为利益共同体,省级以下政府之间的纵向财政合作关系加强了上下级政府之间的相互联系。

(三) 地方政府顺应市场化程度的差异

1. 地方政府的顺市场化程度

在经济转型过程中,地方政府顺应市场化改革的程度存在着区域差异,这种差异既通过财政收支结构而发起,又通过财政收支结构表现出来。如图 7.11 所示,1994 年之前,地方财政收支基本平衡;而 1994 年之后,地方财政支出逐渐超过地方财政收入并有逐渐扩大的趋势。这种财政收支缺口扩大的趋势在全国十分普遍,不过东部的情况要好于中西部地区。例如,浙江省虽然也有收支缺口,但相对而言几乎没有扩大的趋势。相比之下,处于中部地区的安徽省和处于西部地区的贵州省的收支缺口却在不断扩大。这种比较分析很容易让我们将其与市场化改革的程度相联系。从推动市场化改革的主观性来说,东部发达地区的地方政府倾向于市场化改革,因为市场化改革能够增强资源的配置效率,而中西部欠发达地区的地方政府相对保守,地方政府动用自身的资源优势从事微观经济活动。从公共服务提供的数量和质量上看,东部发达地区的地方政府为市场经济主体和普通民众提供了更多的公共服务,而中西部欠发达地区的公共服务供给明显不足。从竞争环境上说,东部发达地区的地方政府普遍竞争意识较强,工作效率较高,而中西部欠发达地区的地方政府精简力度较小,活力不强。可见,市场化改革程度的高低直接对应着财政收支缺口的发展趋势,因而推动市场化改革将能够减小地方政府的财政支出压力,而财政支出压力的减小会减轻地方政府直接从事经济活动的动力,从而有利于它们进入到社会管理和公共服务领域,为经济社会的长期稳定发展提供安全保障。

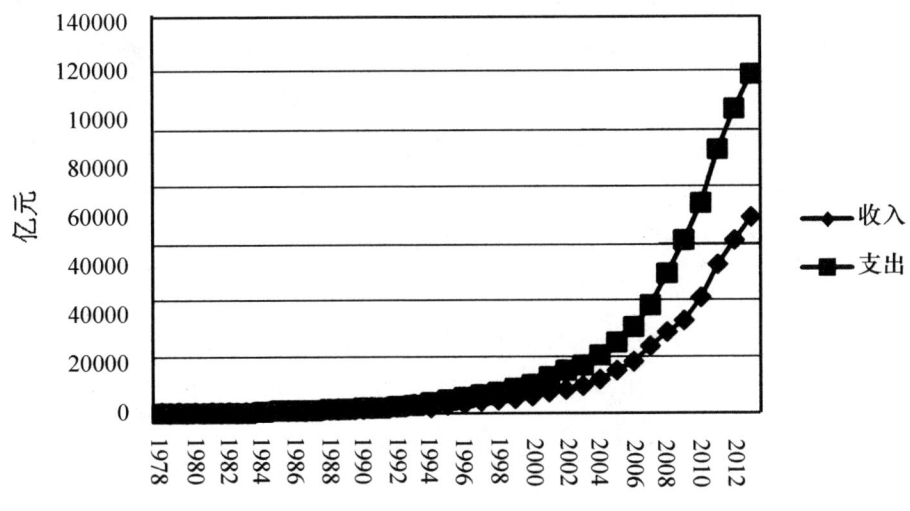

图 7.11 地方财政收支结构

资料来源:根据《中国统计年鉴》相关数据整理。

中国式财政分权在引起地方财政收支结构变化的同时,为地方引入了促进市场化改革的因素:一是财政分权带来了信息结构的调整。在传统计划经济时期,地方政府作为中央政府在地方上的代表,本身并不具有独立的行为能力,表现在收集、整理、反馈信息上缺乏积极性;而改革开放后,地方政府的自主性有所增强,它们有激励主动地搜集决策所需的信息。二是财政分权引入了价格机制。在传统计划经济时期,国家掌握着所有物资的调配权,价值规律在其中不发挥任何作用,因而资源得不到优化配置。财政分权将中央与地方政府的利益做了重新划分,与之相配套地,企业改革也在同步进行,资源配置不再是行政调拨,而是通过供求关系决定的价格机制引导其合理的流向。三是财政分权改变了供求结构。在财政包干制时期,地方政府倾向于自求平衡的发展,出于保护地方经济利益的需要,地方政府采取地方保护主义和地区封锁的方式阻止产品流入和资源流出,从而使得地区经济很大程度上在封闭的状态下运行。在这种情况下,这些地区一方面以较高的代价来生产生活必需品以满足自身需求,另一方面却面临着本地产能过剩,或没有充分发挥生产潜力。① 在分税制时期,地方保护主义和地区封锁有所改善,资源在全国范围内的流动相对比较容易,供求结构得到缓解。四是财政分权带来了竞争机制。地方政府之间的财政竞争是财政激励的结果,在财政竞争的影响下,各地展开全方位的竞争,这是市场经济体制改革深化的表现。五是财政分权改变了激励机制。财政分权调动了地方政府发展地方经济的积极性。改革开放初期,地方政府的财政收入与经济发展程度直接挂钩,这对地方政府的激励较大。但是,由于财政包干制下中央对地方约束乏力,以致出现了诸如诸侯经济等不良现象,损害了整体经济效率和资源配置效率。随着分税制改革的推进,中央政府通过财力的向上集中加强了其对地方政府的调控力度,从而改变了地方政府在市场化改革中的角色定位。

2. 地方政府的反市场化程度

财政包干制和分税制改革的重心都在于中央与地方政府关于财权的划分上,对于事权的分配只是原则性的,即所有地方政府都要执行宪法所规定的地方事务,这无疑忽视了地方差异。对东部发达地区的地方政府来说,由于地方财力较为雄厚,地方政府处理本辖区的地方公共事务的能力较强,在本级财政范围内可以解决问题。而对中西部欠发达地区的地方政府而言,要完成相同数量和质量的地方事务,其地方财政能力是远远不够的。为了达到中央政府因政治权力向上集中而核定的目标,地方政府往往变通地派生出许多预算外收费和制度外收费项目,这严重地损害了微观经济主体的发展积极性和发展能力。因此,从横向上看,地方政府之间财政收支结构的差异会促使地方政府的行为发生变异,即由"援助之手"变成"攫取之手"。从纵向上看,省级政府的财政收支结构与省级以下政府的财政收支结构也存在较大差异,这种差异也会对不同层级的地方政府行为造成一定的影响。

财政收支结构不平衡给地方政府行为带来了重大的影响,在各自财政

---

① 胡书东:《经济发展中的中央与地方关系》,上海:上海人民出版社2001年版,第84页。

收支结构的引导下,地方政府之间的行为有明显的差异:一是各级地方政府都倾向于增加自身的财政收入,减少财政支出,尤其在中西部欠发达地区更是如此。增加地方财政收入最直接的方式就是推动本地经济增长,因而促进地方经济增长成为地方政府的重要任务。这是因为,一方面,地方经济增长能够带来更多的财政收入;另一方面,现行的干部考核机制使得地方官员的晋升要靠地方经济增长的相对业绩来显示,而且二者相辅相成。在广大中西部地区,地方政府会竞相出台税收优惠政策,动员一切政治力量来招商引资,开发当地的自然资源,并且在某段时期大搞经营城市战略。① 从减少财政支出上来说,财政压力较大的地方政府往往会压缩公共服务提供的数量和质量,特别是基层的县乡政府有许多基本公共服务都无法保证,而东部发达地区的基本公共服务提供情况较好,民众的公共需求一般能够得到满足。二是财政收支结构对省级以下政府之间的关系是个严峻的挑战。从全国的情况来看,省级政府的财政收支相对市(县)级政府来说是比较宽裕的。因此,在大多数地区,省级政府能够在本省提供公共服务,但市(县)级政府的财政收支状况远不及省级政府,因而属于市(县)级政府应该提供的公共服务不能按质按量完成。为了解决财政支出压力,基层地方政府往往倾向于直接参与经济活动,这在中西部欠发达地区尤其明显,而这种由政府直接参与经济活动的行为显然有悖于市场经济原则。此外,欠发达地区的地方政府需要向上争取更多的补贴来弥补财政收支缺口,因而它们对省级以上政府的财政依赖程度较高。从纵向上看,下级政府对上级政府的财政依赖会加强上级政府对下级政府的财政控制,从而制约下级政府自主能力的发挥。

(三)地方政府职能的转变

1. 从经济参与主体向市场服务主体转变

在中国式财政分权的激励与约束下,地方政府的角色越来越多元化,

---

① 王珺将改革开放以来地方政府行为演变的轨迹描述为以增长为取向的适应性调整,在这种调整过程中,经营企业、经营城市与经营园区是其阶段性特征。参见王珺:《增长取向的适应性调整:对地方政府行为演变的一种理论解释》,载《管理世界》,2004年第8期,第53页。

由过去作为中央政府在地方上的代理机构逐渐演变为具有独立利益的行为主体。尽管在改革过程中，中央政府通过对立法权和地方主要干部任免权的控制还在影响着地方政府的行为，但是由于财政分权，地方政府拥有了自己独立的财政利益，这使它们会自发地介入到微观经济活动中去。在财政包干制时期，中央政府将经济管理权下放给了地方政府，与之配套地，中央还将物资调配权、定价权、工资权、用工权等下放给了地方，这为地方政府直接参与微观经济活动提供了条件。受传统计划经济体制的影响，20世纪80年代市场化改革的步伐还比较缓慢，市场配置资源的权力还不大，资源配置权仍旧牢牢地掌握在地方政府手中，地方政府充当了经济活动的主力军。20世纪90年代中期后，市场化改革的共识在全国形成，建立社会主义市场经济体制要求正确地处理政府与市场之间的关系。正是在这种形势下，政府主导经济发展的模式逐渐为市场主导经济发展的模式所取代，即经济发展方式的转变促使地方政府职能转变被提到议事日程。特别是分税制改革后，地方政府推动经济发展的努力不再与财政收入的增长直接挂钩，它的增收动力逐步让位于减支压力，此时的地方政府只有定位于为微观经济主体提供市场竞争所需要的公共服务才能在经济社会发展中谋得一席之地。

　　同样是财政分权，为什么20世纪80年代的财政包干制对地方政府的财政激励大于1994年以后的分税制改革？这是因为，财政包干制下放的是财政收入的剩余索取权，地方政府通过发展地方经济能够迅速扩大自身的财政收入，而分税制改革则通过税种和税率的重新划分将财政收入相对集中于中央。在后一种财税体制下，地方政府通过直接参与微观经济活动所获得的收入增量大部分不归自己所有，同时，中央政府还通过税收返还和财政转移支付不同程度地控制着地方政府的支出能力。因此，分税制改革使得地方政府直接参与经济活动的积极性受挫，它将逐渐从市场参与主体向市场服务主体转变，这是中央与地方财政关系调整对地方政府职能定位的一种有效调节。此外，地方政府过多地参与微观经济活动不利于国有企业改革，这也是财政包干制时期国有企业改革进展不大的重要原因之一。分税制改革的推行改变了地方政府的财政收支结构，它内生出的财政约束机制迫使地方政府必须进行职能转变,从而为正确处理政府与市场的关系提供了条件。正是地方政府从市场参与主体向市场服务主体的转变,才带来了市场化改革的成就。

2. 地方政府事权结构的变化

在财政收入能够满足财政支出的情况下,地方政府本应为当地提供更多的公共服务,但在改革开放之初,政治上以经济绩效为中心的干部考核机制削弱了地方政府的公共服务意识。在财政包干制时期,地方政府将主要精力集中在发展当地经济上,一切以经济建设为中心,直接参与并干预微观经济活动;分税制改革后,地方政府发展地方经济的动力渐趋减小,因而地方政府将收缩其在经济活动领域的战线,逐步将自己的职能调整到公共服务领域上来;在公共财政体系建设时期,中央与地方政府的职能逐渐收缩为经济调节、市场监管、社会管理和公共服务。从表7.5中可以看出,财政包干制时期地方政府的经济职能较强;分税制改革后地方政府的经济职能开始减弱;公共财政体系建设时期,地方政府职能逐渐转移到社会管理和公共服务上来,构建服务型政府是当前地方政府管理体制建设的一项重要任务。

表7.5 改革开放以来地方政府主要支出项目排序的变化

	财政包干制时期	分税制时期	公共财政体系建设时期
主要支出项目排序	(1) 文教卫生事业费 (2) 基本建设支出 (3) 其他各类支出 (4) 政策性补贴支出 (5) 行政管理费	(1) 文教、科学、卫生事业费 (2) 行政管理费 (3) 其他支出 (4) 基本建设支出 (5) 支援农业生产支出 (6) 城市维护建设费	(1) 社会保障补助支出 (2) 文教、科学、卫生事业费 (3) 基本建设支出 (4) 行政管理费 (5) 其他支出 (6) 公检法司支出 (7) 城市维护费 (8) 农业支出

资料来源:根据历年《中国统计年鉴》相关数据粗略估算排序。

当然,地方政府事权结构的变化有很多原因,中国式财政分权对其影响到底有多大,这有待进一步探讨。但有一点是明确的,即事权需要一定的财力来完成,在财税体制改革过程中,地方政府的事权完成情况取决于地方政府所能支配的财政收入和中央对地方的财政转移支付。由于不同层级和区域的地方政府所能分享的财政收入和所能获得的财政转移支付数量不一,因此各地事权完成的数量和质量是不一样的。地方政府事权的完成状况直接影响到微观经济主体参与市场经济活动的基础条件,因而在事权完成质量较好的地区,其经济发展速度较快,在事权完成质量较差的地区则经济发展相对迟缓。反过来,地方政府事权结构的变化与市场化程度有关,在东部市场经济发达地区,地方政府职能转变的速度较快,而在中西部欠发达地区,地方政府职能转变的速度较慢。之所以会形成这种局面,主要是因为,在东部地区,非公有制经济蓬勃发展,而非公有制经济受地方政府的约束较少,地方政府的微观经济管理职能发挥的空间不大,地方政府主动地从微观经济领域撤退出来,转向为微观经济主体提供市场活动的外部环境;而在中西部欠发达地区,非公有制经济发展速度较慢,地方政府所管辖的国有企业占全部企业的比重较大,地方政府参与微观经济管理的事务较多,很难从微观经济领域撤退,因而地方政府职能转变的速度和程度远不及东部发达地区。

第五节 评论性结语

前已述及,政治集权与财政分权是理解当代中国政府间分权的两个重要维度。在政治集权的背景下,包含税收立法权和税收行政权在内的税政权是向上集中的。在财政分权的背景下,中央与地方政府之间的财政权是集中与分散相结合。税收立法权的集中确保了在历次财税体制改革中,中央政府掌握着发动每次改革的主动权,并控制了税种和税率的决定权,从而减少了地方政府在税收征管问题上的自由裁量权,使改革朝着合意的方向发展;税收行政权的集中确保了地方政府对上负责机制的顺利运转,以便于中央政府通过调整对下级政府的政府绩效评价指标,就可以有效地动员地方干部贯彻执行中央政府的战略决策。

改革开放后，中央政府仍旧掌握着省级政府主要领导干部的人事任免权，并通过政府绩效考核决定了其晋升的可能性。与20世纪80年代三次财政管理体制改革相适应的，是地方政府获得了财政收入的"剩余索取者"地位，地方政府在完成与中央政府按商定的上缴额或比例上缴一定的税收收入后，剩余收入归自己所有，这大大激发了地方政府推动地方经济发展的积极性。然而，在财政包干制改革过程中，中央与地方政府分成的收入只有预算内收入，而没有将预算外收入和制度外收入纳入分成的基数。因此，地方政府纷纷将潜在的预算内财政资源转移到预算外或制度外，这就损害了中央与地方收入分成的基础。此外，在财政包干制时期，只有一套征税系统，且执行权由地方政府掌握，这无异于把税收行政权的自由裁量权让渡给了地方政府，使得地方政府竞相通过税收减免等优惠措施来吸引辖区外的投资，形成恶性的竞争局面。在财政竞争的压力下，地方政府倾力保护本地财政资源外流，从而形成区域贸易壁垒和地方保护主义，妨碍了全国统一市场的形成。借助发动财税体制改革的主动权，中央政府采取了提升自身财力的分税制改革，在短期内就扭转了中央政府财政汲取能力和中央财政收入占全国财政收入比重下降的趋势。通过分税制改革，地方政府行为得到了一定程度的规范，地方封锁、地方保护主义等财政包干制时期遗留下来的弊病得到了缓解和消除。近些年来，通过倡导公共财政体系建设，地方政府职能发生了转变，从经济主体向服务主体转化，经济建设职能逐步让位于公共服务职能，地方政府不再单纯地以经济建设为中心，而是更加注重公共服务的供给质量。

从以往的研究文献来看，单纯以财政分权理论来研究政府行为，特别是从西方财政联邦制意义上的财政分权理论来研究政府行为，必然会导致许多似是而非的结论。而仅仅考虑政治集权因素，当代中国的中央与地方关系也不能得到完整的解释。只有将向上集中的税政权与集分结合的财政权联系起来，分析其内生的对中央与地方政府行为的激励与约束机制，才能真正地理解当代中国的政府间关系，并解释各级政府行为变迁的规律。在实践上，本章的研究结论将为完善当代中国的政府间关系提供政策启示。例如，税收决策中的民主因素应该得到发扬和重视，虽然是权力集中，但是，它是在民主基础上的集中，这是避免集权走向极权的根本举措；而财政权的分配也应该赋予地方政府以更多的财政自治空间，包括放松对税种和税率决定权的限制，以及在监督措施到位的前提下逐步向地方政府下放举债权，等等。总之，激励与约束并举，才能使当代中国的政府间关系朝着良性的方向发展。

中文参考文献

［瑞典］埃里克·阿姆纳、斯蒂格·蒙丁：《趋向地方自治的新理念？——比较视角下的新近地方政府立法》，杨立华、张菡、吴瑕译，北京：北京大学出版社2005年版。

白景明：《我国税收划分结构的现状及问题》，见董辅礽等：《集权与分权——中央与地方关系的构建》，北京：经济科学出版社1996年版。

白景明：《客观认识我国的中央政府财权集中度》，载《财贸经济》，2007年第8期。

薄贵利：《建立和完善中央与地方合理分权体制》，见陈福今、唐铁汉主编：《转变政府职能 促进改革发展》，北京：国家行政学院出版社2004年版。

薄贵利：《稳步推进省直管县体制》，载《中国行政管理》，2006年第9期。

［美］布莱恩·E.亚当斯：《美国联邦制下的地方政府自治》，王娟娟、荣霞译，载《南京大学学报（哲学·人文科学·社会科学版）》，2012年第2期。

［澳］布伦南、［美］布坎南：《宪政经济学》，冯克利等译，北京：中国社会科学出版社2004年版。

陈抗、Arye L. Hillman、顾清扬：《财政集权与地方政府行为变化——

从援助之手到摄取之手》，载《经济学（季刊）》，2002年第2卷第1期。

陈尧：《当代中国政府体制》，上海：上海交通大学出版社2005年版。

辞海编辑委员会编纂：《辞海》，上海：上海辞书出版社1999年版。

崔之元：《"混合宪法"与对中国政治的三层分析》，载《战略与管理》，1998年第3期。

邓小平：《党和国家领导制度的改革》，见《邓小平文选》（第二卷），北京：人民出版社1983年版。

邓小平：《邓小平文选》（第三卷），北京：人民出版社1993年版。

丁菊红：《中国转型中的财政分权与公共品供给激励》，复旦大学博士学位论文，2008年。

董辅礽主编：《中华人民共和国经济史（下卷）》，北京：经济科学出版社1999年版。

［德］弗·恩格斯：《集权和自由》，见《马克思恩格斯全集》（第41卷），中央编译局译，北京：人民出版社1982年版。

［美］弗兰克·J.古德诺：《政治与行政》，王元、杨百朋译，北京：华夏出版社1987年版。

傅光明：《论省直管县财政体制》，载《财政研究》，2006年第2期。

傅勇：《财政分权改革提高了地方财政激励强度吗？》，载《财贸经济》，2008年第7期。

高鹤：《财政分权、经济结构与地方政府行为：一个中国经济转型的理论框架》，载《世界经济》，2006年第10期。

龚锋、卢洪友：《公共支出结构、偏好匹配与财政分权》，载《管理世界》，2009年第1期。

关山、姜红主编：《块块经济学——中国地方政府经济行为分析》，北京：海洋出版社1990年版。

国家统计局农村司：《2009年农民工监测调查报告》，见《中国人口与劳动问题报告：后金融危机时期的劳动力市场挑战》，北京：社会科学文献出版社2010年版。

郭庆旺、贾俊雪：《地方政府行为、投资冲动与宏观经济稳定》，载

《管理世界》，2006年第5期。

郭小聪：《集权与分权：依据、边界与制约》，载《学术研究》，2008年第2期。

贺雪峰：《条块关系》，见三农中国网，http://www.snzg.cn/article/2006/1031/article_451.html。

洪银兴：《地方政府行为和中国市场经济的发展》，载《经济学家》，1997年第1期。

胡鞍钢：《中国经济波动报告》，沈阳：辽宁人民出版社1994年版。

胡鞍钢：《正确认识处理市场经济转型中中央与地方的关系》，见董辅礽等：《集权与分权——中央与地方关系的构建》，北京：经济科学出版社1996年版。

胡鞍钢：《论新时期的"十大关系"》，载《清华大学学报（哲学社会科学版）》，2010年第25卷第2期。

胡锦涛：《高举中国特色社会主义伟大旗帜 为夺取全面建设小康社会新胜利而奋斗》，北京：人民出版社2007年版。

胡汝银：《中国改革的政治经济学》，见盛洪主编：《中国的过渡经济学》，上海：上海三联书店、上海人民出版社1994年版。

胡书东：《经济发展中的中央与地方关系》，上海：上海人民出版社2001年版。

胡书东：《加入WTO对中国中央与地方财政关系的影响》，载《世界经济》，2002年第3期。

黄佩华：《中国地方财政问题研究》，彭龙远等译，北京：中国检察出版社1999年版。

黄佩华、迪帕克等：《中国：国家发展与地方财政》，吴素萍等译，北京：中信出版社2003年版。

Im Tobin：《时序、分权与发展》，高燕楠译、张光校，载《公共行政评论》，2008年第5期。

Jeffrey Sachs、胡永泰、杨小凯：《经济改革和宪政转轨》，载《经济学（季刊）》，2003年第2卷第4期。

贾若祥：《我国省直管县有关问题探讨》，载《中国经贸导刊》，2007年第10期。

贾康、于长革，a：《省直管县财政改革的意义、内容与相关建议》，载《内蒙古财经学院学报》，2010年第2期。

贾康、于长革，b：《辖县大省省直管县财政改革情况探析——基于河北省的调研》，载《地方财政研究》，2010年第11期。

金人庆：《完善公共服务制度 逐步实现基本公共服务均等化》，载《求是》，2006年第22期。

金太军等：《中央与地方政府关系建构与调谐》，广州：广东人民出版社2005年版。

金太军、汪波：《经济转型与我国中央与地方关系制度变迁》，载《管理世界》，2003年第6期。

寇铁军、王耀强：《集权与分权的程度对财政管理的影响》，载《东北财经大学学报》，2003年第4期。

寇铁军、周波：《政府间事权、财权划分：理论与实践》，载《公共经济学评论》，2008年第1期。

［美］拉里·施罗德：《寻求负责任的财政分权政策》，蔡岚译，刘亚平校，载《公共行政评论》，2009年第4期。

赖海榕主编：《乡村治理的国际比较》，长春：吉林人民出版社2006年版。

雷振扬：《乡镇政权建设中的条块分割矛盾探析》，载《社会科学》，1994年第9期。

李晟：《转型中国的中央与地方分权》，载《北京大学研究生学志》，2007年第2期。

李侃如：《治理中国：从革命到改革》，胡国成、赵梅译，北京：中国社会科学出版社2010年版。

李实、J.奈特：《中国财政承包体制的激励和再分配效应》，载《经济研究》，1996年第5期。

李文钊：《中国中央与地方政府权力配置的制度分析》，中国人民大学博士学位论文，2007年。

李晓刚：《新时期中央与地方关系的思考》，载《西北工业大学学报（社会科学版）》，2006年第4期。

[美] 理查德·A.马斯格雷夫：《比较财政分析》，董勤发译，上海：上海人民出版社、上海三联书店1996年版。

[美] 理查德·M.伯德、罗伯特·D.埃贝尔、克里斯蒂·I.沃利克：《社会主义国家的分权化：转轨经济的政府间财政转移支付》，"中国财税进一步改革"课题组成员译，北京：中央编译出版社2001年版。

梁朋：《中国新一轮财税体制改革：目标与路径》，北京：经济科学出版社2004年版。

梁若冰：《财政分权下的晋升激励、部门利益与土地违法》，载《经济学（季刊）》，2009年第9卷第1期。

列宁：《关于民族问题的批评意见》，见《列宁全集》（第24卷），中央编译局译，北京：人民出版社1985年版。

列宁：《国家与革命》，见《列宁专题文集》（论马克思主义），北京：人民出版社2009年版。

刘承礼，a：《公共财政与基本公共服务均等化》，见俞可平主编：《和谐社会与政府创新》，北京：社会科学文献出版社2008年版。

刘承礼，b：《理解当代中国的中央与地方关系》，载《当代经济科学》，2008年第5期。

刘承礼，c：《财政关系调整与地方政府行为的变迁》，载《财经研究》，2008年第11期。

刘海波：《我国中央与地方政制结构的分析与改进》，载《公共政策评论》，2008年第1期。

刘吉瑞：《论行政性分权和经济性分权》，载《经济社会体制比较》，1988年第3期。

刘金涛：《财政分权与中国经济增长关系研究》，大连理工大学博士学位论文，2007年。

刘日新：《新中国经济建设简史》，北京：中央文献出版社2006年版。

刘尚希等:《中国财政改革30年:历史与逻辑的勾画》,载《中央财经大学学报》,2008年第3期。

刘尚希:《改革成果存续时间是否太短——对省直管县欢呼背后的冷思考》,载《人民论坛》,2009年第2期。

刘书明、陈海生、吕蕾莉:《省直管县财政体制改革问题分析与对策建议——基于甘肃改革试点县的实地调查》,载《地方财政研究》,2010年第9期。

刘小勇:《省及省以下财政分权与省际经济增长》,载《经济科学》,2008年第1期。

刘祖云:《政府间关系:合作博弈与府际治理》,载《学海》,2007年第1期。

林尚立:《国内政府间关系》,杭州:浙江人民出版社1998年版。

林志远:《中央集权和地方分权——联邦主义的经验和教训》,载《战略与管理》,2003年第1期。

楼继伟:《解决中央与地方矛盾的关键是实行经济性分权》,载《经济社会体制比较》,1991年第1期。

陆铭等:《中国的大国经济发展道路》,北京:中国大百科全书出版社2008年版。

罗伊·鲍尔:《中国的财政政策——税制与中央及地方的财政关系》,许善达等译,北京:中国税务出版社2000年版。

吕炜、王伟同:《政府服务性支出缘何不足?——基于服务性支出体制性障碍的研究》,载《经济社会体制比较》,2010年第1期。

马斌:《政府间关系:权力配置与地方治理》,浙江大学博士学位论文,2008年。

马克思:《〈法兰西内战〉初稿(摘录)》,见《马克思恩格斯文集》(第3卷),北京:人民出版社2009年版。

马力宏主编:《中国行政管理中的条块关系》,杭州:杭州大学出版社1993年版。

马力宏:《论政府管理中的条块关系》,载《政治学研究》,1998年第

4期。

［匈牙利］玛利亚·乔纳蒂：《转型：透视匈牙利政党—国家体制》，赖海榕译，长春：吉林人民出版社2002年版。

迈克尔·罗斯金等：《政治科学》，林震等译，北京：华夏出版社2001年版。

毛寿龙：《"囚犯的难题"与"地方主义的泥淖"：中央与地方关系的再思考》，载《行政论坛》，1996年第3期。

庞明礼：《市管县的悖论与省管县的可行性研究》，载《北京行政学院学报》，2007年第4期。

钱颖一、许成钢：《中国的经济改革为什么与众不同——M型的层级制和非国有部门的进入与扩张》，载《经济社会体制比较》，1993年第1期。

钱颖一：《激励与约束》，载《经济社会体制比较》，1999年第5期。

任进：《规范垂直管理机构与地方政府的关系》，载《国家行政学院学报》，2009年第3期。

容志：《政策变迁中的中央与地方博弈——以中国土地调控政策为例（1978—2007）》，复旦大学博士学位论文，2008年。

荣敬本等：《从压力型体制向民主合作体制的转变——县乡两级政治体制改革》，北京：中央编译出版社1998年版。

［美］塞缪尔·亨廷顿：《变革社会中的政治秩序》，李盛平等译，北京：华夏出版社1988年版。

邵明阳：《中央与地方：当代中国条块格局变迁研究》，中国人民大学博士学位论文，2008年。

沈立人、戴园晨：《我国"诸侯经济"的形成及其弊端和根源》，载《经济研究》，1990年第3期。

沈立人：《地方政府的经济职能和经济行为》，上海：上海远东出版社1998年版。

盛洪：《寻求改革的稳定形式》，见盛洪主编：《中国的过渡经济学》，上海：上海三联书店、上海人民出版社1994年版。

苏星:《新中国经济史(修订本)》,北京:中共中央党校出版社2007年版。

孙发锋:《从条块分割走向协同治理——垂直管理部门与地方政府关系的调整取向探析》,载《广西社会科学》,2011年第4期。

孙立平:《集权·民主·政治现代化》,载《政治学研究》,1989年第3期。

孙学玉:《强县扩权与省直管县(市)的可行性分析》,载《中国行政管理》,2007年第6期。

陶学荣、陶睿:《中国行政体制改革研究》,北京:人民出版社2006年版。

特里萨·特尔-米纳什主编:《政府间财政关系理论与实践》,政府间财政关系课题组译校,北京:中国财政经济出版社2003年版。

童建挺:《德国联邦制的欧洲化——欧洲一体化对德国联邦制的影响》,载《欧洲研究》,2009年第6期。

童之伟:《单一制、联邦制的区别及其分类问题探讨》,载《法律科学》,1995年第1期。

童之伟:《单一制、联邦制的理论评价和实践选择》,载《法学研究》,1996年第4期。

王沪宁:《中国变化中的中央和地方政府的关系:政治的含义》,载《复旦学报(社会科学版)》,1988年第5期。

王沪宁:《集分平衡:中央与地方的协同关系》,载《复旦学报(社会科学版)》,1991年第2期。

王珺:《增长取向的适应性调整:对地方政府行为演变的一种理论解释》,载《管理世界》,2004年第8期。

王丽萍:《联邦制国家中央与地方的财政关系》,载《经济社会体制比较》,1996年第5期。

王绍光、胡鞍钢:《中国国家能力报告》,沈阳:辽宁人民出版社1993年版。

王绍光:《分权的底线》,载《战略与管理》,1995年第2期。

王绍光，a：《中国政府汲取能力下降的体制根源》，载《战略与管理》，1997年第4期。

王绍光，b：《健全的制度设计：正确处理中央与地方合作关系的关键》，载《国际经济评论》，1997年第1—2期。

王绍光：《中国财政转移支付的政治逻辑》，载《战略与管理》，2002年第3期。

王石磊、张军：《中国地方官员为什么要改善基础设施？——一个关于官员激励机制的模型》，载《经济学（季刊）》，2008年第7卷第2期。

王文剑、仉建涛、覃成林：《财政分权、地方政府竞争与FDI的增长效应》，载《管理世界》，2007年第3期。

王文剑、覃成林：《财政分权、地方政府行为与地区经济增长——一个基于经验的判断及检验》，载《经济理论与经济管理》，2007年第10期。

王文剑、覃成林：《地方政府行为与财政分权增长效应的地区性差异——基于经验分析的判断、假说及检验》，载《管理世界》，2008年第1期。

王贤彬、徐现祥：《转型期的政治激励、财政分权与地方经济行为》，载《南开经济研究》，2009年第2期。

王孝松、高乐咏：《中央政府的激励机制与地方经济增长》，载《财经问题研究》，2009年第2期。

王永钦、张晏、章元、陈钊、陆铭：《十字路口的中国经济：基于经济学文献的分析》，载《世界经济》，2006年第10期。

王永钦、张晏、章元、陈钊、陆铭：《中国的大国发展道路——论分权式改革的得失》，载《经济研究》，2007年第1期。

王永钦、丁菊红：《公共部门内部的激励机制：一个文献述评》，载《世界经济文汇》，2007年第1期。

王玉华：《我国财政支出结构研究》，东北财经大学博士学位论文，2007年。

吴敬琏、周小川、荣敬本等：《建设市场经济的总体构想与方案设计》，北京：中央编译出版社1996年版。

吴建南：《地方政府绩效评估的创新与完善》，见俞可平主编：《科学发展观与政府创新》，北京：社会科学文献出版社 2009 年版。

吴理财：《县乡关系：问题与调适》，北京：中国社会科学出版社 2011 年版。

吴先满、骆祖春：《江苏推进省直管县（市）财政体制改革研究》，载《东南大学学报（哲学社会科学版）》，2010 年第 3 期。

谢庆奎：《中国政府的府际关系研究》，载《北京大学学报（哲社版）》，2000 年第 1 期。

熊文钊：《大国地方：中国中央与地方关系宪政研究》，北京：北京大学出版社 2005 年版。

熊文钊、曹旭东：《依法规范"条块关系"》，载《瞭望新闻周刊》，2007 年第 50 期。

夏永祥、王常雄：《中央政府与地方政府的政策博弈及其治理》，载《当代经济科学》，2006 年第 2 期。

项继权：《改"七站八所"为"条块分离"》，载《决策咨询》，2003 年第 5 期。

肖立辉：《县委书记眼中的中央与地方关系》，载《经济社会体制比较》，2008 年第 4 期。

许成钢：《政治集权下的地方经济分权与中国改革》，见青木昌彦、吴敬琏主编：《从威权到民主：可持续发展的政治经济学》，北京：中信出版社 2008 年版。

薛刚凌：《政府权力结构改革的回顾与前瞻》，载《河北学刊》，2008 年第 4 期。

［匈牙利］雅诺什·科尔奈：《社会主义体制：共产主义政治经济学》，张安译，北京：中央编译出版社 2007 年版。

颜廷锐等：《中国行政体制改革问题报告》，北京：中国展望出版社 2004 年版。

杨光斌：《中国经济转型时期的中央与地方关系新论——理论、现实与政策》，载《学海》，2007 年第 1 期。

杨宏山:《府际关系论》,北京:中国社会科学出版社2005年版。

杨瑞龙:《我国制度变迁方式转换的三阶段论——兼论地方政府的制度创新行为》,载《经济研究》,1998年第1期。

杨瑞龙、杨其静:《阶梯式的渐进制度变迁模型——再论地方政府在我国制度变迁中的作用》,载《经济研究》,2000年第3期。

杨小云:《论新中国建立以来中国共产党处理中央与地方关系的历史经验》,载《政治学研究》,2001年第2期。

杨雪冬:《县级官员与省管县改革——基于能动者的研究路径》,载《北京行政学院学报》,2012年第4、5期。

杨志勇、杨之刚:《中国财政制度改革30年》,上海:格致出版社、上海人民出版社2008年版。

杨志勇,a:《省直管县财政体制改革的动力机制研究》,载《中国改革报》,2009年12月14日,第6版。

杨志勇,b:《省直管县财政体制改革研究——从财政的省直管县到重建政府间财政关系》,载《财贸经济》,2009年第11期。

阳敏、张宇蕊:《"条块分割"制约乡镇财政运行的现状、原因及解决路径》,载《农村经济》,2007年第1期。

姚洋、杨雷:《制度供给失衡和中国财政分权的后果》,载《战略与管理》,2003年第3期。

伊诺斯·赫尔特:《德国联邦制的历史、基础和发展》,任雪丽译,载《中德法学论坛》,2008年第6辑。

尹振东:《垂直管理与属地管理:行政管理体制的选择》,载《经济研究》,2011年第4期。

郁建兴:《条与块的游戏规则该怎么变——中央与地方混合型行政管理体制的构建》,载《人民论坛》,2010年第7期。

曾尔恕、黄宇昕:《二十世纪美国联邦制的发展——以联邦与州的分权为视角》,载《广东商学院学报》,2006年第1期。

张斌、杨之刚:《政府间职能纵向配置的规范分析》,载《财贸经济》,2010年第2期。

张恒龙：《转型期中国政府间财政关系研究——一个竞争与均等化视角的分析框架》，上海社会科学院博士学位论文，2006年。

张晏、龚六堂：《分税制改革、财政分权与中国经济增长》，载《经济学（季刊）》，2005年第5卷第1期。

张晏：《标尺竞争在中国存在吗？——对中国地方政府公共支出相关性的研究》，复旦大学工作论文，2005年。

张永生：《政府间事权与财权如何划分？》，载《经济社会体制比较》，2008年第2期。

张永生：《中央与地方的政府间关系：一个理论框架及其应用》，载《经济社会体制比较》，2009年第2期。

张宇：《集权、分权与市场化改革》，见董辅礽等：《集权与分权——中央与地方关系的构建》，北京：经济科学出版社1996年版。

张宇、刘承礼：《中国特色的中央地方关系模式》，见张宇主编：《中国模式：改革开放三十年以来的中国经济》，北京：中国经济出版社2008年版。

张占斌：《政府层级改革与省直管县实现路径研究》，载《经济与管理研究》，2007年第4期。

张占斌，a：《省直管县蕴含着重大的政策信息和改革导向》，载《北京日报》，2009年4月13日，第18版。

张占斌，b：《省直管县改革的经济学解析》，载《广东商学院学报》，2009年第4期。

张占斌、苏珊·罗尔：《中国新型城镇化背景下的省直管县体制改革——访国家行政学院经济学教研部主任张占斌教授》，载《经济社会体制比较》，2012年第6期。

赵云旗：《中国分税制财政体制研究》，北京：经济科学出版社2005年版。

郑凤田：《推行省直管县不宜一刀切》，载《中国税务报》，2009年10月14日，第8版。

郑永年：《政治渐进主义及其局限性：中国的经验》，见胡鞍钢主编：

《中国走向》，杭州：浙江人民出版社2000年版。

郑永年：《中国模式：经验与困局》，杭州：浙江出版联合集团、浙江人民出版社2010年版。

郑永年、王旭：《论中央地方关系中的集权和民主问题》，载《战略与管理》，2001年第3期。

中国社会科学院经济研究所宏观经济管理课题组：《坚持适度分权方向 重塑国家管理格局》，载《经济研究》，1987年第6期。

钟开斌：《中国中央与地方关系基本判断：一项研究综述》，载《上海行政学院学报》，2009年第3期。

周黎安：《晋升博弈中政府官员的激励与合作——兼论我国地方保护主义和重复建设问题长期存在的原因》，载《经济研究》，2004年第6期。

周黎安：《中国地方官员的晋升锦标赛模式研究》，载《经济研究》，2007年第7期。

周天勇、王安岭、谷成、吴旭东：《"十一五"及今后一个时期调整和理顺中央与地方关系的改革思路》，载《经济研究参考》，2007年第15期。

周天勇等：《中国行政体制改革30年》，上海：格致出版社、上海人民出版社2008年版。

周天勇：《省直管县改革的动因与动力》，载《北京日报》，2010年8月9日，第20版。

周业安、章泉，a：《市场化、财政分权和中国的经济增长》，载《中国人民大学学报》，2008年第1期。

周业安、章泉，b：《财政分权、经济增长和波动》，载《管理世界》，2008年第3期。

周振超：《打破职责同构：条块关系变革的路径选择》，载《中国行政管理》，2005年第9期。

周振超：《联邦制国家政府间纵向关系的主要模式分析》，载《黑龙江社会科学》，2008年第4期。

周振超：《当代中国政府"条块关系"研究》，天津：天津人民出版社2009年版。

周振超、李安增:《政府管理中的双重领导研究——兼论当代中国的"条块关系"》,载《东岳论丛》,2009年第3期。

周振华:《地方政府行为方式与地方经济自主发展》,载《学习与探索》,1999年第3期。

周帆:《改革开放后的中国府际关系:一种法律的途径》,复旦大学博士学位论文,2003年。

朱光磊、张志红:《"职责同构"批判》,载《北京大学学报(哲学社会科学版)》,2005年第1期。

朱玲:《关于转折时期集权与分权研究的评述》,载《财经问题研究》,1996年第11期。

英文参考文献

Adam, Antonis, Manthos D. Delis, and Pantelis Kammas, "Fiscal Decentralization and Public Sector Efficiency: Evidence from OECD Countries", MPRA Paper No. 36889, 2012.

Ahmad, Ehtisham, Jon Craig, and Dubravko Mihaljek, "Implementing and Managing Grants: Institutional and Data Requirements", in Ehtisham Ahmad, Qiang Gao, Vito Tanzi (eds.), *Reforming China's Public Finances*, Washington: International Monetary Fund, 2005.

Ahmad, Junaid, Shantayanan Devarajan, Stuti Khemani, Shekhar Shah, "Decentralization and Service Delivery", World Bank Policy Research Working Paper 3603, 2005.

Akai, Nobuo, and Masayo Sakata, "Fiscal Decentralization Countries to Economic Growth: Evidence from State-level Cross-section Data for the United States", *Journal of Urban Economics*, Vol. 52, No. 1, 2002.

Alexeev, Michael and Galina Kurlyandskaya, "Fiscal Federalism and Incentives in a Russian Region", *Journal of Comparative Economics*, Vol. 31, No. 1, 2003.

Azfar, Omar, Satu Kähkönen, and Patrick Meagher, "Conditions for Effective Decentralized Governance: A Synthesis of Research Findings", The University of Maryland IRIS Center Working Paper, 2001.

Azfar, Omar, Satu Kähkönen, Anthony Lanyi, Patrick Meagher, and Diana Rutherford, "Decentralization, Governance and Public Services: The Impact of Institutional Arrangement", in Mwangi S. Kimenyi and Patrick Meagher (eds.), *Devolution and Development: Governance Prospects in Decentralizing States*, Hants: Ashgate Publishing Limited, 2004.

Bahl, Roy, "Implementation Rules for Fiscal Decentralization", Paper Presented at the International Seminar on Land Policy and Economic Development, Land Reform Training Institute, Taiwan, November 17, 1998.

Bahl, Roy, "Intergovernmental Transfers in Developing and Transition Countries: Principles and Practice", The World Bank Working Paper, 2000.

Bahl, Roy W., and Johannes F. Linn, *Urban Public Finance in Developing Countries*, Oxford: Oxford University Press, 1992.

Bahl, Roy and Johannes Linn, "Fiscal Decentralization and Intergovernmental Transfers in Less Developed Countries", *Publius*, Vol. 24, No. 1, 1994.

Bahl, Roy W., "Fiscal Decentralization 101", Atlanta: Andrew Young School of Policy Studies, Georgia State University, 2005.

Bahl, Roy, and Jorge Martinez-Vazquez, "Sequencing Fiscal Decentralization", World Bank Policy Research Working Paper No. 3914, 2006.

Bardhan, Pranab, and Dilip Mookherjee, "Expenditure Decentralization and the Delivery of Public Services in Developing Countries", Manuscript, 1998.

Bardhan, Pranab, and Dilip Mookherjee, "Relative Capture of Local and Central Governments: An Essay in the Political Economy of Decentralization", Manuscript, 1999.

Bardhan, Pranab, and Dilip Mookherjee, "Capture and Governance at Local and National Levels", *American Economic Review*, Vol. 90, No. 2, 2000.

Bardhan, Pranab, "Decentralization of Governance and Development", *The Journal of Economic Perspectives*, Vol. 16, No. 4, 2002.

Bardhan, Pranab, and Dilip Mookherjee, a, "Decentralization, Corruption and Government Accountability: An Overview", in Susan Rose-Ackerman (ed.), *Handbook of Economic Corruption*, Edward Elgar, 2006.

Bardhan, Pranab, and Dilip Mookherjee, b, "Decentralization and Accountability in Infrastructure Delivery in Developing Countries", *The Economic Journal*, Vol. 116, No. 508, 2006.

Baskaran, Thushyanthan, and Lars P. Feld, "Fiscal Decentralization and Economic Growth in OECD Countries: Is There a Relationship?", *Public Finance Review*, Vol. 41, No. 4, 2013.

Bennett, Robert J., a, "Decentralization, Intergovernmental Relations and Markets: Towards a Post-Welfare Agenda", in Robert J. Bennett (ed.), *Decentralization, Local Governments, and Markets*, Oxford et al.: Oxford University Press, 1990.

Bennett, Robert J., b, "Decentralization and Local Economic Development", in Robert J. Bennett (ed.), *Decentralization, Local Governments, and Markets*, Oxford et al.: Oxford University Press, 1990.

Bergsten, C. Fred, Charles Freeman, Nicholas R. Lardy, Derek J. Mitchell, *China's Rise: Challenges and Opportunities*, Washington, DC: Peterson Institute for International Economics, 2009.

Bird, Richard M., and François Vaillancourt, "Fiscal Decentralization in Developing Countries: An Overview", in Richard M. Bird and François Vaillancourt (eds.), *Fiscal Decentralization in Developing Countries*, Cambridge, New York, and Oakleigh: Cambridge University Press, 1998.

Bird, Richard M. and Michael Smart, "Intergovernmental Fiscal Transfers: Some Lessons from International Experience", Paper Prepared for the Symposium on Intergovernmental Transfers in Asian Countries: Issues and Practices, Asian Tax and Public Program, Tokyo, Japan, February, 2001.

Birrell, Derek, *Comparing Devolved Governance*, Palgrave Macmillan, 2012.

Blanchard, Olivier and Andrei Shleifer, "Federalism with and without Political Centralization: China versus Russia", *IMF Staff Papers*, Vol. 48, 2001.

Boex, Jamie, "Fiscal Decentralization and Intergovernmental Finance Reform as an International Development Strategy", IDG (Urban Institute Center on International Development and Governance) Working Paper No. 2009 – 06, 2009.

Boex, Jamie, and Serdar Yilmaz, "An Analytical Framework for Assessing Decentralized Local Governance and the Local Public Sector", Urban Institute Center on International Development Governance Working Paper, No. 2010 – 06, 2010.

Bodman, Philip, "Fiscal Federalism and Economic Growth in the OECD", Manuscript, 2008.

Buchanan, James M., "Federalism and Fiscal Equity", *The American Economic Review*, Vol. 40, No. 4, 1950.

Burns, John P., "The People's Republic of China at 50: National Political Reform", *The China Quarterly*, No. 159, 1999.

Cai, Hongbin, and Daniel Treisman, "Did Government Decentralization Cause China's Economic Miracle?", *World Politics*, Vol. 58, No. 4, 2006.

Cai, Hongbin, and Daniel Treisman, "Political Decentralization and Policy Experimentation", *Quarterly Journal of Political Science*, Vol. 4, No. 1, 2009.

Caulfield, Janice, "Local Government Reform in China: A Rational Actor Perspective", in Lazin, Fred, Matt Evans, Vincent Hoffmann-Martinot, and Hollmut Wollmann (eds.), *Local Government Reforms in Countries in Transition: A Global Perspective*, Lanham, Boulder, New York, Toronto, and Plymouth: Lexington Books, 2007.

Cheema, G. Shabbir, and Dennis A. Rondinelli, "From Government Decentralization to Decentralized Governance", in G. Shabbir Cheema, and Dennis A. Rondinelli (eds.), *Decentralizing Governance: Emerging Concepts and Practices*, Washington, DC: Brookings Institution Press, 2007.

Chung, Jae Ho, a, "Studies of Central-Provincial Relations in the People's Republic of China: A Mid-Term Appraisal", *The China Quarterly*, No. 142, 1995.

Chung, Jae Ho, b, "Review on Changing Central-Local Relations in China:

Reform and State Capacity", *The China Quarterly*, No. 142, 1995.

Chung, Jae Ho, "Reappraising Central-Local Relations in Deng's China: Decentralization, Dilemmas of Control, and Diluted Effects of Reform", in Chao, Chien-min and Bruce J. Dickson (eds.), *Remaking the Chinese State: Strategies, Society, and Security*, London and New York: Routledge, 2001.

Dabla-Norris, Era, "The Challenge of Fiscal Decentralization in Transition Countries", *Comparative Economic Studies*, Vol. 48, 2006.

Davoodi, Hamid, and Hengfu Zou, "Fiscal Decentralization and Economic Growth: A Cross-Country Study", *Journal of Urban Economics*, Vol. 43, 1998.

Deng, Xiaoping, "On the Reform of the System of Party and State Leadership", in *Selected Works of Deng Xiaoping (1975 – 1982)*, Beijing: Foreign Languages Press, 1984.

Devarajan, Shantayanan, Vinaya Swaroop, and Hengfu Zou, "The Composition of Public Expenditure and Economic Growth", *Journal of Monetary Economics*, Vol. 37, No. 2, 1996.

Dewatripont, M. and E. Maskin, "Credit and Efficiency in Centralized and Decentralized Economies", *The Review of Economic Studies*, Vol. 62, No. 4, 1995.

de Mello, L., and M. Barenstein, "Fiscal Decentralization and Governance: A Cross-Country Analysis", in G. Abed and S. Gupta (eds.), *Governance, Corruption, and Economic Performance*, Washington, DC: IMF, 2002.

Ding, Ying, "Fiscal Decentralization and Economic Growth in China, 1994 – 2002", *Journal of Chinese Economic and Business Studies*, Vol. 5, No. 3, 2007.

Ebel, Robert D. and Serdar Yilmaz, "On the Measurement and Impact of Fiscal Decentralization", Policy Research Working Paper No. 2089, 2002.

Enikolopov, Ruben, and Ekaterina Zhuravskaya, "Decentralization and Political Institutions", *Journal of Public Economics*, Vol. 91, No. 11 – 12, 2007.

Fan, C. Simon, Chen Lin, and Daniel Treisman, "Political Decentralization and Corruption: Evidence from around the World", *Journal of Public Economics, Vol. 93, No. 1 – 2, 2009.

Fisman, Raymond, and Roberta Gatti, "Decentralization and Corruption: Evidence across Countries", *Journal of Public Economics*, Vol. 83, No. 3, 2002.

Fjeldstad, Odd-Helge, "Decentralization and Corruption: A Review of the Literature", Chr. Michelsen Institute Working Papers No. 22012, 2004.

Freille, Sebastian, M. Haque, and Richard Kneller, "Federalism, Decentralization and Corruption", Manuscript, 2008.

Frye, Timothy and Andrei Shleifer, "The Invisible Hand and the Grabbing Hand", *American Economic Review*, Vol. 87, No. 2, 1997.

Garman, Christopher, Stephan Haggard, Eliza Willis, "Fiscal Decentralization: A Political Theory with Latin American Cases", *World Politics*, Vol. 53, No. 2, 2001.

Geldenhuys, Abie J., "The Crux of Intergovernmental Relations", in Michiel S. de Vries, P. S. Reddy, and M. Shamsul Haque (eds.), *Improving Local Government: Outcomes of Comparative Research*, Houndmills, Basingstoke, Hampshire: Palgrave Macmillan, 2008.

Gemmell, Norman, Richard Kneller, and Ismael Sanz, "Fiscal Decentralization and Economic Growth: Spending versus Revenue Decentralization", *Economic Inquiry*, Vol. 51, No. 4, 2013.

Goldsmith, Mike, "A New Intergovernmentalism?", in Bas Denters and Lawrence E. Rose (eds.), *Comparing Local Governance: Trends and Developments*, Houndmills, Basingstoke, Hampshire: Palgrave Macmillan, 2005.

Goldstein, Steven M., "China in Transition: The Political Foundations of Incremental Reform", *The China Quarterly*, No. 144, 1995.

Gong, Ting and Feng Chen, "Institutional Reorganization and Its Impact on Decentralization", in Hao Jia and Zhimin Lin (eds.), *Changing Central-Local Relations in China: Reform and State Capacity*, Boulder, San Francisco, and Oxford: Westview Press, Inc., 1994.

Grindle, Merilee S., *Going Local: Decentralization, Democratization, and* the Promise of Good Governance, Princeton and Oxford: Princeton University Press, 2007.

Guo, Sujian, Chinese Politics and Government: Power, Ideology, and Organization, London and New York: Routledge, 2013.

Hayek, F. A. (ed.), Capitalism and the Historians, The University of Chicago Press, 1954.

Heins, A. James, "State and Local Response to Fiscal Decentralization", American Economic Review, Vol. 61, No. 2, 1971.

Huang, Yasheng, The Politics of Inflation Control in China: Provincial Responses to Central Investment Policies, 1977 – 1989, Doctorate Dissertation Submitted to Harvard University, 1991.

Huang, Yasheng, Inflation and Investment Controls in China: The Political Economy of Central-Local Relations during the Reform Era, Cambridge: Cambridge University Press, 1996.

Iimi, Atsushi, "Decentralization and Economic Growth Revisited: An Empirical Note", Journal of Urban Economics, Vol. 57, No. 3, 2005.

Inman, Robert P., and Daniel L. Rubinfeld, "Rethinking Federalism", The Journal of Economic Perspectives, Vol. 11, No. 4, 1997.

Jia, Hao and Zhimin Lin (eds.), Changing Central-Local Relations in China: Reform and State Capacity, Boulder: Westview Press, 1994.

Jin, Jing and Heng-fu Zou, "Soft Budget Constraint on Local Governments in China", in J. Rodden, G. Eskeland, and J. Litvak (eds.), Fiscal Decentralization and the Challenge of Hard Budget Constraints, MIT Press, 2003.

Jin, Jing, and Hengfu Zou, "Fiscal Decentralization, Revenue and Expenditure Assignments, and Growth in China", Journal of Asian Economics, Vol. 16, No. 6, 2005.

Jin, Hehui, Yingyi Qian and Barry R. Weingast, "Regional Decentralization and Fiscal Incentives: Federalism, Chinese Style", Journal of Public Economics, Vol. 89, 2005.

Kähkönen, Satu, and Anthony Lanyi, "Decentralization and Governance: Does Decentralization Improve Public Service Delivery?", PREM note 55, June 2001.

Kornai, János, "Resource-Constrained versus Demand-Constrained Systems", *Econometrica*, Vol. 47, No. 4, 1979.

Kornai, János, *Economics of Shortage*, Amsterdam: North Holland, 1980.

Landry, Pierre F., *Decentralized Authoritarianism in China-The Communist Party's Control of Local Elites in the Post – Mao Era*, Cambridge University Press, 2008.

Lardy, Nicholas R., "Centralization and Decentralization in China's Fiscal Management", *The China Quarterly*, No. 61, 1975.

Larus, Elizabeth Freund, *Politics and Society in Contemporary China*, Boulder and London: Lynne Rienner Publishers, Inc., 2012.

Lee, Pak K., "Into the Trap of Strengthening State Capacity: China's Tax-Assignment Reform", *The China Quarterly*, No. 164, 2000.

Levy, Frank and Edwin M. Truman, "Toward a Rational Theory of Decentralization: Another View", *The American Political Science Review*, Vol. 65, No. 1, 1971.

Li, Hongbin and Li-An Zhou, "Political Turnover and Economic Performance: The Incentive Role of Personal Control in China", *Journal of Public Economics*, Vol. 89, No. 9 – 10, 2005.

Li, David Daokui and Yijiang Wang, "Political Conditions for Reform: China vs. Eastern Europe Revised", *Journal of the European Economic Association*, Vol. 4, No. 2/3, 2006.

Li, Linda Chelan, *Centre and Provinces: China 1978 – 1993*, Oxford: Clarendon Press, 1998.

Li, Linda Chelan, "Central-Local Relations in the People's Republic of China: Trends, Processes and Impacts for Policy Implementation", *Public Administration and Development*, Vol. 30, 2010.

Lieberthal, Kenneth and Michel Oksenberg, *Policy Making in China: Leaders, Structures, and Processes*, Princeton, New Jersey: Princeton University Press, 1988.

Liew, Leong H., "Gradualism in China's Economic Reform and the Role for a Strong Central State", *Journal of Economic Issues*, Vol. 29, No. 3, 1995.

Lin, Justin Yifu and Zhiqiang Liu, "Fiscal Decentralization and Economic Growth in China", *Economic Development and Cultural Change*, Vol. 49, No. 1, 2000.

Lin, Justin Yifu, Ran Tao and Mingxing Liu, "Decentralization and Local Governance in China's Economic Transition", FED Working Papers Series, No. FE20050095, 2005.

Lin, Sen, "Review on Changing Central-Local Relations in China: Reform and State Capacity", *Pacific Affairs*, Vol. 68, No. 1, 1995.

Lindaman, Kara and Kurt Thurmaier, "Beyond Efficiency and Economy: An Examination of Basic Needs and Fiscal Decentralization", *Economic Development and Cultural Change*, Vol. 50, No. 4, 2002.

Lundquist, Lennart, *Means and Goals of Political Decentralization*, Malmö: Studentlitteratur, 1972.

Ma, Jun, a, "Modelling Central-Local Fiscal Relations in China", *China Economic Review*, Vol. 6, No. 1, 1995.

Ma, Jun, b, "The Reform of Intergovernmental Fiscal Relations in China", *Asian Economic Journal*, Vol. 9, No. 3, 1995.

Ma, Jun, *Intergovernmental Relations and Economic Management in China*, Houndmills, Basingstoke, Hampshire, and London: Macmillan Press Ltd., 1997.

Mao, Tsetung, *On the Ten Major Relationships*, Peking: Foreign Languages Press, 1977.

Martinez-Vazquez, Jorge, and Robert M. Mcnab, "Fiscal Decentralization and Economic Growth", *World Development*, Vol. 31, No. 9, 2003.

Martinez-Vazquez, Jorge and François Vaillancourt, "An Overview of the

Main Obstacles to Decentralization", in Jorge Martinez-Vazquez and François Vaillancourt (eds.), *Decentralization in Developing Countries*: *Global Perspectives on the Obstacles to Fiscal Devolution*, Cheltenham and Northampton: Edward Elgar, 2011.

Maskin, Eric S., "Recent Theoretical Work on the Soft Budget Constraint", *American Economic Review*, Vol. 89, No. 2, 1999.

Marlow, Michael L., "Fiscal Decentralization and Government Size", *Public Choice*, Vol. 56, No. 3, 1988.

McKinnon, Ronald I., "The Logic of Market-Preserving Federalism", *Virginia Law Review*, Vol. 83, No. 7, 1997.

McLure, Charles E. and Jorge Martinez – Vazquez, "The Assignment of Revenues and Expenditures in Intergovernmental Fiscal Relations", http://www1.worldbank.org/publicsector/decentralization/March2004Course/AssignmentRevenues.pdf, 2000.

Mertha, Andrew, "China's 'Soft' Centralization: Shifting Tiao/Kuai Authority Relations", *The China Quarterly*, No. 184, 2005.

Mertha, Andrew, "Fragmented Authoritarianism 2.0: Political Pluralization in the Chinese Policy Process", *The China Quarterly*, No. 200, 2009.

Montinola, Gabriella, Yingyi Qian and Barry R. Weingast, "Federalism, Chinese Style: The Political Basis for Economic Success in China", *World Politics*, Vol. 48, No. 1, 1995.

Mookherjee, Dilip, "Review on Fiscal Decentralization and the Challenge of Hard Budget Constraints", *Journal of Economic Literature*, Vol. 43, No. 1, 2005.

Mosteanu, Tatiana and Miaela Locob, "Fiscal Federalism", *Theoretical and Applied Economics*, Vol. 6, No. 511, 2007.

Musgrave, R. A., *The Theory of Public Finance*, New York: McGraw-Hill, 1959.

Musgrave, Richard A., "Economics of Fiscal Federalism", *Nebraska*

Journal of Economics and Business, Vol. 10, No. 4, 1971.

Musgrave, Richard A. a, "Reconsidering the Fiscal Role of Government", The American Economic Review, Vol. 87, No. 2, 1997.

Musgrave, Richard A. b, "Devolution, Grants, and Fiscal Competition", The Journal of Economic Perspectives, Vol. 11, No. 4, 1997.

Musgrave, Richard A. , "Fiscal Federalism", in James M. Buchanan and Richard A. Musgrave, Public Finance and Public Choice: Two Contrasting Visions of the State, Cambridge and London: The MIT Press, 1999.

North, Douglass C. , "Institutions", Journal of Economic Perspectives, Vol. 5, No. 1, 1991.

Oates, Wallace E. , Fiscal Federalism, New York et al. : Harcourt Brace Jovanovich, Inc. , 1972.

Oates, Wallace E. , "An Economist's Perspective on Fiscal Federalism", in Wallace E. Oates (ed.), The Political Economy of Fiscal Federalism, Lexington, Massachusetts, and Toronto: Lexington Books, 1977.

Oates, Wallace E. , "Decentralization of the Public Sector: An Overview", in Robert J. Bennett (ed.), Decentralization, Local Governments, and Markets, Oxford et al. : Oxford University Press, 1990.

Oates, Wallace E. , "Fiscal Decentralization and Economic Development", National Tax Journal, Vol. 46, No. 2, 1993.

Oates, Wallace E. , "An Essay on Fiscal Federalism", Journal of Economic Literature, Vol. 37, No. 3, 1999.

Oates, Wallace E. , "Toward a Second-Generation Theory of Fiscal Federalism", International Tax and Public Finance, Vol. 12, No. 4, 2005.

OECD, Governance in China, Paris: OECD Publishing, 2005.

Oi, Jean C. , "Fiscal Reform and the Economic Foundations of Local State Corporatism in China", World Politics, Vol. 45, No. 1, 1992.

Oksenberg, Michel and James Tong, "The Evolution of Central-Provincial Fiscal Relations in China, 1971 – 1984: The Formal System", The China Quarterly, No. 125, 1991.

Page, Edward, "Laws as an Instrument of Policy: A Study in Central-Local Government Relations", *Journal of Public Policy*, Vol. 5, No. 2, 1985.

Ponce-Rodríguez, Raúl A., Charles R. Hankla, Jorge Martinez-Vazquez, and Eunice Heredia-Ortiz, "Rethinking the Political Economy of Decentralization: How Elections and Parties Shape the Provision of Local Public Goods", International Center for Public Policy Working Paper 12 – 27, the Andrew Young School of Policy Studies at Georgia State University, 2012.

Porter, David O., and Teddie Wood Porter, "Social Equity and Fiscal Federalism", *Public Administration Review*, Vol. 34, No. 1, 1974.

Porter, David O. and Eugene A. Olsen, "Some Critical Issues in Government Centralization and Decentralization", *Public Administration Review*, Vol. 36, No. 1, 1976.

Prud'homme, Rémy, "The Dangers of Decentralization", *The World Bank Research Observer*, Vol. 10, No. 2, 1995.

Prud'homme, Rémy, "Review on Fiscal Decentralization in Developing Countries", *Journal of Economic Literature*, Vol. 38, No. 2, 2000.

Qian, Yingyi and Barry R. Weingast, "Federalism as a Commitment to Preserving Market Incentives", *The Journal of Economic Perspectives*, Vol. 11, No. 4, 1997.

Qian, Yingyi and Gérard Roland, "Federalism and the Soft Budget Constraint", *American Economic Review*, Vol. 88, No. 5, 1998.

Rhodes, R. A. W., "Some Myths in Central-Local Relations", *The Town Planning Review*, Vol. 51, No. 3, 1980.

Riker, William H., *Federalism: Origin, Operation, and Significance*, Boston: Little Brown, 1964.

Rodden, Jonathan and Susan Rose-Ackerman, "Does Federalism Preserve Markets?", *Virginia Law Review*, Vol. 83, No. 7, 1997.

Rodden, Jonathan, "Comparative Federalism and Decentralization: On

Meaning and Measurement", *Comparative Politics*, Vol. 36, No. 4, 2004.

Rodríguez-Pose, Andrés, and Roberto Ezcurra, "Is Fiscal Decentralization Harmful for Economic Growth? Evidence from the OECD Countries", *Journal of Economic Geography*, Vol. 11, No. 4, 2011.

Rondinelli, D. A., "What is Decentralization?", in J. Litvack and J. Seddon (eds.), *Decentralization Briefing Notes*, WBI Working Papers, 1999.

Rondinelli, Dennis A. and G. Shabbir Cheema, "Implementing Decentralization Politics: An Introduction", in G. Shabbir Cheema and Dennis A. Rondinelli (eds.), *Decentralization and Development: Policy Implementation in Developing Countries*, Beverly Hills, London, and New Delhi: Sage Publications, 1983.

Rondinelli, D. A. and J. R. Nellis, "Assessing Decentralization Policies in Developing Countries", *Development Policy Review*, Vol. 4, 1986.

Roland, Gérard, *Transition and Economics: Politics, Markets, and Firms*, Cambridge: The MIT Press, 2000.

Rubinfeld, Daniel L., "On Federalism and Economic Development", *Virginia Law Review*, Vol. 83, No. 7, 1997.

Sewell, David O., "The Dangers of Decentralization According to Prud'homme: Some Further Aspects", *The World Bank Research Observer*, Vol. 11, No. 1, 1996.

Shah, Anwar, "Fiscal Federalism and Macroeconomic Governance: For Better or For Worse?", Paper Presented at Decentralization, and Macroeconomic Governance Conference, Brasilia, 16–17 June, 1997.

Shirk, Susan L., *The Political Logic of Economic Reform in China*, University of California Press, 1993.

Smith, Graeme, "The Hollowing State: A View from Inside a Rural Township", *The China Quarterly*, No. 203, 2010.

Snyder, Mark, "Impression Management: The Self in Social Interaction", in Lawrence S. Wrightsman and Kay Deaux (eds.), *Social psychology in the*

Eighties, Monterey, Brooks Cole, 1981.

Spicer, George W., "Fiscal Aspects of State-Local Relations", *Annals of the American Academy of Political and Social Science*, Vol. 207, 1940.

Strumpf, Koleman S., "Does Government Decentralization Increase Policy Innovation?", *Journal of Public Economic Theory*, Vol. 4, No. 2, 2002.

Tanzi, Vito, "On Fiscal Federalism: Issues to Worry About", http://www.imf.org/external/pubs/ft/seminar/2000/fiscal/tanzi.pdf, 2000.

Tanzi, Vito, "Pitfalls on the Road to Fiscal Decentralization", Working Paper, No. 19, Washington, DC.: Carnegie Endowment for International Peace, 2001.

Teune, Henry, "Decentralization and Economic Growth", *Annals of the American Academy of Political and Social Science*, Vol. 459, January 1982.

Thieβen, Ulrich, "Fiscal Decentralization and Economic Growth in High-income OECD Countries", ENEPRI Working Paper No. 1, 2001.

Thornton, John, "Fiscal Decentralization and Economic Growth Reconsidered", *Journal of Urban Economics*, Vol. 61, No. 1, 2007.

Tiebout, Charles M., "A Pure Theory of Local Expenditures", *Journal of Political Economy*, Vol. 64, No. 5, 1956.

Treisman, Daniel, "Political Decentralization and Economic Reform: A Game-Theoretic Analysis", *American Journal of Political Science*, Vol. 43, No. 2, 1999.

Treisman, Daniel, "Decentralization and the Quality of Government", Manuscript, 2002.

Treisman, Daniel, "Fiscal Decentralization, Governance, and Economic Performance: A Reconsideration", *Economics and Politics*, Vol. 18, No. 2, 2006.

Tsai, Kellee S., "Off Balance: The Unintended Consequences of Fiscal Federalism in China", *Journal of Chinese Political Science*, Vol. 9, No. 2, 2004.

Tsang, Shu-ki and Yuk-shing Cheng, "China's Tax Reforms of 1994: Breakthrough or Compromise?", *Asian Survey*, Vol. 34, No. 9, 1994.

United Cities and Local Governments, *Local Government Finance: The Challenges of the 21st Century*, Cheltenham and Northampton: Edward Elgar, 2011.

Wang, Shaoguang, "Central-Local Fiscal Politics in China", in Hao Jia and Zhimin Lin (eds.), *Changing Central-Local Relations in China: Reform and State Capacity*, Boulder, San Francisco, Oxford: Westview Press, Inc., 1994.

Wang, Shaoguang, "China's 1994 Fiscal Reform: An Initial Assessment", *Asian Survey*, Vol. 37, No. 9, 1997.

Weingast, Barry R., "The Economic Role of Political Institutions: Market-Preserving Federalism and Economic Development", *Journal of Law, Economics & Organization*, Vol. 11, No. 1, 1995.

Weingast, Barry R., "Second Generation Fiscal Federalism: Implications for Decentralized Democratic Governance and Economic Development", Discussion Draft, 2006.

Wetzel, Deborah, "Decentralization in the Transition Economies: Challenges and the Road Ahead", The World Bank Working Paper, 2001.

White, Stacey, "Government Decentralization in the 21st Century: A Literature Review", A Report on the CSIS Program on Crisis, Conflict, and Cooperation, Washington D. C.: Center for Strategic and International Studies, 2011.

Whiting, Susan H., "Central-Local Fiscal Relations in China", A Report Based on the Proceedings of the International Conference on Intergovernmental Fiscal Relations in China, China Policy Series, No. XXII, April 2007.

Woller, Gary M., and Kerk Phillips, "Fiscal Decentralization and IDC Economic Growth: An Empirical Investigation", *The Journal of Development Studies*, Vol. 34, No. 4, 1998.

Wolman, Harold, "Decentralization: What It is and Why We should Care?", in Robert J. Bennett (ed.), *Decentralization, Local Governments, and Markets*, Oxford et al.: Oxford University Press, 1990.

Wong, Christine P. W. , "Central-Local Relations in an Era of Fiscal Decline: The Paradox of Fiscal Decentralization in Post-Mao China", *The China Quarterly*, No. 128, 1991.

Wong, Christine P. W. , "Fiscal Reform and Local Industrialization: The Problematic Sequencing of Reform in Post-Mao China", *Modern China*, Vol. 18, No. 2, 1992.

Wong, Christine P. W. , "Central-local Relations Revisited: The 1994 Tax Sharing Reform and Public Expenditure Management in China", Paper for the International Conference on Central-Periphery Relations in China: Integration, Disintegration or Reshaping of an Empire? Hong Kong, March 24 – 25, 2000.

Wong, John, "Review on Inflation and Investment Controls in China: The Political Economy of Central-Local Relations during the Reforming Era by Yasheng Huang", *Pacific Affairs*, Vol. 70, No. 3, 1997.

Xie, Danyang, Hengfu Zou, and Hamid Davoodi, "Fiscal Decentralization and Economic Growth in the United States", *Journal of Urban Economics*, Vol. 45, No. 2, 1999.

Yang, Dali L. , "Reform and Restructuring of Central-Local Relations", in D. Goodman et al. (eds.), *China Deconstructs: Politics, Trade and Regionalism*, London and New York: Routledge, 1994.

Yang, Dali L. , "Rationalizing the Chinese State: The Political Economy of Government Reform", in Chien-min Chao and Bruce J. Dickson (eds.), *Remaking the Chinese State: Strategies, Society, and Security*, London and New York: Routledge, 2001.

Yang, Dali L. , *Remaking the Chinese Leviathan: Market Transition and the Politics of Governance in China*, Stanford, California: Stanford University Press, 2004.

Yang, Dali L. , "Economic Transformation and Its Political Discontents in China: Authoritarianism, Unequal Growth, and the Dilemmas of Political Development", *Annual Review of Political Science*, Vol. 9, 2006.

Yusuf, Shahid, "China's Macroeconomic Performance and Management during Transition", *The Journal of Economic Perspectives*, Vol. 8, No. 2, 1994.

Zhang, Le-Yin, "Chinese Central-Provincial Fiscal Relationships, Budgetary Decline and the Impact of the 1994 Fiscal Reform: An Evaluation", *The China Quarterly*, No. 157, 1999.

Zhang, Tao, and Hengfu Zou, "Fiscal Decentralization, Public Spending, and Economic Growth in China", *Journal of Public Economics*, Vol. 67, No. 2, 1998.

Zhang, Xiaobo, "Fiscal Decentralization and Political Centralization in China: Implications for Growth and Inequality", *Journal of Comparative Economics*, Vol. 34, No. 4, 2006.

Zhao, Suisheng, "China's Central-Local Relationship: A Historical Perspective", in Hao Jia and Zhimin Lin (eds.), *Changing Central-Local Relations in China: Reform and State Capacity*, Boulder, San Francisco, Oxford: Westview Press, Inc., 1994.

Zheng, Yongnian, *De Facto Federalism in China: Reforms and Dynamics of Central-Local Relations*, New Jersey, et al.: World Scientific Publishing Co. Pte. Ltd., 2007.

Zhou, Xueguang, "The Institutional Logic of Collusion among Local Governments in China", *Modern China*, Vol. 36, No. 1, 2010.

图书在版编目（CIP）数据

以政府间分权看待政府间关系：理论阐释与中国实践／刘承礼
著．—北京：中央编译出版社，2016.6
ISBN 978-7-5117-3010-7

Ⅰ．①以…
Ⅱ．①刘…
Ⅲ．①地方政府－行政管理－研究－中国
Ⅳ．①D625

中国版本图书馆 CIP 数据核字（2016）第 103885 号

以政府间分权看待政府间关系：理论阐释与中国实践

出 版 人：	葛海彦
出版统筹：	董　巍
责任编辑：	侯天保
责任印制：	尹　珺
出版发行：	中央编译出版社
地　　址：	北京西城区车公庄大街乙 5 号鸿儒大厦 B 座（100044）
电　　话：	（010）52612345（总编室）　（010）52612339（编辑室）
	（010）52612316（发行部）　（010）52612317（网络销售）
	（010）52612346（馆配部）　（010）55626985（读者服务部）
传　　真：	（010）66515838
经　　销：	全国新华书店
印　　刷：	北京时捷印刷有限公司
开　　本：	787 毫米×1092 毫米　1/16
字　　数：	263 千字
印　　张：	17.75
版　　次：	2016 年 6 月第 1 版第 1 次印刷
定　　价：	68.00 元

网　　址：www.cctphome.com　　邮　　箱：cctp@cctphome.com
新浪微博：@中央编译出版社　　微　　信：中央编译出版社（ID: cctphome）
淘宝店铺：中央编译出版社直销店（http：//shop108367160.taobao.com）　（010）52612349

本社常年法律顾问：北京嘉润律师事务所律师　李敬伟　问小牛
凡有印装质量问题，本社负责调换，电话：（010）55626985